# 芯片浪潮

## 纳米工艺背后的全球竞争

余 盛 —— 著

电子工业出版社
Publishing House of Electronics Industry
北京·BEIJING

**图书在版编目（CIP）数据**

芯片浪潮：纳米工艺背后的全球竞争 / 余盛著. 一北京：电子工业出版社，2023.7

ISBN 978-7-121-45715-9

Ⅰ. ①芯… Ⅱ. ①余… Ⅲ. ①芯片－电子工业－国际竞争力－研究－世界 Ⅳ. ①F416.63

中国国家版本馆CIP数据核字（2023）第098814号

责任编辑：张春雨
印　　刷：三河市鑫金马印装有限公司
装　　订：三河市鑫金马印装有限公司
出版发行：电子工业出版社
　　　　　北京市海淀区万寿路 173 信箱　　　　邮编：100036
开　　本：720×1000　　1/16　　印张：20.25　　　　字数：469 千字
版　　次：2023 年 7 月第 1 版
印　　次：2025 年 2 月第 5 次印刷
定　　价：89.00 元

凡所购买电子工业出版社图书有缺损问题，请向购买书店调换。若书店售缺，请与本社发行部联系，联系及邮购电话：（010）88254888，88258888。

质量投诉请发邮件至 zlts@phei.com.cn，盗版侵权举报请发邮件至 dbqq@phei.com.cn。

本书咨询联系方式：faq@phei.com.cn。

# ⋯ 推荐序

吴晓波老师在前不久的一场年终秀上讲了一个故事。

他说，我们吃的鸡叫"商品鸡"，商品鸡要配种，用来配种的鸡叫"父母鸡"，配种的"父母鸡"再往上是种鸡，种鸡再往上就是原种鸡。在过去很长一段时间里，我们没有能力培育原种鸡，几乎全世界的原种鸡都被掌握在两家美国公司的手上。福建省光泽县有一家公司叫圣农，它的创始人在20世纪80年代成为中国第一批引进和饲养白羽鸡的人。今天，圣农集团一年要养6亿只鸡。中国肯德基的一半、麦当劳的三分之一的鸡肉都来自该集团。最开始一套原种鸡要卖6美元，到了2020年，一套原种鸡要卖36美元，哪怕有一天涨到80美元，你还得买，因为不买你就吃不到这种鸡。于是，从2011年开始，圣农自己培育原种鸡。2019年，这个消息不知道怎么被泄露出去了。美国公司代表赶到了光泽县，坐进这个创始人的办公室，

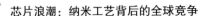

跟他讲了一句话：我给你 30 分钟，两个选择，要么明天你把你的原种鸡基地毁了，发誓从此不研究原种鸡，要么从明天开始我们"断供"。这位创始人怎么办呢？他给圣农负责原种鸡培育的人打电话：明天如果美国公司把给我们的原种鸡断供了，咱们自家的原种鸡供得上吗？负责人说供得上。创始人就回复美国代表：我给你 10 分钟，请你离开圣农。

同样的问题，也曾摆在晶圆代工厂台积电的面前。1997 年，IBM 率先研发出了芯片铜制程技术。与传统的芯片铝制程技术相比，用新技术可以制造出运行速度更快、体积更小、更廉价的芯片。铜制程的研发难度大，很多公司都被挡在了技术的门外。那时候，全球各晶圆厂普遍从 IBM 这里拿半导体技术的授权，很少有企业能够自己开发技术。但是，与以往不同的是，IBM 给出的铜制程技术的合作条件很苛刻，它要求合作方放弃自己的研发。台积电认为："IBM 要求台积电放弃自己的研发，这不公平，也不合理，等于彻底掐住我们的脖子，要我们把自己的命脉交到他手里。"于是，台积电决定自己干，而且一搏成功，从此一骑绝尘，不仅将其他专业晶圆代工厂都甩在了身后，而且逼得 IBM 因经营不善而卖掉了自己的全部芯片制造业务。曾经仰赖 IDM[①] 厂供应技术的晶圆代工企业，最终在技术上实现了对 IDM 厂的超越。

机会只会留给有准备的人。有人曾经质疑台积电的创始人张忠谋：为什么要投那么多钱搞自主研发？张忠谋只说了一句话："我们要技术自主，这是（公司创立的）第一天就定下来的，是不用问为什么的。难道你会去问为什么英特尔要技术自主吗？"在别人都对英特尔难以望其项背的时候，张忠谋就已经把追赶的目标指向了英特尔。台积电在刚创业的时候，还需要英特尔的订单来做背书。如今，30 多年时间过去，台积电的市值已经是英特尔的 3 倍。

台积电的成功，还不仅仅是敢在研发上投钱那么简单。要知道，台积电最大的竞争对手——英特尔和三星电子，在研发上的投入可是长期遥遥领先于台积电的。台积电的成功，还在于它在研发上的前瞻性。台积电会问，5 年后技

---

① IDM，垂直整合元件制造，Integrated Design and Manufacture 的缩写。

术的发展会朝哪个方向走，我们应该如何提前布局。与之相比，英特尔的研发则是多路出击，什么都做，又什么都看似差点火候。三星电子则一向采取的是"跟随战略"，看市场上有什么好东西，就发狠地追赶，虽然将许多产品都做到了世界第一，却几乎从来没有原创过最先进的技术。

为什么三个芯片巨头的技术战略有这样的差异？说到底也是"屁股决定脑袋"的结果。台积电两名工程师出身的"首脑"可以不受资本的摆布，能够按照技术的发展逻辑决定企业如何发展；英特尔的背后是追求短期利益的投资机构，不能不看重年报甚至季报上的漂亮数字；三星电子则需要优先考虑某一个家族的自身利益。所以，台积电能够胜出，绝非侥幸。一个公司的治理结构才是决定一个企业能够做得多大和做到多强的最关键因素。

花钱不可能买到最好的技术，要想不被卡脖子，就得有勇气去拼全球顶尖的技术。不论是最先进、最现代化的芯片制造业，还是传统的、关乎民生的肉鸡饲养业，都需要有敢于走技术自主道路的决心与勇气。希望台积电的成功经验能够激起更多的中国企业追求终极技术自主的雄心！

老同学余盛又出大作，嘱我写篇序言。草草写下一些感想，与关心中国芯片发展的朋友们共勉！

厦门大学管理学院教授、博士研究生导师

陈亚盛

2023 年 1 月 20 日

## 目 录

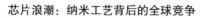

# 第一篇

# 筚路蓝缕　以启山林

# 第一章 豆浆店谈出"芯"产业

## ⬡ 效仿韩国成立"工研院"

"我们如果再不做，就赶不上了。"

大约在 1971 年，中国台湾新上任的经济事务主管部门负责人孙运璇应邀访问韩国，看到韩国科技研究院高薪聘请一批韩国留美学人，生机勃勃地开发电子、化学、纺织等方面的专业技术。对比中国台湾科研基础极其薄弱的现状，他不免十分焦虑。

自 20 世纪 50 年代以来，台湾地区的经济发展策略发生过几次转变。一开始是实施进口替代策略，优先发展投资少、技术要求不高、能增加就业的民生产业，如纺织、食品、水泥和塑胶，以替代民用产品的进口，节省外汇开支。进口替代策略很成功，它几乎完全依靠民间资金，用了不到 10 年的时间，就让台湾地区走出二战导致的经济泥潭。

然后，台湾地区改行出口替代策略，在高雄、台中等地创建了 3 个出口加工区，吸引外商投资，鼓励产品外销，大力发展以轻纺工业和电子组装为核心的来料加工出口。台湾地区在 1960 年的时候，出口额仅有 5 亿美元，出口产品以米、糖等初级农产品为主。到了 1973 年，台湾地

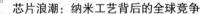

区出口额增加到40亿美元。在此期间，台湾地区生产总值年平均增长率达15.3%，人均生产总值增长了3倍多，达到706美元。美国和日本将生产设备供应给中国台湾，然后再从中国台湾进口商品，单单对美国的出口额就能占到中国台湾出口额的一半。到了20世纪70年代中期，中国台湾达到了一个全新的整体经济高度，与韩国、新加坡、中国香港并称为"亚洲四小龙"。

然而，中国台湾也面临劳动密集型产业的发展难以为继的关口。印度尼西亚、泰国、马来西亚、菲律宾"亚洲四小虎"紧跟上来，它们拥有远比中国台湾数量更多且成本更低的年轻劳动力。中国台湾无法再在玩具、雨伞、鞋帽之类的轻工产品上与之竞争，亟需寻找到下一个时代可以接棒的产业。于是，孙运璇向蒋经国提议，希望仿效韩国的科学技术研究院，成立由台湾地区资金主导的机构——"工业技术研究院"（简称"工研院"）。

孙运璇是山东蓬莱人，13岁随父闯关东到哈尔滨，1934年以当届第一名的成绩毕业于"伪满洲国"治下的哈尔滨工业大学，随后秘密返回关内，一直从事发电厂的建设与运营工作。抗日战争胜利后，孙运璇奉命接收台湾电力公司，在短短5个月内就将台湾地区的电力供应恢复到战前的80%。他在台湾电力公司工作近20年，将台湾地区电气普及率一举提升至99.7%，为台湾地区工业的发展解除了后顾之忧。当时台湾地区经济管理人才严重匮乏，不得不从公有企业中找人，孙运璇遂得到重用。他在出访时发现，韩国创设了科学技术研究院，引进韩裔美国人进行领导，集全国之力推动工业发展，便有了建立"工研院"的想法。

为了能够像韩国科学技术研究院一样突破当局法规对公务员薪水的限制，以高薪聘请海外专业人才到中国台湾从事技术研发，孙运璇申请以财团法人的形式成立"工研院"，却招来了强烈的反对意见。台湾地区"民意代表委员会"认为，"工研院"乃当局出资，当局却没有管理权，有"化公为私"的嫌疑，此例一开，后患无穷。提案最终被否决。

1973年，第四次中东战争引发第一次石油危机，对能源极度贫乏的台湾地区产生了前所未有的冲击。台湾地区经济动荡、物价飞涨，才连续 3 年顺差的外贸再度出现逆差；1975 年生产总值增长率骤降到 7.4%，创下 1951 年以来的最低纪录；消费品价格指数也在一年内从 8.2 飙升到 47.5。蒋经国提出要在基础设施和重工业方面推出"十大建设计划"，将出口替代政策调整为出口扩张政策，优先发展面向国际市场的重工业。当时台湾没什么钱，十大建设计划所需要的 60 亿美元巨额资金有四成需要依赖外债，许多人提出反对意见。蒋经国称"今天不做，明天会后悔"，十大建设计划遂得以实施。

十大建设计划覆盖炼钢、造船和石化等重工业，亟需大量工业技术人才，遂给了"工研院"提案起死复生的契机。加上孙运璇多方奔走、顽强游说，努力与"民意代表委员会"沟通，最后该计划在重新提交时仅以勉强超过 50% 人的同意获得通过。于是，孙运璇将自己部门下辖的联合工业、矿业和金属工业 3 个原本是公有单位的研究所合并，并在此基础上成立了"工研院"。孙运璇后来被尊称为"工研院之父"。

"工研院"虽以"工业技术"为名，但孙运璇从一开始就没打算让它只为传统工业服务。他认为，模仿西方国家，靠大规模进口资源维持的资本密集型的重工业发展模式，不一定适合地方小、人口少的中国台湾。中国台湾缺乏能够让外资感兴趣的自然资源，市场又很狭小，只能朝技术密集型的高科技产业转型。"工研院"应以高科技为导向，带动中国台湾经济的下一步发展。在孙运璇的心目中，"工研院"应该要成为中国台湾这条亚洲小龙的龙头。

"工研院"成立后，蒋经国希望推动几项有突破性意义的科技计划，"项目越大越好"。他的秘书长费骅把这项任务交给了上海交通大学校友、台湾交通事务主管部门下属的台湾电信部门负责人方贤齐。方贤齐当时兼任"电子工业发展小组"的召集人，这个小组是在时任"经合会"①副主任委员的李国鼎的主导下成立的，负责对台湾地区如何发展电子工业进行

---

①　"经合会"的全称为"国际经济合作发展委员会"，前身是"美援运用委员会"，主任委员都由台湾地区行政管理机构负责人兼任。"经合会"后来又先后被改组为"经济设计委员会""经济建设委员会"。

研讨。在推动台湾地区科技发展的这几人中，孙运璇有权，李国鼎有望，方贤齐是实际执行人。方贤齐受命后立即赴美，找老同学潘文渊商议。

潘文渊是江苏苏州人，1931 年考入上海交通大学电机系，公费赴美留学，在斯坦福大学无线电系获工程学硕士和博士学位，1945 年进入美国无线电公司（Radio Corporation of America，RCA）普林斯顿实验室工作。潘文渊 30 年间共发表科技论文百余篇，获 30 项美国专利及 200 项国际专利。因业绩卓著、学界驰名，潘文渊先后当选美国科学院促进会（AAAS）会士、美国无线电工程师协会（IRE）会士和国际电气电子工程师学会（IEEE）会士。受方贤齐之邀，潘文渊立即动身前往台湾，为台湾下一步的技术发展方向把脉。

##  300 元新台币① 的早餐会议

1974 年 2 月 7 日，在台北市南阳街的小欣欣豆浆店，7 个人凑在一起吃了顿早餐。

这些人个个都大有来头。除了我们已经认识的费骅、孙运璇、方贤齐和潘文渊，还有时任台湾地区交通事务主管部门负责人的高玉树、"工研院"的首任院长王兆振和"电信研究所"所长康宝煌。大家一边喝豆浆吃油条，一边热烈地讨论。潘文渊提出，集成电路（俗称芯片）是电子工业中最核心的部分，发展集成电路产业是台湾地区工业技术最有机会往高科技转型的方式，应该作为台湾地区产业下一步发展的重点方向。他用了一个半小时将半导体投资计划的规划方向、具体做法、时间安排和投资金额说得清清楚楚。他还以腕上戴着的电子表为例，给大家说明芯片的重要性。他的建议获得了与会官员的认同。

应该说，当时台湾地区能看中芯片产业，是非常有前瞻性的。1947 年，贝尔实验室的威廉·肖克利、约翰·巴丁和沃尔特·布拉顿发明了晶体管，标志着半导体产业的诞生。1958—1959 年，德州仪器的杰克·基尔比和

---

① 1 元新台币 = 0.2249 元人民币

仙童的罗伯特·诺伊斯分别独立发明了芯片。1964 年，IBM[①] 推出第一款小规模集成电路计算机 System-360。1966 年，IBM 的罗伯特·登纳德发明了动态随机存储器（DRAM）——也就是在现在的计算机和手机上普遍使用的内存。1971 年，英特尔推出了第一个微处理器 4004。在台北"早餐会议"召开的这一年，英特尔推出首款商业化的 8 位单芯片微处理器 8080，让个人电脑的诞生成为可能。

其实，自 1960 年台湾交通大学成立"电子研究所"开始，台湾地区就在培养半导体方面的人才。台湾交通大学后来还成立了"半导体研究中心"，1966 年在实验室里制造出台湾的第一颗芯片。台湾地区对芯片的关注不算晚，但一直停留在学术机构做研究的萌芽阶段。大多数台湾同胞连什么是芯片都没有概念，更不要说能认识到芯片产业的重要性。当地的芯片产业能够启动，实在受益于潘文渊的直接推动。

这一次决定了台湾地区未来电子工业领域的命运走向的"早餐会议"，一共只花了 300 元新台币[②]。

"早餐会议"结束后，潘文渊就在圆山饭店闭关 10 天，写下"集成电路计划草案"。该草案在提交当天就获得了孙运璿的认可，台湾地区发展芯片产业的大方向就此落定。"工研院"因此成立了"电子工业发展中心"，作为"集成电路产业投资计划"的执行单位。

1974 年 10 月 26 日，孙运璿在美国新泽西州潘府宴邀 7 名信息产业界有名的华人专家，组成"电子技术顾问委员会"，作为中国台湾电子技术发展的咨询机构。为了避嫌，潘文渊放弃满额的退休金，提前从美国无线电公司退休，担任该委员会的主任委员，召集讨论中国台湾半导体技术的发展方向。讨论一般安排在周末，轮流在委员会成员的家中进行，

---

① 国际商业机器公司或万国商业机器公司（International Business Machines Corporation）的简称，1911 年由托马斯·沃森创立于美国，是全球最大的信息技术和业务解决方案公司。

② 1949 年 6 月 15 日，中国台湾实行币制改革，旧台币 4 万元折合新台币 1 元。1955 年 3 月 1 日，中国大陆开始发行第二套人民币，第一套人民币 1 万元折合第二套人民币 1 元。第一套人民币的币值与旧台币相当，所以当时 1 元第二套人民币约值 4 元新台币。至本书截稿的 2023 年 1 月中旬，1 元人民币约等于 4.52 元新台币。美元与新台币可以大致按 1∶30 进行换算。

所有人均不领任何报酬。委员会认为台湾应引进芯片制造最前沿也最重要的"互补金属氧化物半导体"（CMOS）技术，并在7家美国大厂中最后选定美国无线电公司为合作对象。

美国无线电公司是诞生于真空管时代的电子行业巨头，也是早期半导体产业的主要玩家之一。它引领了CMOS技术的发展，率先研制出CMOS芯片和CMOS微处理器，拥有较多与该技术相关的知识产权（IP）储备。当时，美国无线电公司是台湾地区最大的电视机制造商和最大的外商投资企业，与台湾当局有着良好的合作关系。

尽管美国无线电公司的要价相对其他美国公司来说不算高，可仍需要台湾当局投入1000万美元的资金。为什么要投这么多钱来购买技术而不是自主研发？这就关系到潘文渊反复提到的"时间"问题。因为半导体行业受摩尔定律推动，发展速度实在太快，低起点的企业如果想借助较长时间的自主研发来成长，大概率是无法跟上行业步调的。相反，一旦成功在行业中抢占到领先的位置，就将获得惊人的回报，进而将跟随者远远甩在身后。所以，市场的后来者要进入半导体产业，需要通过购买最先进的技术来抢跑。由于对台湾地区半导体产业发展所起到的重要推动作用，潘文渊后来被尊为台湾地区"集成电路之父"。

台湾地区当时的外汇储备不过10亿美元。以这样弱的经济实力，很多人并不赞同在芯片技术引入上投下如此大的一笔巨款。他们质疑中国台湾发展电子产业的能力："加拿大和英国都试过并失败了，成功谈何容易？"孙运璇不得不以一己之力扛起巨大压力，推动该项目得到批准。这项耗费1000万美元完成的芯片技术转移项目，为台湾地区半导体产业未来的腾飞打下了基础。

我们看到，当时民间是根本不可能投入这样一笔巨款来做半导体技术引进的。事实上，不仅台湾地区如此。不论是在日本、韩国还是在祖国大陆，半导体产业的发展都离不开政府的大力扶持和全球化市场竞争这两个看似矛盾的要素的结合。

## ⬚ 台湾芯片产业的火种

1976 年 3 月，"工研院"与美国无线电公司签订为期 5 年的技术转移合约，合作开发芯片。"工研院"从美国无线电公司买到专利技术后，立即开始招兵买马。美国普林斯顿大学毕业的史钦泰、杨丁元、章青驹等博士放弃在美国工作的机会，加入"工研院电子工业发展中心"，投身芯片技术引进。4 月，"电子工业发展中心"开始分批派人到美国无线电公司受训，前后一共招募了 40 多个 30 岁上下的年轻人，分成设计、制造、测试、设备 4 组。第一批 13 人，出发时由孙运璇亲自授旗壮行。

这个培训计划后来为中国台湾的半导体产业贡献了许多重量级人物。几个领队中，史钦泰成为"工研院"院长，杨丁元创办了华邦电子并担任总经理，章青驹则先后成为华邦电子的副董事长和世界先进积体电路股份有限公司（简称世界先进）的董事长。在队员当中，则出了联华电子副董事长刘英达、联发科董事长蔡明介、台积电副董事长曾繁城、台湾光罩董事长陈碧湾、创惟科技董事长王国肇、胜华科技董事长黄显雄等台湾半导体产业的领军人物。

为了将美国无线电公司的技术落地，实现对芯片的自主设计和制造，7 月，在孙运璇的协调下，"工研院"在新竹征用了土地，开始破土兴建台湾地区第一座芯片示范工厂。该示范工厂耗资 5 亿新台币，使用 7 微米工艺，每周可量产 300 片 3 英寸晶圆。"工研院"看好民生消费电子及通信等领域产品在未来的发展趋势，以电子表作为验证技术成果的载具，"但我们投入的所有专家、学者、人才都不只是为了将这个计划当作科研专项计划来执行，做出电子表就结项，而是一开始就规划完完整整地引进集成电路技术，让台湾地区日后能拥有自主研发与生产的能力！"正是出于这样的理念，"电子工业研究所"（简称"电子所"，前身为"电子工业发展中心"）所长胡定华亲自主持和努力推进示范工厂的兴建，为台湾地区的半导体产业燃起了第一把火。

胡定华是台湾地区半导体产业的先驱者，很多半导体扶持政策的制

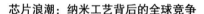

定都是在他手中完成的。胡定华1943年出生于四川成都，后随父母来到台湾。他赴美国密苏里大学获电机工程博士学位后归台，任教于台湾交通大学，担任电子工程系主任。听说台湾要发展半导体后，胡定华异常激动，主动给素不相识的潘文渊打电话自荐，成为"工研院电子工业发展中心"的负责人，直接参与推动台湾地区芯片产业的发展。主持兴建台湾第一座晶圆厂时，胡定华年仅33岁。那时了解半导体的人并不多，阻碍重重，但胡定华总是当仁不让、据理力争。"在大人（当局）心中，老胡是冲动、不懂事的小孩，得罪了不少人。"[1]

一年多后，示范工厂落成，那些在美国接受完培训的年轻人也返回中国台湾，在这里利用他们刚刚学到的技术试生产电子表的芯片。示范工厂营运满6个月后，成品率竟高达70%以上，而美国无线电公司所属的工厂的成品率仅有50%。美国无线电公司对这个示范工厂产生了浓厚的兴趣，甚至有意买下这个工厂。"工研院"坚持要求拥有自己的产线，理由是要靠它带动中国台湾电子产业的升级，这才保住了这个产业火种。

1978年，方贤齐成为"工研院"的第二任院长，"工研院"的半导体项目也就有了更有力的推动人。1979年初，"工研院"的半导体示范工厂营运满一年，由于成本控制得宜，净利率高达20%，运营团队开始有了成立新公司的想法，而"工研院"也有意将发展重心调整回技术研究。彼时正逢第二次石油危机爆发，台湾地区经济再次受到重大冲击。台湾当局不得不调整经济发展策略，正式提出发展"两高、两低、两大"（技术程度高、附加价值高、能源密集度低、污染程度低、产业关联效果大、市场潜力大）的高科技产业。示范工厂转作民营正是时候。于是，"工研院电子所"打算组织一批民营企业作为原始股东参股，在新竹成立一家既能设计又能制造芯片的公司。

然而，当时国际上半导体制造的主流是4英寸晶圆厂，先进国家甚至已经有5英寸、6英寸晶圆厂，仅凭一座3英寸晶圆厂无法形成竞争力。而且，当时台湾地区绝大多数的企业家对半导体所知甚少，投资意愿不高。

---

① 可参考华强资讯发布的《半导体大佬胡定华追思会，产业重量级人士亲临缅怀》一文。

原计划是从民间筹资 8 亿元新台币，让民间资本占一半股份，最后仅从民间筹到 5 亿元新台币，剩下的股份由台湾地区行政管理机构下属的开发基金、台湾交通银行及"工研院"认购，官方资本竟占了 70%。

等到原始股东终于凑齐，大家发现，每一家企业的名称中都有一个"华"字，于是这家新成立的半导体企业就被取名为联华电子股份有限公司。1980 年 5 月 22 日，联华电子成立，它也是由"工研院"的技术孕育出来的第一家芯片制造企业。方贤齐出任联华电子的董事长，独立芯片封装厂华泰电子的创办人杜俊元出任总经理。

联华电子诞生半年后，新竹科学工业园区也正式设立了。新竹科学工业园区的设立，离不开李国鼎的力推。

## 🔲 台湾"科技教父"李国鼎

李国鼎年长孙运璿 3 岁。他 1910 年出生于江苏南京，24 岁赴英国剑桥大学留学。来台后担任台湾造船公司的总经理，因受台湾当局器重，又担任"经济安定委员会工业委员会"的专任委员，从此头角峥嵘。他制定奖励投资条例，创办高雄等 3 个加工出口区，为台湾地区经济的发展打下了基础。1965 年，时任中国台湾经济事务主管部门负责人的李国鼎给荷兰飞利浦公司的董事长腓特烈·飞利浦做了一次简报，其中正在力推的出口加工区及台湾地区经济未来的发展方向，令腓特烈印象深刻。腓特烈回国后即力排众议，决定要到遥远的台湾设厂投资。从那时起，飞利浦就一直是台湾地区最大、最成功的合作商之一，这为日后飞利浦参与草创台积电埋下伏笔。1969 年，李国鼎改任中国台湾财政事务主管部门负责人，与孙运璿同为主导当地经济发展的大旗。

李国鼎受人敬重的原因有两点：一是"忙不停、行动派"，"永不停止的火车头"，不仅要发现问题，"最重要的是在有问题被揭开时，必须对这个问题慎思明虑并提出最有效的解决办法"。李国鼎经常会亲自出马帮助企业解决非常实际的问题。二是"计利当计天下利"，"丝毫没有为个人和为亲朋好友谋求私利的成分"。[1]因为经常在主管领导面前坚持己见，1976年，李国鼎被迫辞去财政负责人职位，改任"政务委员"这样的闲职，并兼任科技小组召集人。孙运璇资历较李国鼎浅，但两年后，却是孙运璇上任行政管理机构负责人。李国鼎毫不计较，埋头做自己分内的工作，而孙运璇也放手让他去干。

仕途不顺的李国鼎，却开启了人生最辉煌的一段旅程。早年身为物理学者的扎实训练，以及"毕生学习，用功始终如一，像海绵一样拼命吸收新知"，让他可以快速理解半导体、网络通信等新技术。科技小组是个编外机构，李国鼎竟干得有声有色。他制定《加强培育及延揽高级科技人才方案》，支持多所大学研究机械与电机，进行技术与人才的储备。许多年后，当年强迫他辞职的主管领导对李国鼎说了这么一句话："过去我不认为人力规划工作那么重要，现在体会到其重要性，辛苦你了。"他主导召开每四到五年一次的"科学技术会议"，延揽岛内外一流的科技专家对科技发展建言，共同制定《科学技术发展方案》，以明确规划科技发展方向，建立学术界和产业界的联系渠道。他全程参与和推动风险投资事业的发展，让硅谷华人来台湾创业变得更容易。李国鼎还主导成立了智库性质的"资讯工业策进会"（简称"资策会"）。他请工商界相关人士吃了一顿饭，就募得了"资策会"成立所需的8000万元新台币。那些出资人后来表示，他们当时实在不懂信息产业是做什么的，但李先生叫他们拿钱，他们就全力配合出资。"资策会"在推动台湾地区信息产业的发展上做了大量的工作。

在李国鼎筹设科技顾问委员会的过程中，许多人表示反对。蒋经国问李国鼎："什么是半导体？"李国鼎率直回答："我不懂！"蒋经国说："等搞懂再设科技顾问委员会，较符合经济效益。"李国鼎答："就是不懂才要设，否则会浪费预算。"蒋经国听后说："你去处理。"[2]这

---

① 相关内容可参考李国鼎先生纪念活动小组于2000年著的《李国鼎先生纪念文集》。
② 相关内容可参考张友骅于2018年在《南方人物周刊》上发表的《蒋经国台湾打虎记》一文。

段对话很有意思，李国鼎一副"就喜欢你看不惯我又干不掉我"的样子，蒋经国对此也无可奈何。"科技顾问会议"自1980年始每年召开一次，由岛内外专家共同对科技进行产、官、学、研各方面的咨议与沟通，以凝聚共识并提供新的政策建议，对台湾地区科研的发展方向和资源投入有相当大的影响。德州仪器名誉董事长及创始人之一哈格蒂担任该委员会的第一位首席顾问。后来，张忠谋也是先担任科技顾问，然后才正式来台湾地区工作的。

李国鼎认为自己对台湾地区最重要的贡献是："我把台湾的投资环境搞起来了，只要这件事情做对了，做好了，其他的事都会自己发生。"最典型的案例就是新竹科学工业园区的创立。

## 创建新竹科学园区

为了引进资金和人才，促进台湾地区工业结构由劳动密集型和资本密集型向技术密集型转化，在日后被誉为当地"经济发展建筑师""科技教父""信息工业舵手"的李国鼎的推动下，由中国台湾经济事务主管部门、教育事务主管部门和"科学委员会"共同筹建的新竹科学工业园区，于1980年12月15日正式成立。

在此之前，台湾地区力推的加工出口区均以吸引外资、引进技术、增加就业和赚取外汇为主要目标。而新竹科学工业园从一开始的定位就是依托于"引进—消化—出口"的高技术、外向型工业园区。

之所以选择在新竹办科学工业园区，是因为新竹靠近"工研院"、台湾交通大学和台湾清华大学。李国鼎希望这些科研机构能够帮助新竹园区成长为"亚洲硅谷"，就像斯坦福大学催生硅谷一样。需要说明的是，地区要发展高科技，仅靠一个"工研院"是绝对不够的，几所大学后来在半导体人才的供应方面也起到了很大的作用。有人对9家台湾芯片制造大厂的领导人的学历做过统计，对于17位董事长或总经理，中国台湾地区3所大学的贡献是21人次，美国贡献最多的斯坦福大学仅有3人次（有些人就读过其中两所甚至三所大学）。在与微电子元件相关的权威性国际期刊与国际会议上发表的论文，竟然来自台湾交通大学的比例最高，远远超过美国的斯坦福大学和加州大学伯克利分校。如果没有本地大学培养的半导体人才，引进的先进技术不可能那么容易地落地或被吸收和消化，台湾地区也不可能追上乃至超越国际最先进的半导体技术水平。

台湾当局给了新竹科学工业园区许多优惠政策，如5年免税、外资同等待遇、低息贷款等。园内企业进口机器和原料都不用付关税，商品如在本地销售，也可减免货物税，这里相当于一个自由贸易区。园区预先建造了许多标准厂房，还可提供电脑设备、精密仪器甚至汽车租赁服务，企业人士拎包入驻即可。园区管理局设立单一窗口办公，简化入驻手续。园区给入驻厂商的员工提供各种生活便利，甚至为外商子女开办了双语学校。总之，园区着力打造一个美式的"小环境"，以吸引已经西化的华裔人才归来。新竹科学工业园后来成为祖国大陆在各地建设科学园的最佳范本，李国鼎的经济管理思想对很多发展中国家都产生了深远的影响。

新竹科学工业园的成立，标志着台湾地区的经济开始进入技术发展阶段，这也是从传统经济转入现代经济的最后也是最难的一步。一个意味深长的信号是，在孙运璇最初给园区命名时，其全名是"新竹科学工业园区"，但不久后"工业"二字就消失了。新竹园区的定位聚焦在"科学"，而不是发展一般的工业产业。

新竹园区以信息电子产业为发展的重心，其中半导体是重中之重。新竹园区半导体产业成功的一大要素是群聚效应。台湾地区的半导体产业的资金来源以民间资本为主，半导体厂商的规模普遍较小。很多小厂商虽然只能在半导体产业链中选一个小环节来开展业务，但却在各自的领域取得很好的发展，它们既能在某个细分市场做到全球顶尖水平，彼此之间又能互为最佳合作伙伴并寻求结成战略联盟的机会。这些半导体厂商几乎都集中在新竹园区，形成了很强的整体竞争优势。中国台湾又承接了美国电脑厂商的大量OEM（代工）订单，成为全球最大的电脑生产基地之一，对内存等电脑相关半导体产品的需求量很大。电脑生产业与集中在新竹园区的半导体产业构成较完整的产业链，帮助新竹园区苗壮成长起来。全世界想学硅谷的科学园区很多，新竹园区恐怕是学得最成功的一个。

新竹园区还有一个特点，那就是以海归人员创立的企业及本土资本为主导。根据"资策会"1997 年的统计，在新竹园区 245 家企业中，有 202 家属于台湾地区，其中又有 97 家由海外学人创立，非台资公司仅占 17%。以本土人员和资本为主导，确保新竹园区可以自己实现技术积累，不依附于跨国公司，这样才有利于本土高科技产业的长期发展。[①] 要知道，在以电视为代表的家用电器时代，外资密布中国台湾。到了电脑产业主导的 20 世纪 90 年代，外资几乎全跑光了。这是因为，外资原本在中国台湾的研发投入就微不足道，一旦当地不再有廉价劳动力，外资当然跑得比兔子还快。如果像新竹园这样以当地技术为主导的高科技产业园区没有发展起来，中国台湾"拉美化"几乎是必然的。

## 联华电子的辉煌

在新竹科学园区发展的早期阶段，联华电子无疑是最重要的公司。

因为半导体行业的门槛很高，当时人们普遍不看好联华电子。联华电子还是决定到实业界闯一闯。

联华电子从美国引进 4 英寸晶圆生产线，"工研院"协助联华电子建设厂房、装配设备和培训员工，还向联华电子转移了新开发的 3.5 微米工艺和 40 多个工程师。联华电子的创建可说是一波三折。工厂花了一年半的时间完成建设，好不容易试产成功，接连而来的却是 1982 年的经济不景气和一场火灾，联华电子遭遇严重亏损。

在经营遇到困难的时候，联华电子的领导层看到美国家用电话兴起的商机，开发出了 8 位的电话芯片，并通过加价 25% 包下封测厂菱生的

---

① 相关内容可参考刘鲁鱼、余晖于 1999 年在《开放导报》上发表的《台湾资讯电子业的成长及其启示》一文。

产能，在电话芯片需求量爆发之际狠赚了一笔，打了漂亮的一仗。联华电子的电话芯片仅用一年时间就从 400 万颗的出货量猛增至 2400 万颗，一举占领了中国台湾、中国香港和韩国等地一半的电话芯片市场。联华电子从此开始年年有盈余。

联华电子在管理上也确实有自己的一套。它的理念是："管理很简单，就是逻辑加常识。"企业很早就提出要让每个员工都成为老板。为了实现这个目标，公司设立了 3 个步骤：首先，将员工分红配股变成制度，企业可以提取一定比例的盈余以股票方式分配给员工；其次，与声宝、东元电机、鸿海精密等联华电子的股东交叉持股，在员工股份还不够多时，削弱股东对公司的控制意愿，巩固管理层对公司的经营权；最后，成立由联华电子高管担任法人代表的投资公司，买进联华电子股票并进入董事会。[①] 联华电子还讲究能者多得，提出"专业经理是公司经营主体"，坚信一家公司超过 80% 的成绩仅仅由 20% 的人创造，所以特别重视精英人才，将公司分红的 80% 都分配给业绩排名前 20% 的人。联华电子的政策赢得了员工的忠诚——"在联电，我们每个员工都觉得公司是自己的"。

虽然台湾当局在 1980 年修订所谓"公司法"时就曾强制规定公司须于章程中列示员工分红的比例，并规定可以以现金或股票的形式发放分红。但那时候台湾地区的大多数企业都是家族企业，给员工发放股票分红的极少，这项规定形同虚设。联华电子首开风气，给员工分股票的做法引得台湾地区科技企业纷纷效仿，由此吸引了一大批海外优秀人才。分红配股制度对台湾地区高科技产业的发展有着非常深远的影响，被认为是当地高科技崛起的关键因素之一。从多年实践来看，员工分红配股制度的确可以创造出科技新贵的高薪神话。《华尔街日报》称台湾地区拥有全球最慷慨的分红配股制度。

---

① 相关内容可参考阿祥于 2001 年 8 月 7 日在《国际金融报》上发表的《联电能夺得"代工霸主"之位吗？》一文。

## 🎛 联华电子的难题

1984 年，联华电子碰到了一个晶圆厂普遍都会碰到的问题：它想将工厂的设备更新换代，引进 6 英寸线，扩大新一代工艺的产能，将联华电子扩张成百亿元新台币资本的大厂。但扩产又很可能面临产能不饱和、成本没有竞争力的风险。当时整个台湾地区的半导体产值只有 150 亿元新台币，产业规模不如大陆。作为一家既做芯片设计又做芯片生产的 IDM 厂，联华电子自身的订单有限，只有与其他芯片设计公司合作、扩大晶圆代工业务，才有可能让产能饱和。于是，企业领导层就做了一份关于"扩大联华电子"的企划书。他们认为垂直反整合时代将要来临，因此在企划书中提出一个构想：与美国华人合作投资设计公司，用设计公司打头阵，然后在台湾地区做晶圆代工，强调设计和制造走国际分工、产销互补路线。垂直分工的好处是，产业链上的每家公司能通过聚焦于某一技术而实现专精化，行动更加灵活开放，同时这样做还可以缩短生产周期、降低成本。这一构想与如今芯片产业设计与制造的分工合作大势十分吻合。

那时联华电子营业额只有 10 亿元新台币，而推动这项计划需要的经费是其营业额的好几倍。方贤齐和潘文渊认为，这件大事应该听听张忠谋的意见。张忠谋当时是中国台湾经济事务主管部门新聘的科技顾问。于是，联华电子便托人将这份企划书带给张忠谋，希望得到他的认可，从而帮助联华电子获得台湾当局的资金支持。但是这份企划书未得到张忠谋的回应。

1985 年 2 月，中国台湾经济事务主管部门准备推出大规模集成电路项目，联华电子也有意承揽。于是，刘英达和"工业局"的宋铁民一同前往美国，与张忠谋在通用器材公司总部见面详谈。这次见面"话不投机"，却成了张忠谋后来掌管该项目的契机。回来后，宋铁民做了一个报告，建议"联华电子自己进行投资应予鼓励，'经济部'如果真有意愿，可以另立公司，但必须把张忠谋先生请回来主持"①。从这份建议来看，张忠谋可能认为联华电子已经转成民营主导，承接这么大的当局项目便有化公为私的嫌疑；也有可能，他不相信联华电子有能力经营好这个大项目。

形势的变化让联华电子也不再需要当局的资金支持了。1985年7月，联华电子上市，成为岛内第一家电子类上市公司。上市第一年，联华电子销售额达到13亿元新台币，获利2亿元新台币，利润之丰厚让原来不愿投钱的人都后悔不迭。联华电子的成功起到了非常重要的示范效应，民间资金开始大量注入半导体产业。宣明智认为："对于（台湾）半导体而言，若没有联华电子的成功，就没有后来的华邦电、茂矽、茂德等晶圆厂，甚至没有台积电。"

联华电子能够上市，张忠谋并无功劳。让人没想到的是，摘得联华电子最大桃子的人，竟是不赞同台湾当局将大规模集成电路项目拿去支持联华电子扩张的张忠谋。张忠谋应台湾当局之邀担任"工研院"的院长，同时还兼任联华电子的董事长。张忠谋完全西化，喝红酒、抽雪茄，一副绅士做派。联华电子的高管则大多是没有留过学的土包子，大碗酒、大块肉，浑身江湖习气，在他们治下的联华电子就是一个群雄聚义的梁山泊。在台湾地区，董事长是管事的，有实权、作风又强势的张忠谋自然让他们感到被束缚住了手脚。其实从海外空降而来的张忠谋也深感自己在不讲章法又铁板一块的联华电子孤掌难鸣、难有作为。其实张忠谋当初曾经极力拒绝担任联华电子的董事长，是李国鼎亲自出面才说服他的。

落后的台湾地区要想发展半导体产业，不能没有发达国家海归的助力。"工研院"大力引进海外优秀人才，特别是在欧美半导体企业中实际接触先进技术、了解市场情况又拥有企业管理经验的稀缺高端人才。张忠谋就是这一批人中来的时间最"巧"，也是成就最大的一个。

---

① 相关内容可参考李国鼎先生纪念活动推动小组于2000年著的《李国鼎先生纪念文集》一书。

# 第二章　56岁的创业者

## "我们感到众神的宠爱"

张忠谋非同寻常地经历了两个"大时代"：第一个是中国近代史上最惨烈的战争大时代，第二个是芯片技术按照摩尔定律快速进步的大时代，后者的竞争激烈之程度不亚于一场战争。

1931年，张忠谋出生于浙江宁波，父亲张蔚观是某大银行的经理，也是那个年代极少见的职业经理人，母亲是清代著名藏书家徐时栋的后人。张忠谋从儿时成长为青年的这段时间，正好完整经历了14年的抗日战争和3年的解放战争。为避战乱，张忠谋一家人三次逃难，辗转迁徙于重庆、上海和香港等城市。他上过10所学校，童年的大部分时光是在香港度过的，中学教育主要是在重庆南开中学完成的。青少年时期就走遍半个中国这样的动荡经历，让他有着常人少有的时代使命感，并历练出洞察大趋势的眼界。

1949年初，张忠谋全家在香港重聚。这一年，父亲用最后的积蓄将18岁的张忠谋送进美国哈佛大学就读。全校1000多位新生中，他是唯一的华裔。在哈佛大学，张忠谋如饥似渴地阅读了大量西方文学经典名著，

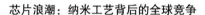

接受了西方文明的熏陶。张忠谋就读哈佛只是为了完成大学一年级的通识教育，开阔眼界。隔年，张忠谋转学到麻省理工学院，就读机械系。张忠谋选择理工方向是经过深思熟虑的。"当时中国人在美国找一份好职业不容易。政治界不用说了，没有中国人问津；金融、法律、管理、营销都被认为很难打进去。只有科技教学或研究才是中国人可以找到好工作的职业方向。"科技教学和研究又最重视学位，所以中国学生往往要读到博士方肯罢休。让张忠谋没想到的是，他两次参加博士资格考试都落榜，于是只好拿着硕士文凭去找工作。

汽车行业当然是机械专业毕业生找工作的首选，大名鼎鼎的福特汽车给张忠谋发出了聘用通知。前途看来一片光明，可是，因为1美元的月薪差距，年轻气盛的张忠谋拒绝了福特的招揽，改去了一家不知名的电子公司希凡尼亚。希凡尼亚正准备做晶体管，张忠谋原本要在这家公司负责实施锗晶体管的自动化生产，但事实上，在相当长的一段时间内，锗晶体管都只能手工生产，实现不了自动化。张忠谋学无所用，不得不在业余时间恶补半导体知识，就此阴差阳错地进入了半导体行业，终身别无他恋。多年以后，一位福特退休高管来到德州仪器做董事。得知张忠谋当年没选择福特后，他激动地说："你真幸运，如果你那时去福特，恐怕现在还烂在福特的研发部里。"

在希凡尼亚做了3年后，27岁的张忠谋成了一个半导体专家。那时候，半导体行业的圈子还很小。在一次国际电子器件大会上，张忠谋认识了29岁的戈登·摩尔和31岁的诺伊斯，他们两人刚刚创立了将在硅谷历史上占有重要地位的仙童半导体。3个年轻人白天参加会议，晚餐时开怀畅饮，酒足饭饱后则顶着雪花、唱着歌儿回旅馆。对于半导体产业的前景，他们是如此的乐观："我们感到众神的宠爱。"

新生的半导体产业日新月异、突飞猛进，希凡尼亚公司却管理混乱、踟蹰不前。希凡尼亚公司的管理层都是不懂半导体的外行，由于半导体业务连年亏损，公司不得不多次进行人事调整和大裁员。张忠谋心痛于几个得力下属无辜被裁，决意离开。他拒绝了如日中天的IBM的邀聘，进入当时年营业额还只有 7000 万美元的德州仪器，在其半导体部门工作。

## ⚙ "这是一个话很多的公司"

发明了硅晶体管的德州仪器野心勃勃、充满朝气。它确立了一个前所未有的公司发展典范，那就是在信息时代来临后，一个微不足道的小公司都能够凭借一项新技术快速胜过大公司。正是这一点深深吸引了素有雄心壮志的张忠谋。

因为"同年"之谊（两人同一年加入德州仪器），年龄相差 8 岁的基尔比和张忠谋关系很好。基尔比常常拿着一杯咖啡到张忠谋的办公室找他聊天。基尔比的学位不高，仅仅是个硕士，但他极富创新精神。基尔比一辈子都铭记他的父亲给工程师下的定义："什么样的人才是工程师？一般人用两块钱才能完成的工作，工程师只需要用一块钱。"基尔比最喜欢做的事情就是发明各种东西，芯片无疑是他的最重要也是最伟大的发明。基尔比在提出要做出一颗芯片的设想时，第一个告诉的人就是张忠谋。张忠谋对此还不以为然："老实说，那时要我做一个晶体管都有困难，把好几个晶体管再加别的电子元件放在同一颗硅晶片上，还要它们同时起作用，简直是匪夷所思。"不过，张忠谋也尽其所能地回答了基尔比想了解的一些技术问题。

让张忠谋想象不到的是，芯片有着极其强大的生命力，其技术的进步一日千里。芯片问世 5 年后的 1963 年，德州仪器即成立集成电路事业部。到 1966 年底，35 岁的张忠谋接任集成电路事业部总经理的时候，该事业部的年营业额已超过 5000 万美元。见证芯片从诞生到快速发展的过程，让张忠谋意识到跟踪科技新动向的重要性，从此他时时保持着对半导体新技术和新观点的强烈关注。

德州仪器是一个年轻、平等、开放且注重技术的公司，张忠谋体验到了它的许多优秀的企业文化，比如，"在公司里，'失败'从不被接受；'挫折'可被理解甚至同情。但受挫折者必须振奋重来，如再有挫折，

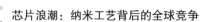

就再重来，直到成功为止。我又发现，这是一个话很多的公司，人人都不怕提意见，即使有些意见很幼稚"[1]。总裁哈格蒂为公司塑造的"创新、诚信和客户至上"的企业文化，也深入了后来的台积电的骨髓。

哈格蒂对公司内部表现出众的几个人特别关切，张忠谋也是其中之一。张忠谋亦视哈格蒂为"典范"和"导师"。虽然张忠谋并不向哈格蒂直接汇报工作，但哈格蒂每个星期都会与张忠谋交流。张忠谋进德州仪器工作仅3年，哈格蒂竟首开先例地安排公司出资送张忠谋保留全薪去读博士，为将来任命他为研发部副总经理做铺垫。有同事劝张忠谋："博士有什么好读的。你的前途在管理，不在研究。去读博士，你将错过未来几年的升迁机会。"但一来这是个"无法拒绝的机会"，不去读博士会让哈格蒂认为没有志向；二来获得博士学位也是张忠谋长期以来的一个梦想，于是，张忠谋前往拥有最强半导体专业的斯坦福大学。

硅谷最初就是斯坦福大学办的一个科技园。肖克利在这个科技园里创办了硅谷的第一家半导体公司，为硅谷带来了火种。肖克利为人刚愎自用，难以与人共事，诺伊斯和摩尔等"八叛逆"从他的公司逃离出去，这才有了仙童半导体。肖克利管理公司失败，只好来到斯坦福大学授课，张忠谋也是他的学生之一。很显然，肖克利的脾气一点也没有变化。"他讲课很好，但最令人难忘的是他的傲慢。有许多学生，包括我在内，都不敢问他问题。因为我们看到有别的学生去问他问题，他在回答之前会先奚落一番，还反问学生几个简单的问题，嘲讽他们提出的问题很可笑，这样一来就很少有学生再去问他问题。"

脱产攻读3年后，张忠谋获得电机博士学位，回归德州仪器。我们将看到，拥有博士学位并且终身保持学习习惯的张忠谋对技术非常重视，而且极具前瞻思维，这是台积电未来能够通过技术一路领先跃上半导体产业巅峰的一个重要因素。半导体是一个技术变革极快的行业，而技术变革往往有多个路线方向，这需要企业领导人有技术能力做出一定的取舍，并提前做好研发与投资的布局，才能及时踩准节奏。如果一个半导

---

① 相关内容可参考张忠谋于2001年著的《张忠谋自传：1931～1964》一书。

体企业的领导没有很强的技术背景（如英特尔后期的几位 CEO），那么企业要么被下属部门牵着鼻子走，要么以财务业绩为导向而经营趋于保守（如博通），要么失去对先进技术的敏感性（如德州仪器），迟早会走向落伍。张忠谋认为台积电有三大竞争优势：技术领先、制造优越、客户信任，而技术领先被放在最重要的位置。后来被张忠谋指定的台积电接班人，如蔡力行、刘德音和魏哲家，都拥有技术方面的博士学位，这似乎成为台积电的一个不成文的规定。

## 让竞争对手发抖的人

1972 年，41 岁的张忠谋升任德州仪器的集团副总裁兼半导体集团总经理，成为德州仪器仅次于董事长和总裁的第三号人物。半导体业务给德州仪器贡献了一半的营业额。在德州仪器的全球 6 万名员工中，有一半员工归张忠谋管。作为有史以来第一个入职德州仪器的华裔，张忠谋能做到这么高的职位，是很不容易的。他也是最早进入美国大型公司最高管理层的华人之一。

张忠谋一上任，就遇到了电脑部门急缺内存的问题。在当时，英特尔凭借划时代的内存产品 1103 称霸存储器市场，成为全球最大的存储芯片供应商。英特尔的创始人正是诺伊斯和摩尔，这两个人分别以芯片的发明人和摩尔定律的提出者闻名天下。于是，张忠谋给诺伊斯打电话，希望英特尔能够多调配一些内存给德州仪器。诺伊斯似乎很为难，对张忠谋倾诉了颇多难处，但最后仍答应考虑。张忠谋本以为没什么希望了，想不到第二天诺伊斯就回了电话，语气轻松地说："啊，Morris（张忠谋的英文名），你昨天讲的事情没问题，我们可以照办。当然，老朋友应该互相帮忙。"张忠谋还来不及道谢，诺伊斯马上接下去说："但是，硅原料也缺货。我们很需要硅原料。我知道硅原料部门也归你掌管。可否请你叫他们多调配给我们一点？"[1] 德州仪器正是通过在硅原料提纯技

---

[1] 相关内容可参考张忠谋于 2001 年著的《张忠谋自传：1931～1964》一书。

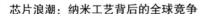

术上的突破才第一个做出了硅晶体管，所以当时在硅原料的供应上比较有优势。很显然，诺伊斯也是一个精明的商人，知道在大谈友谊的同时也要计算好该得的利益。

内存的缺货让张忠谋认识到这个市场的潜力，他决定让德州仪器进入这块市场。一旦拟定策略，张忠谋就快速行动、主动出击，"push、push、push（推进、推进、推进），丝毫不留情，直到达到他要的为止。"英特尔1KB容量的1103内存是市场的主流产品，为了赶上摩尔定律要求的芯片性能18 ~ 24个月增长一倍的节奏，张忠谋领导的德州仪器直接从4KB起步，并与客户协议每季降价10%，通过长期合同锁定客户。纵使成本一时无法降低，他也信守承诺，按照约定的低价给客户供货。客户纷纷转向德州仪器，德州仪器迅猛地占领了内存市场。仅仅两三年时间，德州仪器的芯片营业额增长了10倍，达到5亿美元。德州仪器也超越英特尔成为美国最大的内存厂商。

张忠谋相当重视学习曲线战略。学习曲线又称经验曲线，意思是随着产品累计产量的增加，单位产品的成本会以一定的比例下降。销售规模更大，产品就能够拥有更好的质量和更低的成本。所以，学习曲线战略要求企业在进入某个新领域时，不要在乎眼前的盈亏，一定要力求在短时间内成为行业第一或第二，这样才能占据竞争优势。德州仪器在内存市场上的成功，正是学习曲线战略有效的体现。张忠谋在领导台积电期间，不惜任何代价也要让台积电保持专业晶圆代工领域的老大地位，这也是遵循学习曲线战略的体现。

当时，英特尔还发明了微处理器，产品名称为4004。但并没有多少人认识到微处理器这个划时代产品的重要意义，连英特尔的总裁安迪·格鲁夫都声称："微处理器对我来说什么也不是。我为了让存储器的成品率提高两个点而忙得脱不了身。"张忠谋则意识到了微处理器的发展前景，认为它将造就一个繁荣的产业。张忠谋迅速集中设计和制造火力，改进微处理器的产品质量，并推进价格的下降。在英特尔的微处理器8080诞生几个月后，德州仪器就推出了性能相当、价格更低的微处理器TMS-

1000。与英特尔不同的是，德州仪器自己就是一个微处理器的大客户。德州仪器还生产终端产品，可以将 TMS-1000 用在自己的袖珍计算器产品上。德州仪器甚至宣称 TMS-1000 是"第一款单颗芯片上的微处理器"，险些从英特尔手中夺走了微处理器的发明专利。当时的德州仪器是世界上最大的专用芯片（Application Specific Integrated Circuit，ASIC）制造商及最大的商用微处理器制造商，也是全球最大的半导体企业，其规模是英特尔的 6 倍。1974 年的美国《电子新闻》称张忠谋为"掀起全球半导体大战，让竞争对手发抖的人"。

## 李国鼎"骂"人

德州仪器要打内存和微处理器的价格战，前提是能够将自己的生产成本降到市场最低。于是，德州仪器考虑将部分生产环节移出美国。芯片的制造过程就像是图书的出版，芯片设计相当于作家写书，芯片制造就是印刷厂印书，芯片封装测试（简称封测）则是将书进行装订。芯片设计环节要求技术密集但对资本要求不高，芯片制造环节要求技术和资本双密集，封测对技术和资本的要求都不高。所以，封测也是芯片生产过程中最早分离出去的环节。把封测基地迁去哪里呢？张忠谋想到了中国台湾。

台湾地区的半导体产业，就是从相对低端的封测业起步的。二十世纪六七十年代，欧、美、日等国半导体 IDM 厂因成本考量，将产品后段的生产线移往人力低廉的亚洲地区，中国台湾当局就以优惠政策吸引外商来台投资电子封装厂。1964 年，通用仪器最早在台湾地区成立子公司，这也是第一家外商在台湾地区投资的电子产品公司。1966 年，通用仪器在高雄设立高雄电子，从事晶体管装配业务，这是台湾地区半导体产业的开端。之后，飞利浦建元电子、美国无线电公司、台湾德州仪器、捷康、台中三洋、吉第微、摩托罗拉等陆续在台设厂。这些封装厂承接母公司的技术与订单，业务范围也由初期的晶体管组装演变为 20 世纪 70 年代的芯片封装。

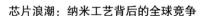

早在 20 世纪 60 年代，德州仪器就考虑来东亚建封测厂。1967 年，张忠谋去台湾考察，那也是他生平第一次来到台湾。张忠谋当年离开上海的时候，对国民党治下政治腐败不堪、官场贪污横行的政局是相当失望的。来台湾以后，他接触了一批清廉正直、全心为公的技术官僚，又燃起了他对中国的信心和感情。李国鼎对张忠谋非常重视，给予他热情的接待。李国鼎每次赴美，也必定要去见张忠谋，向他介绍岛内科技产业的进展，同时了解国际半导体产业的发展现状及趋势。

原本德州仪器更想去日本建厂，日本的工资虽然是中国台湾的 5 倍，但也只有美国的 5%，还算很有优势。张忠谋却力主德州仪器去中国台湾发展，他认为日本工资很快会涨上去，而中国台湾涨得不会那么快。于是，德州仪器就改到台湾高雄建封测厂。张忠谋也自此与孙运璇等人有了来往。

1974 年，石油危机导致台湾经济不景气，张忠谋来台处理台湾德州仪器公司的裁员事宜。他拜访了孙运璇，孙运璇对德州仪器裁员没有发表太多意见，但对于全球半导体产业的发展动向却极为关切。不过，当时孙运璇没有和张忠谋提到在小欣欣豆浆店发生的事情，张忠谋并不知道台湾地区的半导体产业即将迈出关键的一步。

孙运璇代表台湾当局正式给张忠谋发出函件，邀请其赴台担任"工研院"院长。有意思的是，在美国受教育又有美国大企业工作经验的张忠谋，却并不信仰完全的自由市场经济，反而因为在芯片上与日本企业短兵相接的经验，认为在新技术的催生上，政府可以扮演重要的角色。日本半导体产业在通产省的支持下崛起，让他相信要有明确的致力于科技发展的产业政策。他觉得凭借自己的经验，可以在台湾地区有所作为。问题出在："谈过之后，我发现他们对于美国企业主管的待遇不太了解。"

台湾当局给张忠谋开出每月 20 万元新台币的薪水，在台湾地区公职人员中算是破例，但也只有德州仪器给出的薪酬的 1/10，这让张忠谋犹豫再三。张忠谋并不差钱，但这么低的薪水会影响到行业和市场对张忠谋个人价值的认定。当时德州仪器的股票期权也没有到期，于是，张忠谋向德州仪器申请停薪留职，无奈遭到拒绝。张忠谋只好谢绝台湾当局的邀请。李国鼎很生气地写了一封信"骂"张忠谋："看了你的信，我是非常的失望，想不到我们善意地提供你职务，你还不考虑！"

已完全融入美国社会的张忠谋，仍然保持着东方人重情义的一面。李国鼎的这封信给了张忠谋不小的压力，为后来张忠谋的来台打下了基础。多年后，张忠谋称："没有李国鼎，就没有今天的台积电。"

## 张忠谋来台湾

1975年，夏柏接替哈格蒂担任德州仪器的总裁。张忠谋原本也是总裁的热门人选，但就是无法再晋升一步。在那个年代，华人在美国大企业不可能做到一把手，不像现在的美国半导体企业，华人老板或华人CEO比比皆是。夏柏打算将产品线延伸到芯片下游的消费电子产品，于是减少对半导体业务的投入，将资源向消费电子业务倾斜。消费电子的发展方向一直不被张忠谋认可，因为德州仪器以从事企业业务起家，并不具备从事消费者业务的基因。例如，晶体管收音机原本是德州仪器的发明，却是到索尼手中才做成功。半导体产业不进则退，如果不持续加大投资，就不可能保持领先地位。对重视半导体，性格刚烈的张忠谋在各种场合都大声疾呼，不管夏柏在不在场，这引发了夏柏对他的不满。而张忠谋对夏柏这个从前的老上司也没有好评价，他认为夏柏在入行的时候还是懂半导体的，如今却已成为外行。"更可悲的是，他还不知道自己已脱节，仍以为（20世纪）70年代的半导体与20年前一样。""初期最高层所具备的专业水准确是（成功因素）其中之一，但当公司渐渐庞大，领导高层的内务、外务逐渐增加，且大半与技术无关。为了'日理万机'，自己倒与快速进步的技术脱节了。"

1978年，德州仪器的半导体业务已发展到10亿美元的规模，张忠谋却被调到他不认可的消费电子业务板块担任集团总经理，这有点给他小鞋穿的意思。德州仪器做个人电脑失败，张忠谋被问责，遂被调去做主管品质和培训的没有实权的资深副总裁。1980年，哈格蒂从董事长的位置上退休。又过了 3 年，张忠谋即离开了德州仪器。这对张忠谋来说是个相当痛苦的决定，因为他认为德州仪器是全世界最好的公司，并且一直以为自己会在这家公司做到退休。

历史很难假设，如果张忠谋一直掌管德州仪器的半导体业务，或许德州仪器的内存和微处理器业务就不会走向失败。格鲁夫曾经询问做过张忠谋下属的美国威力公司总裁查尔斯："20 世纪 80 年代，德州仪器的微处理器与英特尔相比，功能多、速度快，为什么没有成功上市？"查尔斯回答，因为当时张忠谋已离开半导体事业部，"如果他还在，绝不会让这个有如此商机的产品荒废在那里"。张忠谋掌权期间，德州仪器稳居全球半导体行业前三名。在他离开后，德州仪器就开始走下坡路，原来一直被德州仪器压着打的英特尔开始抬头。但德州仪器的不幸却成就了台积电。如果张忠谋当初能够升任德州仪器的总裁或董事长，就一定不会有后来的台积电了。

离开德州仪器后，张忠谋去了通用仪器，在这家拥有 2 万名员工的公司担任总裁。一上任，张忠谋就发现，如今的通用仪器喜欢玩的是并购，力求通过资本的整合来赚快钱。通用仪器"最大的野心是把它自己都卖掉，它雇我就是因为它想实现那个野心"。张忠谋不愿意干收购小公司并将其包装后再出售的事情，认为这会影响他在行业内的声誉，以后再想进好企业就不容易了。由于与这家企业的其他高层格格不入，张忠谋仅做了一年，就被公司要求走人了。

从通用仪器离职后，张忠谋又做了 6 个月的风险投资工作。很明显，习惯于脚踏实地干实业的张忠谋，也并不适应做投资这种被他认为需要"尔虞我诈"才能生存的行当。

在张忠谋撞上职业天花板的时候，台湾继续向他抛出橄榄枝。从 20 世纪 70 年代末期到 80 年代中期，台湾地区的经济发展其实是很不错的。除个别年份，台湾地区长期保持贸易顺差，外汇储备于 1984 年上升到了 157 亿美元。由于制造业持续高速增长，工业收入在生产总值中的比重超过了一半，业内人均生产总值也突破了 3000 美元。台湾地区甚至开始向东南亚地区进行资本和技术的输出，俨然成为一个区域经济的小领导者。

这样的成绩并不能让台湾地区的技术官僚满意。他们知道，台湾地区的工业化在走向成熟，产值增长率会持续下降。城镇化也步入中后期，不可能再有大批廉价的劳动力从农村涌入城市。那时候，韩国的三星电子、LG 和现代集团在政府的支持下，结盟投入半导体存储技术的研发，全力冲刺芯片产业，以图在全球半导体市场上取得一席之地。看到韩国如此积极，孙运璿心急如焚，常常说："韩国科学技术研究院采用赌博做法，我们再不快，就来不及了！"台湾地区当时除了联华电子能做一些消费电子芯片，就没有别的芯片制造企业了。台湾地区在全球半导体产业界的眼中基本上就只是一个封测基地。因急火攻心，1984 年 2 月 24 日，孙运璿中风。经过医生一夜的手术抢救后他悠悠醒转，开口便问："大型积体电路（大规模集成电路）的计划怎么样了？"设立大规模集成电路实验工厂，是在他卧病前参与的最后一次行政管理机构会议上通过的，这个实验工厂是台湾地区的第一座 6 英寸厂，也是台积电的前身，日后成为台湾地区半导体产业再上一个台阶的重要支撑点。

孙运璿中风后，台湾地区货币政策主管机关总裁俞国华接任了台湾地区行政管理机构负责人一职。1985 年，上任不久的俞国华即派出"工研院"董事长徐贤修赴美，再一次向张忠谋发出邀请。徐贤修做过美国普渡大学的教授，对张忠谋也很了解。徐贤修前往美国数次，甚至到当时位于纽约特朗普大楼的张忠谋住所拜访，力邀张忠谋来台。

这一次，张忠谋答应了。张忠谋只身从美国来到中国台湾，从方贤齐手中接下"工研院"院长的位置。

## 新院长的新思路

在张忠谋来台两周后，李国鼎就找他商讨"工研院"已上马的大规模集成电路项目的前途问题。李国鼎表示，台湾当局想以合资的方式建立一个超大型集成电路制造公司，要请张忠谋主持。当时"工研院"已

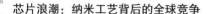 

经做了 10 年的半导体，正好也到了上不上下不下的关口。半导体业务每年需要占用很多经费，如果不做超大规模集成电路（VLSI）产业技术的开发，中国台湾的工业技术势必会与国际领先水平拉开差距；投入的巨额资金，如果只是用来做研究，那实在太浪费了；要往外卖产品又被说成与民争利，而且还不可能产生盈利。李国鼎想把这个项目转作民营，从"工研院"剥离出去。

李国鼎还有一个难题，那就是茂矽等三家留美学人创立的芯片公司都需要解决资金问题。当时受日本廉价内存芯片冲击，这几家公司的收入锐减，自建工厂的计划不断推后。如果找日韩工厂代工，又要被日韩工厂吞掉大部分利润。

张忠谋回想起他在通用仪器工作期间遇到的一件有趣的事情。[①]

有一个叫戈登·坎贝尔的人，他以前也开过半导体公司，做得很成功，刚刚把公司卖掉。他找到张忠谋，说想再设立一家公司，需要 5000 万美元投资。

张忠谋问他有没有商业计划书，他说计划书都在脑子里。张忠谋表示，"就算我支持你，也要向董事会汇报，所以一定要有商业计划书"。坎贝尔说给他两周时间。

但是三周过去了，坎贝尔也没给张忠谋发商业计划书。张忠谋其实对他的方案还挺有兴趣。要知道，连商业计划书都没有就敢开口要钱的人，要么是白痴，要么是大牛，而坎贝尔看起来并不傻。于是，张忠谋主动给他打了个电话。坎贝尔说："我不再需要你的 5000 万美元，现在只要 500 万美元就足够，我自己凑凑就可以。"

张忠谋问："为什么？"

坎贝尔说："我不做晶圆制造了，因为太费钱，我要去开一家专门做设计的公司。"

这是张忠谋第一次听说有专门做芯片设计的公司。他了解到，业界

---

① 相关内容可参考张忠谋在台北国际会议中心 2021 大师智库论坛上所做的关于《珍惜台湾半导体晶圆制造的优势》的演讲。

有许多像坎贝尔这样的芯片设计师都想独立创业，苦于自建晶圆厂的门槛太高，市场上又不存在专门提供晶圆代工服务的供应商。当时全世界绝大部分的芯片企业都采用 IDM 模式。英特尔、德州仪器、IBM、日电、东芝、富士通等巨头自己设计芯片，在自有的晶圆厂生产，只将部分的芯片封测业务分包出去，产业链基本上在企业内部封闭完成。独立芯片设计公司全球不到 20 家。他想，既然有专门做芯片设计的公司，那不就也应该有专门做芯片制造的公司吗？

这个想法成为一个火种，一直埋在张忠谋的心里。如今，这个火种熊熊燃烧了起来。为什么不进行专业分工，只做芯片制造呢？张忠谋看到，晶圆厂需要的投资规模越来越大，一般人盖不起，即使盖得起也养不起。产能"跑"不满，芯片产品就不会有成本竞争力。市场对专业晶圆代工有巨大的需求。"台湾重教育，人又肯学。"做专业晶圆代工，可以发挥台湾地区的制造优势。

于是，张忠谋拿出了一个即便是半导体行业内人士都觉得不可行的方案：成立一家史无前例的专业做晶圆代工的公司。这家公司本身不设计芯片，只为客户制造芯片，可以通过面向全球客户寻求订单来跑满产能。在此之前，从来都没人想过能将芯片制造从 IDM 中分离出去。需要说明的是，晶圆代工生意早已有之，长期以来它都是 IDM 厂的一个副业。准确地说，张忠谋开创的是专业晶圆代工行业，而不是晶圆代工业。

芯片制造的门槛并不低。为了让这个新生的专业晶圆代工厂有竞争力，张忠谋特别坚持一点：不能搞"小锅小灶"，资本规模必须向美国中型晶圆厂看齐。他说："如果打一场仗需要十万兵力，但现在只有一千人，经营者是绝不打这种仗的。我们不能让一千人上了战场，等被打败才说是因为人不够。"张忠谋将新工厂最初的实收资本定为 2 亿美元，也就是 55 亿元新台币，相当于联华电子初始筹资额的 3.4 倍。

张忠谋的要求也符合他对台湾地区经济发展的一贯主张：全力培植出几家世界级大企业，"唯有大企业，才能从事核心技术研究，才能嘉惠产业，提高地区整体竞争力"。当时台湾地区以"节制资本"为指导

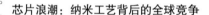

思想，对大财团持警惕态度。因此台湾小企业多如牛毛、大企业寥若晨星。小企业缺乏技术研发的实力，也没有能力在国际市场上打造消费品品牌。三星、现代、金星等韩国品牌已在美国家喻户晓，中国台湾品牌的产品在美国市场上不见踪影，却以另一种方式"扬名四海"：世界仿冒大王。台湾《商业周刊》一篇文章（1985年12月16日）指出，从李维斯牛仔裤到苹果二代电脑，世界上大约60%的仿冒品来自台湾地区。中国台湾大量以家族形式经营的地下工厂因生产劣质商品而声名狼籍。仿冒似乎是工业化国家和地区普遍的原罪，几乎所有的工业化国家和地区在刚起步的时候都是以低价仿冒品杀入市场。日本、韩国等制造业大国同样有过一段产品质量低下和侵犯知识产权的历史，在度过草莽山寨阶段后才完成向创品牌和做研发的转型升级。

时任"工研院"副院长的胡定华和"电子所"所长的史钦泰忙了两天两夜，准备好资料和图表，率一行人前去向俞国华汇报"发展超大规模集成电路工业"的投资计划。这是中国台湾有史以来规模最大的一笔投资，他们对计划能够获得批准并无把握。半导体产业投资风险巨大，而且按照张忠谋自己的估计，这项巨额投资需要相当长的时间才能回本。俞国华又是去年才上任的新领导，被许多人视为说话温吞、缺乏魄力。面对这个前任发起的大项目，他能够大胆拍板吗？

谁也没想到，俞国华当场指示成立5人小组，由4位台湾当局部门负责人级别的官员和张忠谋领衔，负责创办台湾积体电路制造股份有限公司（简称台积电）。"当时并没有太多人看好只做芯片加工的生意。当时最支持我的人也并不太理解，只是愿意给我投资，让我试一试。"多年以后张忠谋回忆当时的情景时这样说。

## "官""民""洋"合办台积电

中国台湾要发展大规模集成电路，不能不依靠跨国公司来提供技术支持。飞利浦消息灵通，早早就表示了对"工研院"6英寸厂的入股意愿。在台积电项目正式上马的时候，飞利浦提出要独家持有技术股。那时候，由于台湾地区技术落后，这样的要求符合国际惯例。张忠谋却不太瞧得起飞利浦，当年他在德州仪器的时候，曾经以飞利浦技术实力不够为由拒绝将半导体技术转让给飞利浦。张忠谋提出："'工研院电子所'的所有技术，如要设技术股，双方都要持有技术股。"几番谈判后飞利浦才同意以收取授权费的方式来解决技术授权问题。飞利浦又要求拿到51%的股份，主导台积电的经营。李国鼎表示，欢迎飞利浦投资，但比例不能超过总投资额的1/4，主导权应由台湾地区投资人来把控。

张忠谋认为飞利浦的气势太盛，希望再找一两家大公司入股来制衡。他亲自给美国、日本的10多家半导体大厂写信，大多数公司都直接拒绝了。超威（AMD）创始人杰里·桑德斯还贡献了一条金句："有晶圆厂的才叫男子汉（Only real men have fabs）。"索尼、三菱等日本大厂都认为单一的晶圆代工生意行不通，中国台湾一点机会也没有。只有英特尔和德州仪器流露出一些合作意愿，但最终都没有结果。已接替诺伊斯担任英特尔董事长的摩尔拒绝投资台积电，他是这么答复张忠谋的："你有过很多好主意，但这个可不怎么样。"

李国鼎希望民间资本能够占台积电一半以上的股份，这样可以让台积电成为一家真正的民营公司。张忠谋不论投资人实力大小，都亲自出面游说，连续宣讲了二十几场。一圈跑下来，结果很不理想。当时台湾地区科技基础相当薄弱，几乎没人对做芯片有信心。当时，做化工、纺织等生意还挺赚钱，大家也没有动力去进入高投资、高风险的高科技产业。李国鼎亲自出马，一一拜会欠他人情的企业家："过去支持你这么多，今天有事，你怎么可以不支持？"，逼着他们投资台积电。最后总算有六七家民营企业卖他的面子同意出资，但只完成不到一半的募资目标，募得台积电四分之一左右的股份。为了打动王永庆，张忠谋"两个月内，吃了三次台塑牛排，被问了无数问题"。素有"经营之神"称号的王永庆并不懂半导体，他唯一担心的问题就是台积电该如何和巨头英特尔竞争。张忠谋回答："台积电和他们不存在竞争，这是一个全新的模式，

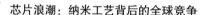

双方甚至会合作。"但没有成功的先例，这个回答让王永庆更加害怕了。最后还是李国鼎动用私人关系劝说，王永庆才同意入股。"我记得最后总共有5个第三方投资者，其中两个是被我说服的，另外那三个则是迫于上面的压力而无奈入股的。"

王永庆拿出2亿元新台币换得3%的股权，拿的是每股10元新台币的原始股。台积电的股价一度跌破面值。一到股份可以交易而且股价回升时，王永庆即以17.6元新台币的价格将所持股份全数脱手。在王永庆慢进快出的背后，有着很复杂的背景：台湾土生土长的民营企业家，往往不愿与政界走得太近，而政界也不想扶持台湾本地人做大企业，双方存在着一种很微妙的关系。与之形成鲜明对比的则是，韩国李秉喆依赖政府的大力支持才打造出庞大的三星集团，这也预示着半导体产业在中国台湾和韩国将走出两条很不相同的发展路径。

台积电最后确定由开发基金、飞利浦和台湾地区民间资本分别出资1亿、4000万和6000万美元，含技术股各占48.3%、27.5%和24.2%的股份。这个股份比例不是随意确定的。虽然台湾当局是最大的股东，但其股份并没有超过50%，不至于一股独大，这样可以保证公司拥有民营企业的效率。飞利浦占有27.5%的股份，出于这样的盘算：飞利浦集团认为其高雄厂的产能满足了整个集团28%左右的需求，所以预估台积电也将按这一比例满足飞利浦集团的内部需要。飞利浦还要求，自己有权优先向台积电预订最高可达其30%的产能。飞利浦提供技术和专利保护，不仅可以用较少的出资获得较多的股份，还可以在未来10年按营收的3%向台积电收取技术报酬金。飞利浦对台积电拥有的最重要的权利是潜在的控股权。按照约定，飞利浦有权在1989年至1996年的7年时间内向开发基金或其他股东收购股票，直至拥有台积电51%的股权。这项规定后来成为台积电上市的一大障碍。飞利浦还拥有在台积电提名财务副总经理的权利，以确保飞利浦洞悉台积电的经营情况。

不管是用心设计还是顺势而为，台积电的股权结构是很有代表性的。它反映出，后进地区如果想要奋起直追，不仅当地政治势力、跨国公司和民间资本三者缺一不可，而且当地政治势力必须占据主导地位。当时台湾地区的民间资本有了一定的基础，不过还绝对不可能有人一次性拿出 2 亿美元来投资高风险的半导体产业，即使拿得出钱来也不可能获得合资公司的主导权。跨国公司倾向于只转让过时的技术，而且常常强迫合资公司接受搭卖条款。只有政治势力有实力与跨国公司抗衡，逼迫对方让步，取得较好的合作条件。中国台湾又恰恰拥有一个有强烈发展愿望的强势地方政治势力，其并非植根于本地，甚至与本地封建经济势力处于对立面，所以也不可能像日韩那样扶持起与当局有千丝万缕关系、依赖当局订单和银行输血的大型财团或财阀企业。台湾地区缺乏可以让跨国公司感兴趣的自然资源，跨国公司又都是在 20 世纪 60 年代中期以后才来到台湾，因此根基不深，不至于拥有能够影响当地政治势力的能量，台积电才得以成为一个在台湾本地自主发展的企业，而非依附外来势力的买办企业。否则，如果台积电这样拥有重大战略意义的企业成为跨国公司的附庸，整个台湾地区的产业转型升级也就无从谈起。地方政治势力、跨国公司和民间资本这三者之间是相互独立、相互制衡的，像张忠谋这样的职业经理人就有了较大的腾挪空间。

## ⬢ "踢开它们曾爬过的梯子"

我们可以将中国台湾的情形与拉美进行一下对比。拉美的巴西、阿根廷、墨西哥等不少国家在二战后都早早就有了一定的工业基础，条件远比中国台湾要好，但经济转型升级都失败了，后来的发展反而大大不如中国台湾。究其原因，无非是自然资源太丰富，跨国公司经过长期经营已根深蒂固，外来资本与国内少数政治经济寡头相勾结，着重发展依赖跨国公司提供资金和市场的资源出口型产业，造成国家经济有增长无发展、采矿业和大庄园发达但民族资本孱弱、高科技产业不兴旺、就业机会少、贫富分化严重等种种问题。再加上军队不受文官政府的控制，经常对政治横加干涉，造成政局不稳。最终，这些拉美国家纷纷掉入了"中

等收入国家陷阱"。

另外，我们还应该看到，在台积电成立的时候，对企业进行直接扶持，已经不符合当时台湾地区的整体产业政策导向。20世纪80年代中期（广场协定便是在这个时候签订的），在美国的贸易保护主义压力下，中国台湾的经济发展策略改向"自由化、国际化与制度化"。当局实施了解除外汇管制、利率自由化、开放内部市场、大幅降低进口关税、推动公营企业民营化和银行业对民营开放等一系列改革措施，以减少不必要的行政干预，充分发挥市场竞争机制，创建更加开放的自由经济体系。台湾地区多数公营制造企业都转作民营，剩余的只局限在关键性的上游工业和基础设施领域。所以，台积电由台湾当局的资本来主导，是逆时代潮流的事件，很不寻常。

在关键的转型时期，李国鼎坚持他的观点："作为政策制定者，我们在台湾所做的是，帮助经济的各分支首先站起来，然后学会走路，再放手让它们自己走。"以李国鼎为代表的这帮中国台湾技术官僚，表面上效仿美国，宣扬自由企业观念，实际上运用的却是日本式的政府主导经济发展的模式。如果没有台湾当局做风险投资并给予大力扶持，台积电这样高技术、高投资、高风险的芯片制造企业根本就成立不起来。当时新台币大幅升值，工资迅速上涨，土地价格飙升，纺织、制鞋、食品等传统劳动密集型产业已开始迅速向祖国大陆和东南亚转移，岛内出现产业空心化的危险。因为有了像台积电这样的关键战略企业的引领，以半导体和计算机为主的高科技产业成为新的支柱性产业，填补了传统产业外移腾出的空间，台湾地区经济才得以迅速转型并成功升级。

如果没有台湾当局出手，专业晶圆代工行业发展的窗口期很可能被错过，台湾地区以后再无可能成为全球半导体产业链中的重要一环。事实上，台积电项目是台湾当局主导的最后一个大型投资项目。再往后，发达国家改变政策，倡导"踢开它们曾爬过的梯子"，打着自由贸易和国际分工的旗帜，阻止发展中国家和地区的经济转型升级，不再允许发展中国家和地区对新兴的弱小产业直接进行扶持，反对出口补贴和导向性贷款，强调知识产权保护，让发展中国家和地区的民族企业成为跨国公司的附庸。发达国家还用强制性措施较多的世界贸易组织取代松散协商形式的关贸总协定，强迫发展中国家和地区开放金融市场、降低关税、取消非关税壁垒，以及对跨国公司的资本和商品敞开大门。台湾地区实业界出身的那一代技术官僚被学界出身者取代，发达国家所鼓吹的政治靠边站的自由市场竞争思想成为主流。台湾地区又陷入国民党和民进党两党的纷争，再难由当局出手对大型高科技项目进行扶助。除了半导体，台湾地区也再无其他可以拿得出手的高科技产业。台湾地区曾经重点扶持的"两兆双星"（两兆指半导体和液晶面板，双星指生物科技和数字内容），只有半导体一枝独秀、达到预期。

# 第三章　开创专业晶圆代工行业

## ⊞ "每个人都忐忑不安"

1987 年 2 月 21 日，台积电正式成立。台积电成立之初，55 亿元新台币的惊人投资需求，被许多人视为无底黑洞。让今天的人们难以想象的是，这样一个大项目，当时居然受到新竹园区的歧视。"园区管理局"批给台积电的位置空间狭小而且道路也窄："他们终究会被外商买走，为什么要给那么好的地？"由于生产芯片所用的机器较笨重，一般晶圆厂房都是单层建筑。台积电为了对土地进行充分的利用，不得不将厂房建成两层，再往上的楼层则用来做办公室。

"工研院电子所"成立了以曾繁城带队的约 150 人的技术转移小组，全力配合台积电的设立。台积电成立后，那个原本计划用来做实验的"工研院"超大规模集成电路实验工厂摇身一变，以租赁的形式成为台积电的晶圆一厂。台积电首批员工不过 120 人，其中包括技术转移小组中的六七十位工程师。"每个人都忐忑不安，因为薪水不高、前途不明，客户在哪里也不知道，还怕飞利浦随时把我们吃掉，变成他们的卫星工厂。"他们也不理解张忠谋的商业模式，认为自己还是做芯片产品的。张忠谋还得告诉他们："我们做的是服务，不是产品，如果我们做的是产品，我们的客户就应该是计算机公司，而不是别的半导体公司。"张忠谋撸起袖子，亲自上阵，担任台积电的董事长兼执行长。

投产第一年，台积电只能使用"工研院电子所"的那条老旧的3英寸实验线，也只有从"工研院"转移而来的3.5微米及2.5微米两种较落后的生产工艺。飞利浦为新创的台积电举办培训课程，并分享建造和运营晶圆厂所需的专业知识。飞利浦当时正在执行一个名为Megachip的大项目，该项目是欧盟为了与美国和日本的芯片产业竞争而设立的。在之后的几年时间里，飞利浦让中国台湾的工程师观察和学习Megachip项目的发展情况，同时飞利浦也把一些芯片生产线转移到中国台湾。台积电采用了飞利浦的生产工艺，自然也要采购和飞利浦一样的半导体设备。比如光刻机，当然得向飞利浦的子公司阿斯麦采购。

在当时，阿斯麦还是光刻机市场中的一个小角色，镜头和光源等许多方面的技术都很落后，但胜在工程技术一流，机器可靠性高，最适合注重成本竞争的低端晶圆厂商。阿斯麦发现，自己与飞利浦的关系不仅不是一个助力，相反还似乎成了绊脚石，台积电对兄弟公司杀起价来反而更狠。比如说，按照亚洲文化的惯例，客户向来拒绝为服务支付费用，台积电认为阿斯麦理所当然地应该提供多年的免费售后服务。在这一点上，张忠谋罕见地不打算遵守美国为服务付款的商业惯例。

终于完成合作谈判，阿斯麦开始给台积电供货。台积电很快送来一个意外的惊喜。因为一场火灾，台积电向阿斯麦额外增加了17台光刻机的订单，同时将遭灾的光刻机都退回给了阿斯麦，而其中有几台只受到很小的烟雾损害，很容易被修好。这笔大订单对于饱受严重亏损和资金极度短缺困扰的阿斯麦来说，是场非常重要的及时雨。

56岁的张忠谋，从执掌国际一流大企业的美国高管，转变为落后地区初创企业的创业者，整天忙着找投资、拉订单，面对这样巨大的反差也需要不小的勇气。张忠谋也承认，他在德州仪器和通用仪器工作的时候，到哪都很受人尊敬。创办台积电后，不少朋友对他的态度完全改变，因为"我不再是一个世界级公司的主管，而只是一个想在落后地区开公司的人"。这样的屈辱反而更加激发起张忠谋要打造世界级公司的雄心。从一开始，台积电走的就是国际化的路子，目标是要成为世界级的公司。

## 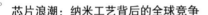 怎样才是世界级公司

什么是世界级的公司呢？"世界级的公司是一个在全球发展的公司。因为它是在全球发展的，市场是全球的，资金来自全球各国，人才也来自全球各国，所以它的制度是要与先进国家的制度接轨的，无论是会计制度也好，薪酬制度也好。每个国家的薪酬制度通常都是以各自人力市场的竞争力为标准设定的，不一定一样，可是其制度应该是相互接轨的。世界级的公司应该是一个有世界性影响力的公司，而不是只有地区的影响力。"[①]

与主要使用本地人才、依赖本地市场的联华电子很不相同的是，台积电创业之初有四宝：美国加州伯克利的人才、美国德州仪器的管理、美国 IBM 公司的技术授权，以及美国芯片设计公司的订单。张忠谋认为，"半导体的国际贸易甚为通畅，市场已失去国界。每个半导体公司都应以世界市场为目标。"台积电创办仅一年时间，就在美国加州圣荷西市创立了北美子公司。尽管北美子公司用了一年多时间也没开发出多少客户，台积电仍然在荷兰阿姆斯特丹接着成立了欧洲子公司。欧洲子公司其实也主要为飞利浦服务。

张忠谋还专程到美国去为台积电挖总经理。他先是找到包括英特尔副总裁在内的几位前下属，这些人的回复都大同小异："老张啊（其实是喊 Morris），我认可你这个人，但没法认可你这个事，还有你要让我们去的地方。"和欧美相比，当时的中国台湾无论经济还是科技都很落后，

---

① 相关内容可参考张忠谋于 2007 年 11 月 24 日在《东方企业家》第五届全球华人企业领袖峰会上所做的关于《迈向世界级企业》的演讲。

没有美国人相信这个弹丸小岛也能够开展半导体业务。"加上我这个做代工的馊主意"，在他们眼里，这是一件很可笑的事情。最后，张忠谋终于说动原美国通用电气公司半导体部门总裁戴克加盟。不到一年，戴克因家人不能适应当地的生活而离职，张忠谋还是继续去美国挖世界级的经理人。台积电前三任总经理都是美国人，而且不是美籍华人，是在美国土生土长的白人，以方便开拓张忠谋最重视的美国市场。

"要吸引或留住高级人才，要在此日新月异的行业竞争，而竞争的对象又是世界级的大公司，我们必须采取世界级公司的经营方式：管理应采领导式，而非权威式；组织应采扁平型；研发应该是公司的重要工作；内部沟通应尽量开放；用人应采唯才是用原则；员工绩效应经常考核，优者予以奖励，劣者予以改进或淘汰；员工应有与股东分享利润的机会；等等。"[1] 张忠谋为台积电建章立制，让一切有章可循；消除当时普遍存在的家族企业弊病，坚持职业化和制度管人，将人治色彩减至最低；争取让董事会拨出可分配净利润的 20% 作为员工的红利（其实头几年台积电是亏损的，自然不会有分红，等于是画了张饼；上市头三年分红比例在百分之四五，以后基本稳定在 7% 左右）；确立客观付酬方法，奖惩分明。价值观、经营理念和管理制度是成为一家世界级公司所必须具备的基本元素，也是张忠谋后来认为自己留给台积电最宝贵的财富。

99% 的台积电员工是中国人，而且台湾本地人占了绝大多数，张忠谋仍然坚持要求将英语作为公司的绝对主流语言，以让台积电拥有世界级的管理基础和营运环境。张忠谋认为："在经营国际化公司时，翻译很难完全准确地传达意思，一定要有共同的语言，让大家可以自由沟通。"国际化是条很难的道路，但如果定位为世界级企业，从一开始就一定要走难走的道路。"他逼、拉、推，硬要把一群土生土长的人，变成国际战将。"台积电刚上市挂牌交易的时候，岛内市场占其营收的比例在三成左右，如今已下降到不足一成。

---

[1]　相关内容可参考张忠谋于 2001 年著的《张忠谋自传：1931～1964》一书。

## 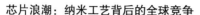 "张大帅"的改革

经营台积电一年后，张忠谋辞掉了"工研院"院长的职务，改任"工研院"董事长。张忠谋习惯了做企业管理，不适应研究机构的环境、文化和传统。"工研院"毕竟是一个研究院，大凡研究院都喜欢干一些华而不实的基础研究工作。以往"工研院"讲的是"无为而治"，吃大锅饭的人不少。一向讲求实效的张忠谋想把"工研院"定位为台湾地区整体工业的研究部门，要让"工研院"与工业界紧密结合，成为第二个贝尔实验室。于是，张忠谋以铁腕进行大刀阔斧的整治，将绩效排名后 3%的人列入"留院察看"，由此，"张大帅"成为很多人的噩梦。

张忠谋也遇到了很大的阻力。"工研院"不是企业，"工研院"的研究员也不是张忠谋能够随便摆布的企业员工。上有政策，下有对策，许多所提前增聘了 3% 的人，专门供张忠谋裁撤。纵使张忠谋愤怒地拿着烟斗猛敲桌子骂人也无济于事。张忠谋对如何发展科技直言不讳，得罪了一些官员。按照张忠谋的性格，他"受了委屈，不会到处告状，宁愿默默走开，开创另一片天地"。这些因素都促成了他的辞职。

张忠谋前后仅在"工研院"待了 3 年，却给"工研院"带来了巨大的改变。为了大力支持科研，在 20 世纪 80 年代，财政划拨的研发经费能占台湾地区所有工业技术研发投入的一半。"工研院"的经费发放其实是比较宽松的，在这里供职的人小日子过得很舒服。张忠谋掌管"工研院"后，要求必须有一半的经费源于企业。在张忠谋任内，"工研院"的民间委托研究经费上升到原来的 5 倍，达到 26 亿元新台币。

1990 年前后，台湾地区半导体工业开始爆炸式发展，其中有很大一部分都要归功于"工研院电子所"的付出。到了 2000 年，曾任职"工研院"的专业人士已超过 1.5 万人，其中超过 1.2 万人后来加入高科技产业，他们当中又有 5000 人进入了新竹园区。"'工研院'如奶妈，很多小孩靠着它长大。"在企业研发规模和实力上去后，"工研院"还积极充当企业与企业之间、企业与官方之间的技术桥梁，促进各方相互交流和共

同进步。"工研院电子所"凭一己之力，硬是将整个台湾的半导体产业撑了起来。这一切，都受益于张忠谋在"工研院"发起的改革。

胡定华曾很遗憾地表示，改革从来都是会受到巨大阻力的，如果张忠谋在"工研院"待得更久一些，会带来更大的改革成果。

## ⚙ "或许英特尔用得上你们"

台积电成立后，那 3 家由留美学人创办的芯片设计公司，要么经营困难，要么已找韩日工厂代工，没有订单给台积电。正逢全球半导体产业进入萧条期，台积电技术落后又没什么名声，除了飞利浦这个大股东给些订单支持，基本上接不到其他外部大公司的订单。台积电全年产能不到 7000 片 6 英寸晶圆，仅第一年就亏损了 1 亿元新台币。怎么办？张忠谋想到了英特尔。

就在台积电成立那年，英特尔换帅，格鲁夫接替摩尔成为新任CEO。张忠谋在德州仪器领军的时候，德州仪器在内存和微处理器产品上与英特尔有过多次交锋。格鲁夫领导英特尔退出内存产业，专攻微处理器，最终依靠开放战略——自己不做电脑，只做中央处理器（CPU），并与微软的视窗操作系统结盟，还有一点运气——赢得 IBM 个人电脑的 CPU 订单，才一劳永逸地成为电脑 CPU 产业的垄断者，将包括德州仪器在内的所有竞争对手都赶出了这个市场。所谓不打不成交，张忠谋成为极少数能够得到格鲁夫敬重的人。要知道，格鲁夫最擅长的事情就是"踢屁股"，由于管理风格粗暴强硬，他在英特尔几乎没有朋友，反而是曾经的竞争对手更可能成为他的朋友。领导风格同样强势的张忠谋与他惺惺相惜、私交甚好。格鲁夫同样也深得张忠谋的钦佩。在张忠谋看来，英特尔属于那种为数不多的杰出科技公司："最高层持续地学习、自我革新，使得他们不仅跟上技术的进步，甚至主导技术进步。如此，不仅保持住自己的领先地位，而且使公司持续领先。"英特尔也是新兴的台积电及张忠谋本人努力学习的对象。

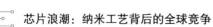

为了应对东芝、日电等日本企业芯片的低价竞争，格鲁夫想将低端芯片的生产外包，自己集中精力生产最先进的微处理器。于是，格鲁夫应张忠谋和戴克之邀前来台积电考察。格鲁夫下飞机的第一句话就是："台湾真的有6英寸晶圆厂吗？"当时即使在美国，也只有大公司才能盖得起6英寸厂，所以格鲁夫对于中国台湾拥有6英寸厂感到不可思议。台积电在3微米技术上有不错的成品率，给格鲁夫留下了深刻的印象。格鲁夫说："或许英特尔用得上你们。"

英特尔对台积电进行代工生产的质量认证，给台积电提出了200多个整改点。台积电针对英特尔提出的意见一一做出改进，半年后就将整改点减少到20个，再过半年减少到4个，终于达到英特尔的质量要求。英特尔的认证并不是一次通过就可以，此后台积电如果增加设备或更改工艺也都需要经过英特尔的同意。台积电初创的时候，很多人都很难理解张忠谋为什么要追求完美、坚持原则和强调世界观，严苛的英特尔用一年多时间的认证让台积电上上下下都真正感受到了什么才是世界级的标准，也体会到了张忠谋的良苦用心。

认证通过后，在台积电芯片制造工艺落后英特尔两代半的前提下，格鲁夫将部分订单交给了台积电。英特尔狠心杀价，台积电只能咬着牙赔本做英特尔的生意。"买来英特尔的认证，还是很划算的。"英特尔的认证等于国际通行证，它的订单是对台积电产品质量的最好背书，相当于给台积电打了一个全球性的广告，台积电就此打开了市场。1988年12月，成立不到两年的台积电首次实现了月度盈利，当年营收达到10亿元新台币。

## ⚙ "心情最沉重的一年"

英特尔的订单让台积电尝到了甜头，台积电专门制订了一个"群山计划"，目标是要拿下5家类似英特尔这样的IDM大厂，为它们量身定做技术解决方案。在台积电的规划当中，英特尔、飞利浦、德州仪器和摩托罗拉这样的跨国公司的订单应占近七成的营业额，本地订单只占三成。

全球一线大厂三星电子也被台积电列为"群山"之一。1989年，张忠谋亲自到韩国拜访三星电子。三星集团刚上位不久的第二代掌门人李健熙有意邀请张忠谋帮三星电子做事。李健熙很有诚意，公司的事情对张忠谋没有什么隐瞒。当时的三星电子规模很大、机器完备并且舍得花钱，条件不是中国台湾企业能比的，更不要说新生两年、仍处在亏损期的台积电。张忠谋似乎有点小遗憾，因为当他离开时，李健熙未再问他"是否愿意来"。如果李健熙再多问一句，说不定中国台湾半导体产业的前景都要被改变了。

台积电没能从三星电子或其他IDM大厂那里拿到多少订单。1990年的圣诞节，张忠谋带着两位下属，"在冷清的办公室做着下年度的营运计划，三人相对苦脸，不知道下年度的客户从何而来"。

不仅仅台积电业绩很差，张忠谋领导的另两家企业——联华电子和新并购的做网络电脑的美国慧智也在亏损。张忠谋形容那一年是他半辈子"心情最沉重的一年"。在张忠谋最困难的时候，联华电子却突然实施了一场"政变"。

联华电子对张忠谋将"工研院"的6英寸项目拿去与飞利浦联手创办台积电很不满，认为这是让外资从政策扶持中得利，更何况台积电势必会与联华电子抢生意，联华电子自己都还没有6英寸厂，在与台积电的竞争上一定是处于劣势的。在"工研院"与飞利浦签约前夕，联华电子竟示威性地召开记者会，宣布将兴建6英寸新厂，这一表态和台积电抗衡的意味明显。1991年，联华电子悍然逼宫，以张忠谋没有给联华电子与台积电同等的待遇为由，要求张忠谋"竞业回避"。联华电子联合其他董事共同罢免了张忠谋联华电子董事长的职位。这件事在台湾引发轩然大波，彼时张忠谋的地位还不像后来那样坚如磐石，由此受到了不少风言风语的攻击。

罢免了张忠谋的联华电子，当时三大业务并重，晶圆代工、芯片设计、存储器制造各占三成左右的营收比例。世人皆认为张忠谋开创的专业晶圆代工行业对整个世界的半导体产业链产生了深远的影响，联华电子却经常公开表示，专业晶圆代工是它的创意，台积电只是个"剽窃者"。联华电子认为自己是"英雄造时势"，台积电只是"时势造英雄"。事实上，张忠谋离开后，联华电子仍然迟迟没有去做专业晶圆代工，很长一段时间内还是一家 IDM 厂。在当时，联华电子代表着台湾芯片设计的最高水平，那些新兴的本地小芯片公司都不被联华电子放在眼里。去做专业晶圆代工只会因小失大，对联华电子来说是不划算的。

联华电子不做纯晶圆代工，还因为当时的存储芯片还是芯片市场的绝对主流，逻辑芯片市场未成气候。张忠谋原本也打算做内存，将内存作为晶圆代工技术的驱动力，顺便还能接下英特尔的内存代工订单。在日本内存厂商的打击下，英特尔刚刚退出内存制造领域。然而，格鲁夫不认为台积电能把内存做好，他用一句话点醒了张忠谋：CPU 的生产技术已经与内存分道扬镳，两者不可兼得。内存是米面主食，产品单一、批量很大。逻辑芯片是五谷杂粮，产品多样、批量很小。内存往往只有一种生产工艺流程、一两种掩膜组；而逻辑芯片产品种类繁多，最多时需要十几种不同的生产工艺流程、几百种不同的掩模组。张忠谋因此把晶圆代工的技术方向朝逻辑芯片调整。台积电生产的逻辑芯片主要用在电脑、通信、网络和消费电子上。

##  吃到电脑产业红利

1991 年初，全球半导体产业进入景气周期，台积电的业务也开始起飞。该年台积电营收增长到 45 亿元新台币，同比翻了一番有余，公司也开始转入盈利期。1992 年，台积电依靠巨额贷款将晶圆二厂的年产能扩大到 7.6 万片晶圆。这座规模庞大的工厂的筹建还有一段插曲。飞利浦原本打算插手该厂的建设工程，张忠谋坚决予以反对，后来还是李国鼎亲自给荷兰总部发电报才让飞利浦收手。台积电晶圆二厂的建设为台湾培养了一批建设半导体大厂的人才，积累了建厂经验，为台湾后期大批晶圆厂的建设奠定了基础。晶圆二厂由蔡力行担任厂长，其建设成本之低和生产成品率之高让飞利浦难以置信。蔡力行是康奈尔大学材料科学工程博士，来台积电之前在惠普公司的系统及半导体技术事业部工作过8年。飞利浦专门派人来进行核查，核查完后大为震惊，很快派人来向台积电学习如何提高成品率。

晶圆二厂的产能巨大，台积电一度有意做内存代工以填补产能空缺，于是前往德国西门子商谈相关技术的转让与代工合作，结果不到半小时就被赶了出来。台积电已经习惯了做高毛利的逻辑芯片代工，其成本相对也高，拿这样的成本去做内存代工完全没有竞争力。

台积电原本是想从IDM大厂那里"吃人家的面包屑"，没想到，在它成立差不多5年后，世界各地大大小小的做逻辑芯片的独立芯片设计公司似乎都在一夜之间如雨后春笋般冒了出来。在台积电成立前一年台湾仅有19家芯片设计公司，台积电成立一年后这个数字就跃升到55。这些芯片设计公司的崛起，受益于台湾地区电脑产业的兴旺。

随着英特尔的CPU在电脑产业中占据垄断地位，电脑产品的标准化程度不断提高，电脑组装的技术含量也在不断下降。台湾地区适时地承接了美国电脑组装产业的外迁，成为全球最大的电脑组装基地。电脑最核心的CPU芯片被控制在英特尔和超威（AMD）这两家IDM大厂手中，但电脑的显卡、声卡、磁盘驱动器和扫描仪等外围设备也需要大量的芯片。在台积电诞生之前，这些电脑周边芯片需要从美国等地进口，导致台湾地区组装生产的电脑产品成本过高、附加值低，在激烈的市场竞争中不堪重负。这些芯片生命周期短、规格变动快，而且动辄需要上亿颗，对芯片设计和晶圆代工都有巨大的需求。台湾地区的芯片设计业和晶圆代工业的合作实现了大多数电脑芯片供应的本地化，从而让台湾地区的电脑产业迈出了从成品组装到零配件供应的产业转型升级的关键一步。反过来看，台湾地区成为全球最大的电脑产地，也让当地的芯片设计业和晶圆代工业都受益匪浅。电脑是一个产值很高的产业，而且台式电脑、笔记本电脑和智能手机这几个产业有一脉相承的关系，一波接一波地推动台湾地区经济的发展，也给台湾地区的芯片设计业和晶圆代工业带来一轮又一轮的商机。台积电可谓

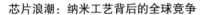

天时地利俱得。新加坡特许半导体公司与台积电同一年成立，专业做晶圆代工的时间比联华电子还早。但新加坡没有电脑产业，本地的芯片设计公司发展不起来，人力成本也相对较高，特许半导体因而发展得很不好。

1993 年 12 月，台积电在新竹科学园区开始兴建晶圆三厂，这也是台湾地区的首家 8 英寸晶圆厂。自 1988 年 IBM 搭建全球第一条 8 英寸线以来，全球半导体产业开始进入从 6 英寸线到 8 英寸线的迭代，台湾地区尚有 5 年左右的发展差距。

1994 年，台积电的 137 个客户为其贡献了 193 亿元新台币的营收，同比增长达到惊人的 57%，超过行业平均增长率的两倍。美国无疑是最重要的市场，占其营收的比例近六成。当时全球晶圆代工市场还不到 30 亿美元，台积电占有其中 23% 的份额。台积电的净利达到 85 亿元新台币，同比增长了一倍，净利率高达 44%，真是数钱数到手软。

台积电亦于这一年 9 月在台湾证券交易所上市。为了让台积电能够上市，张忠谋亲往荷兰游说，指出公司上市才能给股东带来更好的收益，飞利浦最终同意放弃增资控股权。台积电普通股每股面值 10 元新台币，上市当年的平均股价为 159 元新台币，市值达到 1200 亿元新台币，和初始筹资额 55 亿元新台币相比，增值了 20 多倍。上市后，台积电开始实行分红配股制度，得以吸引大量高端人才加盟。台积电前两大股东是飞利浦和开发基金，分别拥有台积电 25% 和 24% 的股份。开发基金因股份已被稀释为台积电成立时的一半，降为第二大股东。在台积电能够活下去以后，台湾当局有意将资金逐步撤出，只为将企业转为民营。张忠谋辞去"工研院"董事长职务，专心经营台积电。他个人仅持有台积电 0.84% 的股份。

在上市前，台积电为了建自己第一座 8 英寸晶圆厂，不得不从 25 家银行贷得 2.6 亿美元的资金。仅通过银行借款来维持高资本投入显然是难以持续的。台积电上市后，有了钱，马上就迎来 1995 年的建厂小高潮。这一年，台积电晶圆三厂才开始投产，晶圆四厂和晶圆五厂就分别于 4 月和 11 月动工建造。11 月，台积电还赴美国华盛顿州卡默斯市（Camas）

建设 8 英寸厂，初始实收资本 7.7 亿美元。台积电 1995 年资本开支 158 亿元新台币，比上一年增加了一倍多。

台积电为什么要赴美建厂呢？要知道，晶圆代工理所当然应该选加工成本低的区域，只有这样才有竞争力，联华电子因此就不去美国建厂。事实上，中国台湾的公司到美国去建厂是很少见的事情。应该说，主要原因是张忠谋的个人感情因素。德州仪器的美国厂原本在成品率和成本上是竞争不过日本厂的，因为美国工人的工作效率和素质都远远不如日本工人。但张忠谋发现，1987 年的德州仪器年报显示，德州仪器有个美国厂的成品率可以和日本厂匹敌。这主要是因为晶圆厂的自动化程度在不断提高，机器的重要性超过了人力。美国晶圆厂的成品率借此优势得以上升。张忠谋遂认为去美国建厂是可行的。台积电的卡默斯厂也是美国本土拥有的第一座专业晶圆代工厂。美国芯片设计界也很欢迎台积电来美建厂，通过预订产能方式支持台积电建厂的有阿尔特拉（Altera）、模拟器件（Analog Devices）、芯成半导体（Integrated Silicon Solutions）3 家无晶圆厂。不过，实际经营情况证明，这座工厂的投资回报率并不尽如人意，台积电还不得不追加了 1.2 亿美元的投资，以帮助该工厂度过亏损期。在工厂进入盈利期后，台积电不仅再没有给美国厂增资扩产，反而将投资款逐步收了回去。

当然，张忠谋要去美国建厂，更主要的原因是想要贴近美国市场。无独有偶，三星电子于得克萨斯州奥斯汀市也设立了一家晶圆厂，时间仅比台积电晚一年。该厂是三星电子在海外唯一可生产处理器芯片的晶圆厂，也可为手机、电脑和其他电子设备生产内存，以及为美国的半导体业提供晶圆代工服务。台积电和三星电子去美国做晶圆代工，都是看中了美国发达的芯片设计产业。

## ▣ "男子汉"桑德斯认错

美国是半导体产业的传统优势区域，也是芯片设计公司最多最先进

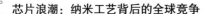

的地方。这些芯片设计公司虽然规模很小，但富有活力，市场反应快，往往只专注于一两个产品，然后做到极致。IDM 厂空有庞大的资源，却受制于众多的产品线、庞大的组织及复杂的决策体系，无法快速推出产品以应对细分市场的需求，这就给了芯片设计公司很大的发展空间。这些芯片初创公司的共同点是，没有资金和人力建自己的晶圆厂，对外部晶圆代工服务有极强的需求。

比如赛灵思（Xilinx），它被认为是第一家真正意义上的无晶圆厂（Fabless）。在公司于 1984 年成立时，创始人团队就已经决定了不建设自己的晶圆厂。创始人之一的伯尼·冯·施密特还在美国无线电公司工作的时候，就认为该公司至少应该与 3 个生产半导体的外部工厂合作，从而甩开花费昂贵并且还很耗费精力的半导体制造包袱。他发誓："如果我要创建一家半导体公司，它要实现无工厂化，我们要找到能够为我们进行生产的合作伙伴。"但为了获得投资人的青睐，在写商业计划书时，赛灵思创业团队不得不加入公司会建立晶圆厂的内容。赛灵思的第一个晶圆代工合作伙伴是日本精工，很快刚刚成立的台积电就取而代之。在那个年代，保护知识产权的相关流程尚不完善。生产外包的无晶圆厂经常会发现与其合作的 IDM 厂的同类产品会更快地出现在市场上，吃了哑巴亏还得打掉牙往肚里吞。如果没有台积电这样的专业晶圆代工厂提供代工服务，赛灵思将很难获得成功，其创始团队也很可能会因为欺诈投资人而陷入法律纠纷。基于赛灵思的无晶圆厂模式所取得的巨大成功，在它之后成立的芯片设计企业都纷纷采用了这一商业模式。正是台积电这样的独立晶圆代工厂，使芯片设计行业的进入门槛大大降低，催生了大量的无晶圆厂，造就了全球半导体产业的繁荣。哈佛大学著名管理学教授迈克尔·波特称赞说，台积电不仅创造了自己的行业，还创造了客户的行业。

1995 年，美国的凌云（CIRRUS）公司对台积电的营收贡献超过了飞利浦，同时也成为台积电第一个营收贡献超过总营收 10% 的无晶圆厂客户。这标志着从此以后，无晶圆厂替代 IDM 厂成为专业晶圆代工厂最大的客户群。凌云是模拟和混合信号音频转换器技术及音频处理器领域公认的领导者。

在凌云之后，对台积电营收贡献超过 10% 的两大客户是图形处理器（GPU）领域的英伟达（Nvidia）和冶天（ATI）。英伟达是由 30 岁的黄仁勋和其他两个工程师创立的。他们看好电子游戏计算市场，于是用 4 万美元的启动资金就开始了创业历程。1995 年，创业两年的英伟达遭遇发展瓶颈。英伟达设计出了芯片，却找不到资金建晶圆厂。于是，黄仁勋写信向张忠谋求助。没多久，他就在吵闹的办公室接到了张忠谋的电话。黄仁勋激动地对身边人说："快安静！Morris 给我打电话了。"随后，台积电出色地完成了英伟达的订单，帮助其快速占领市场。1998 年，英伟达转型做显卡芯片，仍然将其交给台积电代工。第二年，英伟达提出了 GPU 的概念，并因此跃居全球显卡芯片业的龙头。英伟达深深受益于台积电的代工，快速成长为芯片巨头。黄仁勋说："如果当初我自己建厂生产 GPU 芯片，我现在可能就是一个守着几千万美元的公司的安逸的 CEO。"冶天也是 GPU 领域的龙头企业，由何国源等 3 位华裔创办于加拿大，一度与英伟达合占了 95% 以上的独立显卡市场。英伟达和冶天这两个相互激烈竞争的厂商竟都高度依赖台积电这一家企业提供的代工服务。

台积电从英伟达和冶天收获的不仅是营收，还有对技术的驱动力。要知道，并非所有的芯片都要用到最先进的芯片工艺，只有 CPU 和 GPU 这样高度复杂的逻辑芯片才需要用最先进的工艺技术来支撑。当时手机 CPU 市场尚未开启，做电脑 CPU 的英特尔和超威都是 IDM 厂，留给台积电的机会就只有 GPU。GPU 需要依赖先进工艺技术不断提升高速运算性能，每 6 个月就更新一代（后来减缓到 12 个月乃至 18 个月更新一代），迭代速度快过 18 ~ 24 个月才更新一代的 CPU。正是有了英伟达和冶天这样的客户，台积电的芯片工艺技术后来才能够赶上超威和英特尔这样的 IDM 大厂。

继英伟达和冶天之后，下一个台积电的大客户则是做手机处理器芯片的高通。高通比台积电还早创建两年。高通依靠"码分多址"（CDMA）无线通信技术起家，自成立以来研发投入巨大，资金极度紧张，有时连工资都发不出来，根本不可能有资金来建设晶圆厂，于是不得不将芯片制造外包。1995 年底到 1996 年初，中国香港和韩国的 CDMA 网络相继商用，市场对 CDMA 手机处理器芯片的需求数量大增。高通满世界找供应商，德州仪器、西门子和飞利浦都给高通代工，芯片供应量还是不足，于是高通找到了台积电。手机处理器芯片价格高，高通对成本不太在乎。在很长一段时间内，高通其实是瞧不起技术落后的台积电的，只会把较低端的芯片订单交给台积电，高端芯片都由欧美 IDM 大厂代工。高通的创办人艾文·雅各布是张忠谋麻省理工学院的学弟，但看来这层关系并没有对台积电获取高通的订单有多少帮助。

1997 年，张忠谋拜访了老朋友桑德斯。这一年，全球已经有了 500 多家无晶圆厂，平均每周增加一家，专业晶圆代工模式已经风行。桑德斯承认当年他说的"有晶圆厂的才叫男子汉"这句话错了，不过，他认为微处理器和内存仍需要依靠 IDM。张忠谋则表示只有内存适合 IDM，微处理器也适合做晶圆代工。他试图说服桑德斯："英特尔设计 CPU 很厉害，但是生产 CPU 不厉害，我的成本是它的一半，我的品质比它的好两倍，我可以给你代工。"

张忠谋还是没能说服桑德斯，但蒙受损失的是超威，不是台积电。10 年后，超威真如张忠谋所说，退出了 CPU 的生产。我们还可以看到，台湾和大陆的内存代工厂最终几乎全军覆没，这验证了张忠谋关于内存不适合做代工的预见。如今，我们甚至还看到连英特尔也将 CPU 转交给台积电去代工，我们不能不佩服张忠谋见识之深远。

## 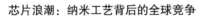 "我们会为客户赴汤蹈火"

芯片设计行业进入门槛低，竞争也激烈。正如张忠谋所言："在台积电众多的无晶圆厂客户当中，今天的客户和 5 年前的早就不一样了，因为 5 年前的客户中有一批已经被市场淘汰了。"众多的无晶圆厂就像"流水的兵"，台积电则是那个"铁打的营盘"。在大浪淘沙中，也有一批无晶圆厂成长为行业巨头，比如 GPU 的英伟达和冶天、无线通信的高通和联发科、网络芯片的博通和美满（Marvell）、可编程芯片的赛灵思和阿尔特拉，它们在不同的芯片设计领域各有专长，它们的市值甚至能够超过许多 IDM 大厂。

对于这些芯片设计巨头来说，它们发送给台积电的芯片设计图都是高度机密的资料。这也是当初很多传统半导体从业者不看好台积电的主要原因。如何让数百家互为竞争对手的无晶圆厂把视为企业最高机密的芯片设计图都发送到同一家晶圆代工厂生产？如果发生泄密，那后果绝对是灾难性的。

为此，张忠谋一方面严守"只做代工、不与客户竞争"的本分，另一方面用一套异常严苛的诚信管理系统来管理台积电员工，防止有任何泄密的可能。为了确保客户的机密不泄露，台积电员工不能在上班时间用手机、不能携带 U 盘，就连进厕所都要刷员工身份卡。如果一个员工被抓住上班用手机 4 次，这名员工的诚信报告就会直接出现在张忠谋的桌子上。台积电员工将生产情报泄露给券商的事情偶尔会发生，外泄芯片设计图纸的事情则几十年来闻所未闻。因为台积电对诚信的严守，那些在芯片市场上相互斗得你死我活的竞争对手，才都不约而同地让台积电为它们代工。

台积电确立的四大核心价值——诚信正直（integrity）、承诺（commitment）、创新（innovation）、客户信任（customer trust），体现了台积电的软实力。这四个字的英文缩写"I.C.I.C"，正好是"集成电路"一词英文首字母缩写的重复。"诚信"被摆在台积电核心价值中最重要的位置上。按照张忠谋自己的解释："诚"就是不讲谎话，不是只对你熟的人不讲谎话，而是任何时候都不讲谎话；"信"就是你说要做什么，你就要不计代价地做出来。

许多公司都会强调诚信，但相信只有少数公司能够像台积电一样，将诚信真正视为最重要的资产。张忠谋认为，诚信是文明社会最重要的结构，一个社会、国家和世界丧失诚信，或诚信变弱，安居乐业就很难实现，甚至会进一步造成"经济成长的极限"；"诚信是可以兴利的，好的道德，也是好的生意。"[①]

一些日本半导体厂也可以为别的无晶圆厂做晶圆代工，但它们往往要求无晶圆厂转让相关技术，完成晶圆代工订单后还经常会与委托方在市场上进行竞争。此外，这些无晶圆厂（比如阿尔特拉）发现，将芯片交给日本公司生产，至少需要 12 个星期才能拿到货，因为日本公司只会在自己生产的空余时间才安排代工订单的处理；交给新加坡的公司生产则需要 6 个星期；而交给台积电生产只需要 4 个星期。当日本公司将交货期缩短到 6 个星期的时候，台积电的交货期仍然只有日本公司的一半：3 个星期。对其他专业晶圆代工厂来说，3 个星期交货是指"平均"交货时间为 3 个星期，对台积电则是 3 个星期"一定"交货。交货时间早，就相当于客户产品的上市时间早，这在价格转眼就可能从海鲜价跌到白菜价的芯片行业是非常重要的。台积电不仅交货速度快，产品质量也稳定——"十年如一日，产品有一贯的品质。"另外，台积电的服务也更好。日本企业不愿意为客户修改工艺，台积电则愿意。只要客户有需要，台积电都愿意配合。发现无法与台积电竞争后，一些日本 IDM 厂转而将订单交给台积电，比如 NEC 和富士通。由于三星电子的崛起带来的巨大压力，日本企业也需要找中国台湾企业代工来降低成本。

与其他以低价切入晶圆代工行业的竞争对手相比，台积电也更重视服务，依靠服务来培养长期竞争力。"台积电的策略是在除低价以外的所有方面都明显优于竞争对手，以赚取溢价。""为了成功地执行这一策略，与客户建立良好的关系至关重要。"张忠谋要把台积电"组织为一个以市场和服务为中心的公司"，"上层管理人员除了是优秀的销售

---

① 相关内容可参考关又上于 2020 年在中国台湾《天下杂志》上发表的《慢飙股台积电的启示录》一文。

人员和专业人士，还必须是优秀的商人。如果不是，他们应该训练自己或被训练成这样。"[1]

1996 年，台积电提出"虚拟晶圆厂"的概念，"客户可以把台积电的晶圆厂当成他们自己的晶圆厂，台积电甚至比他们自己的厂还要好。也就是说，在客户眼中，我们的厂在机密维护和资料配合上，就如同他们自己的厂一般；而在生产弹性、技术、品质及成本上比他们自己的厂还要好。"远在欧美的台积电客户可以通过互联网直接连接台积电的工厂，及时了解他们向台积电下单的芯片当下在哪一个生产站、是否卡住不动、成品率如何，甚至成本多少等。客户一旦发现他们的芯片在某一个生产站卡住很久，可以打电话或用计算机向台积电询问，台积电的计算机系统就会自动确认并回复客户，告诉客户多久可以出货。客户也可以把自己对台积电的抱怨直接输入计算机，而且谁也无法将这些客户投诉资料删掉。这种及时与便利，让欧美客户觉得远在中国台湾的台积电工厂就好像近在隔壁。

台积电还有一个更为关键的战略是：台积电希望不仅影响直接客户，还能赢得"客户的客户"。比如，它为英伟达代工生产用于微软游戏主机的图形芯片，就不只让英伟达满意，还要更进一步让微软也信任台积电的品质，这样就能让微软要求英伟达深度绑定台积电。

在这里，我们可以看出为什么 IDM 厂做不好晶圆代工，很主要的一个因素在于心态。在 IDM 厂看来，自己才是老大，无晶圆厂是求着 IDM 厂做代工的，晶圆代工对 IDM 厂来说不过是锦上添花、可有可无的生意。而专业晶圆代工厂从一开始的定位就是做服务的，要把无晶圆厂服务好才有饭吃："我们会为客户赴汤蹈火。"心态的不同决定了服务质量的不同，这让 IDM 厂在同等技术水平的前提下很难同专业晶圆代工厂竞争。

台积电之所以如此重视服务，是因为台积电不愿与晶圆代工同行进行

[1] 相关内容可参考张忠谋于 2021 年在中国台湾玉山科技协会 20 周年庆祝大会暨论坛上发表的名为《经营人的学习与成长》的演讲。

低价竞争，希望通过更好的服务来给客户提供更高的价值。台湾交通大学管理科学研究所教授朱博涌曾经问张忠谋："台积电的获利有 40%，一定会吸引竞争者投入，你如何应付？"张忠谋的回答是："市场是大家的，你不能限制别人做，你只能反过来要求自己。"

朱教授问题中的竞争者，其实指的就是联华电子。

第二篇

积水成渊　蛟龙生焉

# 第四章　台湾晶圆双雄对峙

## ⚙ 联华电子转型

20 世纪 90 年代中期，芯片的应用范围越来越广阔，家电、通信和汽车等电子产品或电子系统中的芯片应用比重逐渐升高。全球芯片市场也从原先集中在美国和日本扩散到了欧洲、亚太及世界其他地区。到了1995 年，全球半导体产业已经连续 3 年以 30% 左右的水平高速增长。台积电的生意很好，该年度的营收增长 49%，突破了 10 亿美元大关（288亿元新台币），净利率高达 52%，堪称空前绝后。台积电产能满足不了市场需求，有些客户甚至要动员台湾地区民意代表出面，才能取得台积电的服务。于是有十余个大客户主动提出，要交大笔订金换取以优惠价格预订台积电未来数年的产能，这引发了其他小客户的不满。

联华电子认为，它的机会来了。联华电子欲涉足晶圆代工，生产不是问题，问题在于客户。重量级的无晶圆厂大都与台积电合作，对于改投联华电子的疑虑颇深。于是联华电子出了个奇招，它给美国前十来名的无晶圆厂一一写信，积极洽谈合资经营晶圆代工厂的事宜。结果，联华电子成功拉拢了 S3 Graphics、冶天、赛灵思、ESS、OPTi、莱迪思和闪

迪等北美的 11 家知名无晶圆厂，合资 30 亿美元（约 1000 亿元新台币，该年台积电的市值也不过 1800 亿元新台币），一口气成立了联诚、联瑞、联嘉 3 家只做晶圆代工的集成电路股份有限公司。联华电子实际出资占各家公司约 35% 的股权，另以技术作价再取得各公司 15% 的股权。通过这一系列合资安排，联华电子掌握了这 3 家专业晶圆代工公司的经营主导权，取得了建厂所需的庞大资金，并手握多位客户的长期订单，可说是一举数得。联华电子首创的与客户建立联盟的商业模式取得了巨大的成功，这一"联电模式"后来被中芯国际等企业效仿。

不过，联华电子本身毕竟还是一家 IDM 厂，因为担心技术外流，大型无晶圆厂不会愿意将芯片设计图交给联华电子，这使得联华电子的客户群以大量的中小型无晶圆厂为主，从而限制了它的发展与盈利。于是，联华电子做出了一个引起业界哗然的决定——将旗下的芯片设计部门剥离出去，转型为纯做晶圆代工的公司。当时，晶圆代工只占联华电子总收入的约 1/3，而且芯片设计的利润更加丰厚，这种舍大取小的选择不啻于壮士断臂，在许多人看来不可理喻。联华电子认准了专业晶圆代工行业前途无限，毅然动刀。1996 年，电脑和通信两个事业部门被拆出去，成为后来的联阳半导体和联杰国际，1997 年联华电子成立了主要做无线通信芯片的联发科，后来在 2007 年又基于消费性电子和记忆体事业部门分别成立联咏科技和联笙电子，最终将设计和代工业务彻底分割清楚。这些源自联华电子的芯片设计企业如今贡献了中国台湾芯片设计总产值的 1/3。中国台湾的芯片设计市场份额能在全球范围内仅次于美国，联华电子的这次大分家功不可没。联华电子转型为纯晶圆代工厂后，就不会再受到在晶圆代工厂内设立芯片设计部门有盗用客户设计可能的质疑，这为它今后的长远发展开辟了康庄大道。

## ⊞ "少林寺"对阵"梁山泊"

尽管联华电子进军专业晶圆代工业比台积电晚了整整 8 年，但联华电子通过一系列灵活经营和多样化投资的策略，以"精、悍、迅、捷"为企业文化，大举扩充版图，快速逼近台积电霸主之位。联华电子擅长使用并购、杀价、挖角、控告同业等"快狠准"的经营手法，令竞争对手闻风丧胆。[①] 在台积电的眼中："他们每到一个市场，就志在必得，是可畏的敌人。"在业内人士看来："他们每进入一个市场，就会把市场搞得稀烂，才肯罢休。"联华电子的低价竞争对台积电的营收和盈利产生了不小的冲击，台积电在其1996年度财报中无奈地写道："半导体代工产业竞争日趋激烈，有大部分原因是本公司过去的表现优异，吸引了众多后继者加入竞逐。"

联华电子一直在内部宣传："出去开疆辟土，是我们最高的荣誉。"联华电子鼓励各部门负责人自己出去建立新公司，担任总经理，与联华电子互成犄角之势，这也为联华电子彻底转做代工铺平道路。从联华电子出去的这些部门负责人转身成了企业的老板，组成了蔚然壮大的"联家帮"。在这一点上，台积电与联华电子就很不相同。台积电培养的都是将才，大家合力添砖加瓦将台积电做大做强；而联华电子培养的却都是帅才，个个出去都能独当一面。台积电用人看重器识，联华电子则强调"胆比识更重要"。

在台积电，张忠谋的形象非常崇高，下一级主管和他的地位相去甚远，联华电子团队最大的特点就是没大没小，大家在相互吐槽和开玩笑间一起把企业做大。假如张忠谋领导的台积电是老成持重的"少林寺"，那联华电子便是豪情万丈的"梁山泊"。问题在于，企业管理讲不得哥们义气，依靠结拜兄弟的刘备肯定打不过拥有一堆职业经理人的曹操。尤其对晶圆代工厂而言，由于产品种类多、数量少、价值高，生产流程极其复杂，牵涉的岗位非常多，要想将生产的效率最大化、差错最小化，势必采用集权、高压、严酷的管理机制。这个道理谁都明白，但真要执行到位非常不容易。在这一方面，引入美式管理制度的台积电是有优势的，

---

① 相关内容可参考2005年2月23日刊登在新加坡《联合早报》上的《草莽联华电子：台湾科技界的"宋江"》一文。

本土色彩浓厚的联华电子没法和台积电相比。短期内，联华电子可以靠种种灵活的手段占尽风头；但长期来看，其内功不足的劣势就慢慢显现出来了。良品率和交货期是晶圆代工厂最硬的指标，台积电在这些硬指标上的纪录无与伦比。

1996 年，台积电已成长为年收 400 亿元新台币、年赚 200 亿元新台币的中国台湾半导体领军企业。台积电是中国台湾半导体产业的催化剂。在台积电成立前，中国台湾的半导体产业几乎是一片荒原，只有联华电子和一些封测厂如绿洲一般孤零零地存在。台积电的成立，带动了旺宏电子、德碁、世界先进和南亚科等数家投资数百亿元新台币的半导体大厂相继成立。台积电还发挥了龙头的作用，带动了晶圆厂上游的半导体原料、半导体设备、芯片设计和下游的芯片封测等行业的发展，让中国台湾得以建立起全球少有的较为完整的半导体产业链。中国台湾的半导体总产值达到 1750 亿元新台币，跃居全球第四大半导体经济体，仅次于美国、日本和韩国。半导体成为中国台湾的支柱产业，也是最主要的出口产品。

正当张忠谋踌躇满志，准备迎接台积电成立 10 周年之际，联华电子出手了，而且一出手，就直捣台积电的心窝！

## ⊞ "台积电有必要再造！"

1997 年 3 月，张忠谋一向倚重的总经理布鲁克突然去职。布鲁克在来台积电前曾经担任德州仪器 MOS 部门副总裁、仙童半导体总裁。与张忠谋辞别时，他证实了即将投效联华电子的传言。布鲁克是张忠谋 30 年的旧识、20 年的朋友、在台积电合作创业六七年的伙伴，一夕之间竟要成为劲敌。对此根本没有思想准备的张忠谋百感交集，很难释怀。他忍不住给一个远在美国的朋友打电话说："I feel hurt."（我很伤心。）台积电的财务副总兼公司发言人曾宗琳也于该年跳槽至联华电子。曾宗琳来自飞利浦，对于将飞利浦式的西方财务管理制度引入台积电有很大的功劳。曾宗琳由飞利浦提名，想必会较多地站在飞利浦的立场上说话，不可避免地会与张忠谋产生冲突。布鲁克和曾宗琳这两位高管的离职据说都是因为在某些原则性问题上与张忠谋有不同的看法。

随后，布鲁克以联电集团 CEO 和联华电子董事的身份现身。布鲁克效法台积电，创办了负责联华电子美洲市场销售的美国子公司，并亲自兼任总经理。美国子公司很快成为联华电子的最大门户，2000 年的销售额占了联华电子销售额的 41%（此前两年分别仅有 4% 和 19%），此后长期稳定在四成以上的比例。那几年，联华电子与美国、日本和德国一流的半导体企业广泛结盟，在日本、新加坡等地设厂，国际化的脚步骤然加快，布鲁克在其中发挥了相当重要的作用。在布鲁克跳槽到联华电子之前，联华电子的营收几乎全部来自中国台湾和日本，欧美市场可以忽略不计。布鲁克就职联华电子期间，欧美市场占联华电子营收的比例在 2000 年上升到最高峰，竟然达到了 64%。这一比例甚至超过了一向自诩为世界级企业的台积电，台积电同期的该比例仅有 56%。

布鲁克跳槽意味着台积电的客户资料尽为联华电子所有，带来的冲击是巨大的。张忠谋不得不在 66 岁之际亲自兼掌台积电的总经理一职以稳定局势。张忠谋声称，"企业遭逢危机，领导人不上第一线，对不起企业，也对不起投资人"，颇有点破釜沉舟的悲壮气概。蔡力行则由副总经理升任执行副总经理，协助张忠谋工作。

张忠谋面临的首要问题就是留住客户的心，防止布鲁克用低报价将客户从台积电挖去联华电子。张忠谋在就职讲话中坦承：台积电成功太快，过去两三年，忽视了公司的一些基本理念，如客户是伙伴、服务至上等。"我很不满意，要大力改过！"张忠谋认为，台积电从前以生产为本位，抵御竞争的壁垒太低，必须转为以服务为本位。"在组织、企业文化、员工认同的使命上，都必须产生极大的变化，台积电有必要再造！"张忠谋打破了台积电过去的分工形态，客户不再只是由营销部门负责，每位副总都必须分担开发客户、提高客户满意度的责任。"客户服务必须变成台积电的核心竞争力！"张忠谋自己也保持着与三四十位 CEO 级别的客户至少半年联系一次的习惯。张忠谋认为，与客户接触会带来很大的助益，比如适时掌握商业机会及技术动态。台积电之所以能够率先挺进智能手机芯片市场，就是因为有一个通信行业客户直接给张忠谋提供了意见。蔡力行也切身体会到："只有自己听客户讲，才知道有这么多难题要解决，只听业务人员回来报告，永远要隔一层，不会有这么强的迫切感。"甚至在决定升迁某位高管时，张忠谋也会先听取一下客户的意见。

1997年4月初，张忠谋重磅出击，宣布台积电进军台湾南部科学园区，计划在未来10年内投资4000亿元新台币，兴建6座晶圆厂。台积电在存储芯片市场崩盘的行业逆境中进行大规模投资并非轻率行事，而是经过认真的考量。半导体产业即将进入从8英寸厂到12英寸厂的迭代，12英寸硅片的成本只比8英寸贵50%左右，可产芯片数量是8英寸的2.25倍（半径1.5倍的平方数），可以使芯片成本下降约30%，有很大的成本竞争优势。但一条12英寸线的投资成本高达15亿美元，显然不是谁都能玩得起的。张忠谋花了几个周末研究世界前二十大半导体公司的财务报表，发现只有英特尔拥有20亿美元的现金，有足够的现金流去盖一座12英寸晶圆厂，其他半导体企业的现金很少有超过10亿美元的，要建12英寸厂很困难。于是，张忠谋提出一个大胆的判断：继无晶圆厂委托加工的第一波高潮后，专业晶圆代工即将迈向第二波高潮，无力建12英寸厂的IDM厂也必须将需要先进工艺的芯片委托加工。"只要掌握制造优势，就能立于不败之地。"7月8日，台积电的晶圆六厂，也是台积电位于南科的第一家工厂，在一片甘蔗林中开工建设。该厂投资规模达900亿元新台币，以8英寸线为主，同时也设置了一条12英寸线。这条12英寸线还是0.13微米的铜制程工艺产线，是当时全球技术最先进的芯片生产线之一。台积电上马的12英寸线基本与国际先进水平同步。

股票价格向来被张忠谋称为"企业管理者的KPI（关键绩效指标）"，股市积极回应张忠谋的大扩张行动，台积电的股价大幅上扬。1997年6月，台积电市值达到4500亿元新台币，超越国泰人寿保持多年的纪录，成为中国台湾市值最高的公司。

1997 年下半年，亚洲金融风暴席卷多个亚洲国家，韩国受创最深，严重依赖银行输血的三星、现代等财阀行走在破产边缘。周围一片哀鸣，中国台湾却几乎不受影响，经济发展相当稳健。台积电该年营收继续增长了 12%，净利润相比上一年也仅有小幅下滑。10 月，台积电赴美发行美国存托凭证，并在美国纽约证券交易所挂牌交易，成为中国台湾第一家在美国上市的企业。这也走出了张忠谋心目中的世界级企业的关键一步：全球性的资金来源。

## "只差一个肩头"

眼见台积电在产能上大踏步前进，联华电子亦不甘示弱，加码宣布要在未来 10 年投资 5000 亿元新台币①，也进驻南科设厂。1997 年 8 月，联华电子旗下的联瑞开始试产，第二个月便将产能冲到了 3 万片晶圆。10 月初，宣明智公开表示："两年之内一定干掉台积电！"不想就在这时候，一场意外的大火烧掉了联瑞的厂房，上百亿元新台币投资化为乌有，已经收到的 20 亿元新台币订单面临泡汤风险，大量客户将要流失，并可能错失逻辑芯片的景气高峰期。这也是台湾地区历史上企业火灾损失最严重的一次。受此重创，台湾地区的科技厂房才提高了风险控制与灾难预防的意识。

就在外界认为联华电子从此一蹶不振时，联华电子却展现了它的韧劲与魄力。当时，合泰半导体新建的 8 英寸晶圆厂即将开始量产，正需要技术协助和客户订单，刚好可与供不了货的联瑞互补长短。于是双方签订战略联盟合约，由联瑞转移 0.45 微米与 0.35 微米的工艺技术给合泰，合泰则提前扩充产能以分担联瑞的订单压力，帮助联瑞渡过危机。联华电子还买下了合泰的一些股权，以加强双方的合作关系，这为后来联华电子并购合泰打下了基础。

1998 年，联华电子的营收仅有 184 亿元新台币，负增长 27%，净利

---

① 依据台积电和联华电子 1999—2008 年的财报，台积电这 10 年间实际的固定资产投资总额为 7000 亿元新台币，联华电子为 3800 亿元新台币，前者接近后者的两倍。

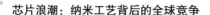

也减少了一半多。这主要不是因为受到亚洲金融危机的负面影响，而是将联发科分拆出去所致。联华电子该年营收仅相当于台积电的37%，而3年前相当于台积电的84%。但剥离芯片设计业务后，联华电子的晶圆代工业务稳步增长，全球市场份额上升到了18%。加上台积电的46%，中国台湾从此稳稳切走全球晶圆代工市场60%以上的蛋糕。

1998年底，眼见市场好转，联华电子即走出中国台湾，前往日本收购了在亚洲金融危机期间陷入困境的新日铁半导体。联华电子仅用3个月时间就完成谈判，以仅仅15亿元新台币的出资就获得47%的股权，控制了这家拥有150亿元新台币资产的半导体公司。交易达成后，联华电子将新日铁半导体改名为联日。1999年2月，联华电子宣布投入220亿元新台币，用于联日扩充生产设备，将其转型为晶圆代工厂。这是中国台湾首宗对日本半导体企业的收购。

当时日本半导体产业已日薄西山，却仍自以为瘦死的骆驼比马大，对台湾地区相关产业并不服气。于是，联华电子从神户制钢挖来了坂本幸雄做总经理。坂本幸雄是推销员出身，在德州仪器与索尼的合资企业做到了副社长，算是日本半导体界少有的懂西方经营模式的管理人才。坂本幸雄1997年被陷入经营困境的神户制钢挖去救火，才干了3年就又被挖去了联日。神户制钢和新日铁一样都是从钢铁企业跨界造芯片，坂本幸雄管理起联日来果然也得心应手，联日在他接手后即扭亏为盈。也有可能是他的运气好，撞上全球互联网泡沫破碎前的膨胀期，即使是头猪也能飞得起来。2002年，联日的市值从被收购前的3000万美元增长到29亿美元，成为中国台湾企业到日本大规模投资的成功典范。坂本幸雄一时炙手可热，很快又被挖去管理尔必达（后面的故事详见本人作品《芯片战争》）。接替坂本幸雄管理联日的是曾做过联华电子总经理的吴宏仁，由此可见联华电子对联日的重视。后来，联华电子更进一步通过公开收购及强制购回机制取得联日100%股权，将联日变成自己的独资子公司。

联华电子、联瑞、联嘉、联诚和合泰5家晶圆代工厂，原本各自与不同的合作伙伴合资，彼此独立经营，这就会出现设备不统一、辅料有差异等许多问题。当一家工厂的订单爆满，却也难以转单到其他工厂，充分利用其他工厂的多余产能。而且，关联交易也是一件麻烦事。合泰、联诚和联嘉 3 家公司合占联华电子进货净额的比例竟然高达 62%（1998年）和 43%（1999 年），这其实是因为联华电子将做不完的订单转单给子公司生产，但结果不能不让投资者产生疑虑，毕竟有利润转移的可能。于是，1999 年 6 月 14 日，联华电子突然宣布将联瑞等 4 家晶圆代工厂并入联华电子整体经营，此举引发联华电子股价大涨。在合并之前，联华电子在这 4 家晶圆厂拥有的股份比例分别为 62%、39%、34% 和 9%，"五合一"让联华电子净增加股本 238 亿元新台币，其总股本达到 904 亿元新台币，旗下一共拥有 8 座晶圆厂，年总产能为 179 万片晶圆，超过了行业老大台积电的 169 万片晶圆。一位资深半导体分析师以长跑比赛来形容联华电子和台积电的差距："本来差一圈，现在和领先者只差一个肩头。"在联华电子公布五合一的换股比例后，部分被合并公司的股东不满换股比例，四处抗议投诉。面对外界的责难，联华电子的高层丢下一句话："做人要高明不要精明。"大概意思是说，这些股东应看好联华电子的长远发展，而不要斤斤计较眼前的一点得失。在开股东大会的时候，有小股东闹事，联华电子动用保安人员将这些不够"高明"的小股东强行请出会场。

2000 年 1 月 27 日，联华电子、英飞凌、IBM 宣布合作共建研发平台，3 家公司结合各自在技术上的资源、专利与经验，共同研发未来最尖端的半导体技术，使工艺朝微细化（0.13/0.1 微米）、新材料（如铜工艺）、新产品（SoC）①等方向迈进，并建立未来的产业技术标准。这一合作也证明了联华电子的研发实力得到国际一流大厂的认可。在一年半以后，台积电也与意法半导体、飞利浦和飞思卡尔建立了类似的半导体先进工艺技术研发的合作关系。

---

① SoC（System on Chip）：系统芯片，也称片上系统、系统级芯片、系统集成芯片。

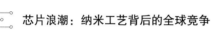 ## 收购德碁与世大

联华电子气势如虹，台积电感受到了前所未有的危机，于是也开始了大并购。濒临困境的台湾地区内存产业也给了台积电并购的机会。由于顶不住韩国廉价内存的冲击，加上受亚洲金融危机导致的半导体行业衰退周期的影响，德州仪器被迫退出由张忠谋开创并已经营了20多年的内存产业，这直接拖累了与宏碁合作的德碁半导体股份有限公司。德碁是台湾地区的第一家内存厂，在亚洲金融危机的两年内累计亏损超过50亿元新台币。在失去德州仪器的技术支持后，宏碁萌生退意。宏碁的核心业务是IT产品，不是半导体，施振荣"感觉是有一点养不起了，在我家没有前途，就替它找一个更好的大户人家"。于是，1999年，施振荣将净资产仅剩下125亿元新台币的德碁出售给了正急着要扩大产能的台积电，还卖了个好价钱，账面获利超过200亿元新台币。台积电将德碁改造成了专业晶圆代工厂。张忠谋关于内存不适合做代工的断言开始应验，德碁是台湾地区内存厂中第一个向纯晶圆代工厂转型的。

继德碁之后，台积电大并购的第二个目标是台湾第三大专业晶圆代工厂世大积体电路股份有限公司。世大成立于1996年3月，一开始由来自华邦电子的团队进行管理，并由华邦电子提供建厂协助和技术授权，世大为此支付给华邦电子80万元新台币的技术报酬金（实在有点少得可怜）。1998年2月，世大被交给张汝京主掌。来世大之前，张汝京在德州仪器工作了21年，参与或主持了德州仪器在全球各地10座半导体工厂的建设，是业界有名的建厂高手。德州仪器退出内存行业，张汝京不去美光工作而考虑回大中华地区发展的时候，认识了中华开发公司的胡定吾。在胡的邀请和德州仪器上司邵子凡的支持下，张汝京从德州仪器退休，先回到台湾。当时世界先进公司的总经理曾繁城也想延揽张汝京帮他收拾深陷亏损泥潭的世界先进的烂摊子，可惜未能如愿。张汝京以铁腕整顿世大，他让一些不合格的员工离职，开除在采购上贪污的管理人员，留下优秀员工组成工厂的骨干。世大面貌焕然一新，士气大大提高。

深谙建晶圆厂之道的张汝京，不会放过亚洲金融危机带来的行业低谷蕴藏的机会，果断扩大产能，新建了两条 8 英寸线。世大比台积电晚成立 10 年，但仅用了 3 年就做到了台积电产能的 1/3。1998 年 12 月，世大才开始主要营业活动。1999 年，世大月营业额最高时达到 6000 万美元，而且账面出现了盈利。这样的业绩让业界为之惊叹。要知道，特许半导体在台湾晶圆双雄的挤压下，长期处于亏损状态，以至于业界普遍认为专业晶圆代工行业只能容得下两家公司，第三家及其后的公司没有获利空间。张汝京却打破了这个魔咒。张汝京志向远大，已经做好了世大的长期发展规划：世大第一厂和第二厂建在台湾，第三厂到第十厂全部放在大陆。如果规划全部完成，世大在晶圆代工业或能坐二望一。

1999 年第四季度，市场突然传出消息，联华电子有意收购世大。联华电子的高管们多次访问世大，已经在沟通商谈收购的细节以及合并后人才的统一调配等问题，这给了张忠谋很大的压力。如果世大落入联华电子之手，联华电子很有可能将成为全球最大的专业晶圆代工厂，这是张忠谋无论如何都不能接受的。事实上，张忠谋内定的企业发展战略是："作为世界上最大的代工厂商，台积电与第二大代工厂商的收入比例至少是 2：1。"[1] 所以，不到两个月的时间，张忠谋便做出并购世大的决定。张忠谋慷慨地对累计亏损 18 亿元新台币、净资产仅 338 亿元新台币（相当于 10 亿多美元）的世大给出了 50 亿美元的价格。这个价格相当于张汝京接手时的世大股价的 8.5 倍，张汝京欣然接受。理解张忠谋战略的人并不多，连台积电内部的高层主管都表示不满："台积电以高出合理价 6 倍的代价，买下技术三流的世大，张忠谋简直疯了！"[2]

在台积电宣布收购世大的记者会上，记者频频追问世大与联华电子先前的接触情形，张忠谋回答说："我们最近才交往，对于新娘的过去，

---

[1] 相关内容可参考张忠谋于 2021 年在中国台湾"玉山科技协会"20 周年庆祝大会暨论坛上发表的名为《经营人的学习与成长》的演讲。

[2] 相关内容可参考阿祥于 2001 年 8 月 7 日在《国际金融报》上发表的《联电能夺得"代工霸主"之位吗？》一文。

我们也不太清楚。"记者们哄堂大笑。成功收购世大，将拉开台积电与联华电子的差距，张忠谋心中一块石头落地，一向严肃的他也难得在公众面前轻松幽默了一下。台积电为收购德碁和世大总共增发了15.84亿股，如果按台积电2000年的平均股价146.3新台币来计算，价值2317亿元新台币，在德碁和世大上分别花了700多亿元和1500多亿元新台币。

值得一提的是，刘德音被张忠谋派去接手世大。刘德音毕业于台湾大学电机工程学系，并获得美国加州大学伯克利分校电机与计算机信息硕士及博士学位，1993年加入台积电，从比厂长还低一级的一线岗位干起，后来负责晶圆三厂的管理。1999年底，刘德音前往世大担任总经理，从此崭露头角。世大被并入台积电后，刘德音升任台积电的副总经理，负责台积电第一家纯12英寸厂晶圆十二厂的建设和管理。12英寸厂代表台积电的未来，由此可见张忠谋对刘德音的器重。负责台积电第一座8英寸厂的蔡力行与负责台积电第一座纯12英寸厂的刘德音先后被张忠谋选为接班人，这不是巧合。

## 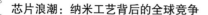 世界先进公司转型

台积电的下一个晶圆代工产能的来源竟是世界先进公司。世界先进的项目源于"工研院"的次微米（0.8微米～0.35微米）实验室，"工研院"在这个科技项目上花了5年时间，耗资70亿元新台币。中国台湾经济事务主管部门决定以投标的方式将次微米实验室商业化，从而将该项目的研发成果落地。联华电子原本大肆宣扬要和张忠谋抢这个标，让台积电如临大敌，把参与投标的报价抬高了不少。结果联华电子却只是放了个烟幕弹，根本没参与投标，台积电是唯一的投标商，这事让张忠谋生气了好久。拿下次微米实验室后，张忠谋说，要做就做世界级的公司，公司名字中必须要有"世界"两字，于是就在新竹园区成立了世界先进公司，由台积电等13家公司合股，建设主要生产内存的8英寸晶圆厂。台积电是世界先进的第一大股东，张忠谋兼任世界先进的董事长。世界

先进是继联华电子和台积电之后由"工研院"主导成立的台湾地区第三家芯片骨干企业，也是最后一家。

世界先进公司成立的第一天，张忠谋就以全球内存龙头企业三星电子为追赶目标，定出各种指标，要求尽快缩小差距。他问下属"追上三星电子大概要用几年"，下属回答"应该要花10年"，他说"太长、太长，7年还差不多"。张忠谋时年63岁，7年后正好70岁，他期望能在退休前看到世界先进超越三星电子。世界先进是台湾地区的内存厂中唯一拥有自主技术的，每年将营收的10%投在研发上，比例还要高过台积电。世界先进也是一家IDM厂，张忠谋期望世界先进能发展芯片设计技术，保持比台积电更高的盈利能力。

世界先进的开局不错，第一年就大赚了21亿元新台币，实现了45%的净利率，都快赶上台积电了。张忠谋却并不满意，拿烟斗频频敲桌："他们只忙着生产现有产品，不看未来怎么走，一年已过去，我没有看到任何增加竞争优势的做法。"果不其然，危机来得很迅速。1996年，由于产能严重过剩，内存价格"近乎自由落体般滑落"，跌去70%，整个存储芯片市场萎缩了1/3，全球半导体市场也因此衰退了10%。1997年下半年，亚洲金融危机来袭，韩国是重灾区，韩币大贬值，三星电子等韩国厂家的内存价格跌破了原材料的成本价，库存产品如洪水般冲向全球市场。全球内存市场竟再度萎缩21%。中国台湾生产的内存无法与韩国竞争，世界先进陷入长期亏损。

世界先进做内存9年，只有3年获利，亏损却有6年，120亿元新台币的实收资本亏掉将近一半，公司被迫退出了内存生产。在台积电的主导下，世界先进彻底转型成了专业晶圆代工厂。也可以这么说，在与三星电子的第一次对阵中，张忠谋是失败的。

由于存储芯片营收仅占台积电合并营收不到15%的比例，这轮内存市场的大崩溃，以及美光随后起诉中国台湾将存储芯片倾销至美国市场，都没有对台积电造成多大的影响。张忠谋派蔡力行去接替曾繁城担任世界先进总经理。这个职位不好做，被视为台积电接班候选人的试炼场。

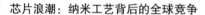

蔡力行顺利通过考验，带领世界先进顺利转型并且扭亏为盈。2001年8月，蔡力行凯旋，回归台积电后再次接替曾繁城成为台积电的第六任总经理。

张忠谋还拉了力晶一把。力晶的董事长黄崇仁原本是做电脑主板出身的，眼馋德碁做内存大赚，于是决定自行投资生产内存，其技术授权和代工订单都来自三菱电机。0.18微米的生产成品率不高，加上市场不景气，力晶1998年大亏38亿元新台币，成立4年累计亏损66亿元新台币，已经到了生死存亡的危急关头。联华电子提出要收购力晶，黄崇仁情急之下，找张忠谋帮忙。为了阻击联华电子，1999年8月10日，张忠谋通过世界先进向力晶注资26.5亿元新台币，接手三菱电机等日本企业释放的9%的股份。在张忠谋的引导下，力晶也开始向晶圆代工转型，主要为日本瑞萨电子代工。不过，黄崇仁对内存行业念念不忘，在内存市场转好后，他又杀回了内存市场。

当然了，张忠谋也有自己的小算盘。垄断是企业经营的最高境界，谁都不希望有太多的竞争对手。晶圆代工市场这么好，一定还有人想做。如果再冒出几个像世大这样生猛的愣头青，台积电怎么办？难道来一个收购一个？与其坐等别人上门砸场子，不如自己未雨绸缪，先培养几个自己能把控的市场参与者，比如世界先进、力晶等，不仅台积电可以收取技术转让费，多几个产能备胎，还能和哥几个一起霸占市场，不再让新人加入，岂不美哉？事实上，一直到今天，台湾仍然只有台积电、联华电子、世界先进公司和力积电（由力晶集团旗下专做晶圆代工的巨晶公司演变而来）4个主要的专业晶圆代工厂，台积电能掌控其中的3个，可见张忠谋的老谋深算。

1999年，中国台湾发生的"9·21"大地震，竟然震动了全球的股市。因为中国台湾已成为全球重要的半导体制造基地，大地震导致全岛超过2/3的地区失去了电力供应，没人知道这场地震对各半导体工厂有没有影响，全球各大股市都因此陷入一片恐慌。直到台积电等企业确定产能未受大地震影响，全球股市才止跌回升。这一事件表明，中国台湾的半导体产业已经在全球经济中拥有举足轻重的地位。在晶圆双雄竞争的背后，是整个中国台湾半导体产业的壮大。

## ⬜ "加发一个月薪水"

2000 年是台积电发展史上相当关键的一年。6 月底，台积电完成对德碁和世大的兼并，收获了 4 个工厂（整合成台积电的晶圆七厂和晶圆八厂）和 3100 名员工。加上台积电自己新招的 6000 名员工，台积电员工人数达到 14636 名，相当于上一年的两倍。台积电当年还投入 793 亿元新台币的资本开支（这还没包括德碁和世大的 245 亿元新台币资本开支），投资规模也达到了上一年度的两倍。台积电的晶圆六厂于 3 月份启用，成为当时全球最大的单一 8 英寸晶圆厂。9 月份，台积电、飞利浦和新加坡经济发展局合资的新加坡 8 英寸厂投产。年底，晶圆六厂的 12 英寸产线成功投产，台积电成为全球继英特尔和英飞凌之后的第三家能生产 12 英寸晶圆的工厂。纯 12 英寸的晶圆十二厂也在兴建中。

2000 年，通过并购和扩产，台积电的产能高达 326 万片晶圆（8 英寸约当量），接近上一年度的两倍。这么高的产能居然还不够，台积电的产能利用率达到惊人的 106%。正逢全球 3G 移动通信及互联网两个领域的腾飞，半导体产业也跟着狂欢。在台积电的 400 多个客户中，超过一半的客户在这一年持续下单。台积电营收首次突破千亿元新台币，一举达到 1662 亿，同比增长 127%。按照台积电自己的估计，台积电出产了全球 6% 的芯片。台积电占据了晶圆代工市场 49% 的份额，这也是台积电长期霸占晶圆代工市场半壁江山的开始。由于 0.25 微米以下先进工艺给台积电贡献了一半的营收，台积电的净利率提高到了 39%，比去年同期增长了 5 个百分点。台积电的净利达到 652 亿元新台币，增长率更是高达惊人的 165%。

受联华电子紧逼的刺激，台积电几乎以每年建一个新厂的速度持续扩张。这是很不容易的。因为随着晶体管越做越小，技术难度越来越高，晶圆厂的投资规模也越来越大。当时的英特尔也每隔 9 个月就要建一家

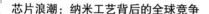

新厂，其最新、最先进的 12 英寸厂的建设成本达到惊人的 20 亿美元。摩尔预见到摩尔定律将越来越受到经济因素的制约，在《经济学人》杂志上撰文写道："令我感到最为担心的是成本的增加，这是另一条指数曲线。"他的这一说法被人称为摩尔第二定律，具体来说，就是芯片制造厂的建厂成本平均每四年翻一番。

长期以来，IDM 厂多多少少都会接一些晶圆代工订单，作为主业的补充。大多数 IDM 厂并不具备英特尔那样的强大实力，做不到连续不断地建新厂，再加上亚洲金融危机冲击下资本开支减少，于是纷纷退出了逻辑芯片的晶圆代工市场，退守内存和模拟芯片等领域。2000 年，台积电的晶圆代工市场占有率与 6 年前相比增加了一倍多，达到了整个市场的一半，这一变化正反映了晶圆代工市场由 IDM 厂主导向专业晶圆代工厂主导转变的大趋势。

台积电虽实现了营收和净利大幅增长，但居然不仅没能甩开联华电子，相反还被联华电子缩小了差距。2000 年同样是联华电子大发展的一年，它在完成五合一重组后，产能大幅提升，管理效率和生产效率都得到了提高，年营收也突破了千亿元新台币，同比增长 261%，增速超过了台积电的两倍。联华电子的营收达到台积电的近七成，市值约为台积电的一半，是中国台湾市值第二大的企业。9 月 19 日，联华电子首度在美国发行存托凭证，募集金额高达 13 亿美元。年底，联华电子的股本增加到 1147 亿元新台币，而台积电的股本也才不过 1299 亿元新台币，两者几乎可以比肩。

更惊人的是，联华电子的毛利率高达 51%，超过了台积电的 46%，成为全球专业晶圆代工行业之冠。联华电子的净利高达 508 亿元新台币，同比增长 384%。联华电子这一年的净利润与台积电仅有 100 多亿元新台币的差距。毛利率的提高应归功于联华电子在 0.18 微米技术上的领先。

20 世纪 90 年代后半期是晶圆代工的黄金年代，据说，对于在台积电干满 4 年的普通工程师，一年能拿到的股票收益相当于 100 个月的基本工资，而且公司时不时就广播："总经理感谢大家的努力工作，这个月加发一个月的薪水。"这样的好光景居然要再过 30 年才能重演，世纪之交成为全球晶圆代工业的一个转折点。

## 🔲 12 英寸线大洗牌

2001 年全球互联网泡沫破裂，加上"9·11"恐怖袭击事件的影响，全球信息产业出现前所未有的萧条局面，半导体市场骤然缩减了 32%。电脑产业已经过了繁荣期，成长开始放缓，且智能手机产业还没兴起，市场对芯片的需求出现了断档。在市场不景气的时候，IDM 厂一定要首先满足自己的产能，外包订单呈断崖式下落。由于全球半导体市场仍由 IDM 厂主导，无晶圆厂还仅占 15% 的份额，晶圆代工业受创尤深。台积电的营收大幅下滑 24%，仅有 1259 亿元新台币，这也是台积电自成立以来的第一次营收负增长。台积电的净利润也暴跌了八成。应该说，台积电没有亏损就很不错了。对比一下，联华电子这一年的营收下跌了 39%，并且出现了 32 亿元新台币的净亏损。

在行业大萧条中，各晶圆厂普遍都在进行大裁员，根本无力投钱建厂。台积电却积极扩充 0.18 微米及以下先进工艺的产能，加快引入更高阶工艺的脚步，以为客户将来对先进工艺恢复强劲需求做好准备。张忠谋总结了一条定律：全球半导体产业每隔 5 年就要经历一个景气循环。在行业低谷时正应该做好产能储备，持续扩大领先优势，这样才能适时迎上行业高潮的到来。这条定律被称为"张忠谋定律"（Morris's Law）。当时台积电一年获利最多也不过 20 亿美元，最低时仅有 4 亿美元，张忠谋竟然坚持连续投了 3 座 12 英寸晶圆厂（其中晶圆六厂后来不再产出 12 英寸晶圆，实际是两座纯 12 英寸大厂），将许多竞争对手远远甩在后面。

而在对 12 英寸线的投资上，联华电子相比台积电毫不逊色。2000 年前后，联华电子有 3 个 12 英寸厂的项目在建设中，分别是在台南科学园区兴建的 12A 厂、与日立合作的日本厂、与英飞凌及新加坡经济发展局合作的新加坡白沙厂。

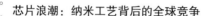

联华电子和台积电之所以都到新加坡设厂，是因为新加坡拥有健全的半导体产业环境。新加坡政府大力支持半导体产业的发展，并可提供丰富的工程人力资源及完善的半导体产业架构。与中国台湾当局只是投钱给本地半导体企业不同，新加坡政府还愿意投钱给外资占主导的半导体企业，这应该是首开各国或地区先河的。宣明智声称："台湾当局决策杂乱无章，企业无所适从，联电之所以到新加坡去，可以说是被这种恶化的环境给逼走的。"宣明智还吐槽说，台湾当局对于厂商赴大陆投资，仍然采取"戒急用忍"的态度，其不知道有什么要"忍"的，并且戏谑地将其解释为"到大陆去要忍住不说"。

联华电子通过合资、并购和自建等手段大肆扩张产能，对台积电步步紧逼。联华电子的领导层极富胆略，敢于进行"景气时借钱、不景气时投资"的逆向操作。这样既能以优惠利率贷得大量资金，又能以较好折扣采购半导体设备。与台积电相比，联华电子更喜欢与国际 IDM 大厂合作建厂，这样既可节约资金投入、获得大厂技术支持，又可赢得大客户，容易在短时间内出效益。但联华电子在合资厂中往往处于弱势的一方，对合资厂的经营并不能完全把控。而且，与大厂的技术合作降低了联华电子自主研发的意愿，对于其长期发展是很不利的。

大浪淘沙，机会只留给有准备的人。英特尔于 2000 年年底率先正式量产 12 英寸晶圆，12 英寸时代拉开了帷幕。建一座 12 英寸厂的成本高达二三十亿美元，与一艘航空母舰的造价相当。相比之下，建一座 8 英寸厂只需 8 到 10 亿美元，建 6 英寸厂只需要 2 亿美元。许多 IDM 厂都开始担心在行业萧条期跑不满产能而产生巨额亏损。正如张忠谋所预料的，全球半导体产业开始出现了一个新的趋势，那就是继无晶圆厂之后，"轻晶圆厂"（Fab-Lite 或 Fab-Light）开始成为专业晶圆代工厂的一大客户群。所谓的轻晶圆厂，是指那些只在自己 8 英寸线上生产工艺成熟的芯片，而把需要先进工艺的芯片委托给专业晶圆代工厂的 12 英寸线去生产的晶圆厂。轻晶圆厂以日本企业居多。欧美国家的电子巨头一般会将半导体业务剥离出去，让其单独运作，比如恩智浦独立于飞利浦、飞思卡尔独立于摩托罗拉、英飞凌独立于西门子。这些独立半导体厂需自行从私募基金等渠道筹措资金兴建12英寸线。日本电子巨头以大财团企业为主，体制比较僵化，缺乏断臂求生的勇气，转型动作比较缓慢。它们不愿意冒高风险去建12英寸线，就不得不向轻晶圆厂转型。长此以往，日本芯片企业就不再拥有在先进工艺上竞争的实力，日本半导体产业也就此衰退下去。全球8英寸厂商有76家，12英寸厂商仅剩27家（据"工研院"2008年统计）。需要注意的是，同样是12英寸线，工艺越先进的产线成本越高，往后的收益增长幅度越大，投资门槛也就越高。如今，全球多数12英寸产能被集中控制在处理器厂（英特尔）、存储器厂（三星电子、SK海力士、美光、铠侠）和专业晶圆代工厂（台积电、联华电子、格罗方德、中芯国际、力积电）等少数厂家的手中。

　　竞争对手减少，市场需求却在扩大。2002年，全球经济走出互联网泡沫破裂的阴影，半导体产业也跟着复苏。全球移动通信的3G时代虽然迟迟不至，2.5G手机却大行其道。深圳的杂牌手机厂商开始狂欢，华强北成为手机界的焦点，为手机提供SoC芯片一站式解决方案的联发科被众多厂商所膜拜。庞大的杂牌手机市场对手机SoC芯片产生了大量的需求，手机SoC芯片要求耗电低、体积小，只能用12英寸产线和最先进的工艺进行生产。通信很快取代电脑成为台积电最重要的业务板块。所以，台积电不需要担心产能跑不满的问题。由于全球业务量的增加，台积电该年营收1610亿元新台币（合46亿美元），不仅恢复到互联网泡沫破裂前的水准，还成为第一家进入全球半导体行业前十的专业晶圆代工厂，在该榜单上排名第九，首次排在了飞利浦的前面（据iSuppli的数据）[①]。不知道飞利浦面对这样的榜单是会尴尬还是会高兴。

　　对于台积电来说，产能已经不是问题，技术突破将是下一步要予以解决的大问题。

---

① 需要注意的是，晶圆代工厂的收入其实就是无晶圆厂的成本。如将晶圆代工厂与无晶圆厂的营收加总，会因重复计算而虚增半导体行业的总产值。所以，有些排名干脆不将晶圆代工厂计入（如Gartner或iSuppli），有些排名则在不涉及半导体市场整体规模时才予以计入（如IC Insights）。

# 第五章 取得技术领先

##  看准 10 年以后的尖端技术

台积电将"技术领先"视为三大竞争法宝之一，张忠谋也声称公司在成立的第一天就定下来要走技术自主的道路，但其实研发投入并不是从一开始就加大的。在相当长的一段时间内，台积电的技术水平不仅远远不能与国际 IDM 大厂相比，甚至连联华电子都不如。张忠谋认为，企业营收达到 10 亿美元会是一个分水岭，也是一个转折点，企业组织在此前后会出现截然不同的发展模式。之前忙创业，是一种模式，接下来如果要再成长，就必须换一种模式。台积电的营收在 1995 年接近 10 亿美元，在此之前，台积电的研发开支占营收的比例不超过 3%，在此之后，台积电的研发开支比例不断上升，只在爆发亚洲金融危机等个别年份有所下滑，如今已稳定在 8% 以上。过了创业阶段，台积电才开始苦练内功，将资源向研发倾斜。

半导体产业最重要的是资本投入和研发投入。资本投入其实是很容易做到的，台积电在资本投入上相当激进，而联华电子也毫不逊色，跟得很紧。联华电子之所以后来被台积电拉开差距，最重要的原因还是在于联华电子对研发的投入没有台积电那么重视。

从财报显示的研发投入数据来看，联华电子与台积电相比并不差，而且联华电子因为营收较低显得研发投入力度更大（研发投入占营收的比例更高）。但我们知道，各企业在研发投入的核算口径上通常都会有一些差异，相互之间的可比性不太大。比如某个常驻车间的研发工程师，可以算作生产成本，也可以算作研发成本，全凭企业自己的喜好。更具可比性的是一些硬指标，比如博士、硕士这样高学历人才的比例。台积电的博士和硕士员工占全部员工的比例比联华电子分别要高 51% 和 24%[①]，这说明台积电更舍得引进高素质人才，这是台积电技术水平超越联华电子的关键因素之一。

台积电的研发水平是从什么时候开始超越联华电子的呢？我们可以看另一个关键指标：在美国获得的专利数量。在早期阶段，台积电的这一指标是不如联华电子的。1993 年至 1997 年，台积电在美国获得 204 项专利，仅是联华电子的半数左右，后者获得 402 项专利。到了 1998 年，台积电才在美国专利数量上第一次超越联华电子。1999 年，台积电获得 289 项美国专利，成为美国专利数量前 50 名排行榜上唯一来自中国台湾的公司。此后，除个别年份外，台积电获得的美国专利数量都要大大超过联华电子。

在 1997 年亚洲金融危机前后的全球半导体产业大萧条期间，台积电大肆招揽高端人才，一下子空降了好几个副总经理级别的高管，其中包括从美国归来的蒋尚义。蒋尚义生于 1946 年，台湾大学本科毕业后去普林斯顿大学继续读电子工程硕士，之后获斯坦福大学电子工程博士学位并进入德州仪器、惠普工作，担任过惠普超大规模集成电路研究室（VLSI Lab）的部门经理。1997 年，51 岁的蒋尚义回到中国台湾，从此长期担任台积电研发副总经理一职。当时台积电的技术水平根本难以追赶英特尔，一般人想都不敢想要去挑战英特尔，张忠谋却总是问蒋尚义一个问题："我们的技术路径图，什么时候可以和英特尔一样？"蒋尚义亦不负厚望，从美国延揽了不少熟识的半导体研发高手，将台积电的研发队伍从 400 人扩编到他彻底退休时 7600 人的规模，培养出一支世界级的研发团队。台积电的研发经费也从数十亿元新台币扩大到数百亿元新台币。张忠谋盛赞蒋尚义是将台积电的技术水准从二流提升到一流的重要推手。

---

① 这是 1996 年到 2005 年的平均数，依据台积电和联华电子的财报数据统计。

对技术后进的企业来说，比研发投入规模更重要的是研发效率。张忠谋在比较自己早期工作过的两家公司后，认为希凡尼亚之所以不如德州仪器成功，是因为希凡尼亚的研发部门与业务部门的协同很差："业务部门要研发部门开发某项新产品，研发部门爱搭不理；业务部门生产出问题，研发部门可以让它自生自灭"，"希凡尼亚的研发部门有很优秀的人才，他们在做自己有兴趣或认为有希望的工作，他们和公司的业务部门没有什么关系，研发部门是商战里的世外桃源"。德州仪器的情况虽然要比希凡尼亚好很多，但在张忠谋看来还是不够的："仍难免有企业政治的问题"。在德州仪器，研发部门的地位低于业务部门，"业务部门是赚钱的，而研发部门是花钱的，而且花的是前者赚来的钱"。"尽管许多我们（研发部门）开发出来的新产品后来很畅销，但在业务部门眼里我们似乎没有什么贡献"。虽然研发部门协助业务部门大幅提升了产品成品率，"但是功劳似乎都被业务部门占去"。因此，张忠谋相当重视"将研发与业务紧密结合成一个生命共同体"，这是台积电的研发效率远高于竞争对手的一个重要因素。

张忠谋认为："今日我们的科技水准，尚未达到世界尖端，所以将其用于生产的时机总是晚人一步。""所以我们应采取蛙跳策略，看准10年以后的尖端技术，现在就开始开发那种技术。"[①] 从这一点来看，当年张忠谋脱产考取了一个博士学位还是很有必要的，这让他对技术有极具前瞻性的视野。

对研发的重视及舍得花钱引入高端技术人才，让台积电很快就收获了丰硕的回报。

## ⚙ 穿粉红色无尘衣的工程师

在 0.18/0.13 微米的铜导线／低介电常数（Cu/Low-k）绝缘体材料技术的竞争中，台积电取得了第一场关键性的重大胜利。

---

① 可参考生活·读书·新知三联书店2001年出版的《张忠谋自传：1931—1964》一书，具体可见第121，136—137，182 页，作者张忠谋。

相比于在芯片中一般被用作导线的铝质材料，铜质材料具有更优异的抗电迁移能力、薄层电阻表现及降低电阻等特性。因此，在 0.18 微米工艺及更先进的工艺中，铜成为导线材料更好的选择。铜导线需要与绝缘体材料技术相配合，铜就像骨头，作为介电层材料的绝缘体就像肌肉，两者都非常重要。1997 年，IBM 率先宣布，与传统的铝互连技术相比，用铜互连技术和绝缘体材料可以制造出更快、更小、更廉价的芯片，可使微处理器的速度提高 15%。这一消息无异于在行业内投下了一颗重磅炸弹。对台积电和联华电子而言，它们自企业成立以来，在工艺演进的道路上一直走得很顺利，铜工艺是它们遇到的第一道难以跨过的技术门槛。

那时候，IBM 不仅是全球一流的半导体大厂，而且技术实力相当强大，曾经引领了多个芯片先进工艺的开发，与英特尔和比利时微电子研究中心（IMEC）并称为全球半导体技术最强之"3I"。全球各晶圆代工厂普遍都从 IBM 手里获取半导体技术的授权，很少有企业能够自己开发技术。IBM 开发出铜工艺后，同样也希望台积电、联华电子、特许半导体这些公司能采用。但 IBM 给出的合作条件比较苛刻，它要求合作方放弃自己的技术研发。蒋尚义觉得 IBM 的方法还不够成熟，花钱买不如自己干。"IBM 要求台积电放弃自己的技术研发，这不公平、不合理，等于要台积电把自己的命脉交出来。"而且新工艺的上马意味着迎来一个行业重新洗牌的机会，台积电有机会开发出拥有自主知识产权的技术，摆脱对其他公司的技术依赖。台积电也有自己的秘密武器。台积电的研发团队和光罩部门共同开发出先进的光学邻近效应校正和相位移转光罩技术，这两项技术不仅可用于 0.18 微米铜工艺，也会是发展下一代工艺技术的关键所在。于是，台积电婉拒了与 IBM 的合作，决定自己进行研发。

蒋尚义集合了一支包括余振华、杨光磊、孙元成、梁孟松、林本坚等人在内的精干队伍，在台南前后待了一年半，直接上生产线进行铜互连技术的开发。联华电子则停掉了台北的研发团队，向 IBM 买技术。两家公司用不同方式竞争铜工艺技术的未来。

台积电的研发团队成员对铜材料都不熟悉，非常怕在铜工艺开发中

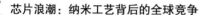

稍有差池，产生污染并将其扩散到整个厂区。于是他们制定了非常严谨的管理流程。在正常情况下，车间里使用的无尘衣都是白色的，而这群开发 0.18 微米铜工艺的工程师穿的却是粉红色的——这本来是给孕妇穿的，好让其他人回避。在厂区内的很多地板上都画有路线，这群特殊的工程师被要求不能随意越线。

在铜工艺开发过程中，台积电的研发团队因为需要随时掌握联华电子的进度，一直处于高压且紧绷的状态。"那时候我们在台南，每天早上开会前第一件事，就是先问对手有没有消息，有没有开记者会宣布做出来了。有没有？有没有？没有，好，那开会。晚上开会前再问一次：有没有？有没有？没有，好，大家晚安。"1998 年，台积电终于开发出来 0.18 微米铜工艺技术。使用该技术不但可以做出非常先进的低电压、高性能且栅极（gate）长度小于 0.15 微米的晶体管，而且可以用低介电常数绝缘体结合铝铜合金的方式，减少电阻和电容造成的时间延迟，大幅提升芯片产品的速度。1999 年第一季度，台积电实现了 0.18 微米铜工艺芯片的量产，并且成为全球第一家能够弹性地回应客户的不同需求，同时提供高成品率、0.18 微米铜工艺产品的专业晶圆代工厂。而联华电子直到 2000 年 3 月才量产了首批铜工艺芯片。

铜的电阻比铝小，可以减少芯片的电量损耗。相对铝工艺来说，铜工艺是一项耗电量要少得多的工艺技术。有了它，才有了移动智能电子技术十多年来突飞猛进的发展，让今日的世界及每个人的生活都发生了很大的变化。低耗电技术的应用范围非常广泛，包括手机、无线通信、平板电脑、蓝牙装置、各种便携式的消费电子产品及游戏机产品等。台积电自从推出世界上第一项低耗电的 0.18 微米铜工艺技术，每隔两年就推出下一代的低耗电工艺技术，在低耗电工艺领域保持领先地位。时至今日，台积电已拥有业界最完备的超低耗电技术平台。

## 0.13 微米铜工艺改造了台积电

台积电再接再厉，率先将阿斯麦的 193 纳米步进扫描光刻机引入中国台湾，用于 0.13 微米铜工艺的研发。2001 年，台积电成为唯一能够为客户量产 0.13 微米芯片的专业晶圆代工厂。到 2001 年年底，台积电已经可以用 0.13 微米铜工艺为客户顺利生产微处理器、网络处理器、多媒体处理器和手机处理器等 33 款芯片产品，同时，另有超过 60 款产品正在进行流片。更具重要意义的是，台积电还成功验证了 0.13 微米铜工艺用于 12 英寸晶圆生产线的可行性。0.13 微米铜工艺之后更先进的工艺，都必须用 12 英寸晶圆生产线生产。

而联华电子在放弃自主开发并买下 IBM 的技术后，对许多细节理解得不是很透彻，在实际生产过程中遇到很多难以解决的问题，需要自己慢慢摸索，成品率一直很低，迟迟无法进入量产阶段。联华电子在 2000 年 5 月就试产出了第一颗采用 0.13 微米工艺的芯片，但该工艺到 2002 年仅贡献了 2% 的营收，直到 2003 年才实现完整的逻辑工艺的量产。而这一年，0.13 微米铜工艺已为台积电贡献了 343 亿元新台币的营收，占台积电全年营收的 17%。联华电子的技术落伍甚至影响到了它与超威的战略合作。超威原本打算和联华电子共同开发先进半导体制造工艺，还要与其合资 30 亿美元在新加坡建立 12 英寸晶圆代工厂，如今悉数告吹。超威转而与 IBM 签署了一份类似的技术合作协议。

自台积电成立以来，其工艺技术一直不如全球半导体产业领先大厂的水准。从 0.13 微米铜工艺开始，台积电的研发已与全球半导体产业一流大厂并驾齐驱。0.13 微米铜工艺是台积电在芯片工艺的发展上首次超越国际半导体技术蓝图，而且领先了整整一年。台积电还将 0.13 微米铜工艺授权给了美国国家半导体有限公司，有效期 10 年，这是专业晶圆代工厂首度对 IDM 厂进行技术授权，一举改写多年来专业晶圆代工厂技术对外依赖的状况，从而证明台积电的技术实力已获得半导体业界的高度肯定。2001 年，台积电承办并主持了首次于中国台湾举行的国际半导体制造技术战略联盟（SEMATECH）委员会议，这彰显了台积电在专业晶圆代工产业中的领导地位。SEMATECH 最初由美国国防部高级研究计划局牵头成立，后来发展成为国际性的半导体技术研发平台。

来自客户的意见或许更有说服力。仅英伟达一个客户在 2001 年就给台积电贡献了 218 亿元新台币的营收，同比增长了一倍有余，这也让英伟达成为继飞利浦之后第二个能够给台积电贡献 10% 以上营收的大客户。从此以后，英伟达连续 10 年都是台积电排名第一或第二的大客户，对台积电的营收贡献最多时达到了 20%。黄仁勋就此评论说："0.13 微米铜工艺改造了台积电。"

在此之前，台积电与联华电子这两家公司的体量和技术实力差距很小，联华电子采取跟随战略，紧紧咬住台积电不放。经过 0.13 微米铜工艺一役，台积电开始将联华电子、特许半导体等公司远远甩在后头。台积电的毛利率、净利率逐年大幅上升，这显示了它在技术领先的基础上不断增强的产品议价能力和盈利能力。从图 5-1 所示的台积电与联华电子历年毛利率比较中可以明显看出，自联华电子转型做专业晶圆代工后，台积电的毛利率被挤压得一路走低，到 2001 年探到谷底。在有些年份联华电子的毛利率还要高过台积电，双方的竞争呈胶着状态。自 2001 年开始，台积电的毛利率开始爬升，联华电子一下子落后台积电一大截，而且差距有拉大的趋势。1994—2021 年，台积电和联华电子的平均毛利率分别为 48% 和 23%。

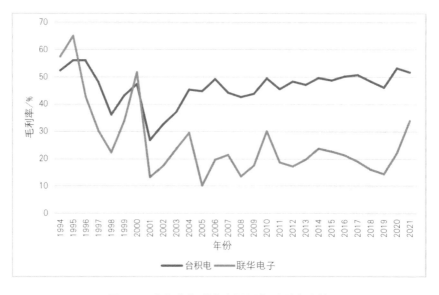

图5-1　台积电与联华电子历年毛利率比较

从台积电和联华电子历年营收的比较中也可以看到，2000 年以后，台积电渐行渐远，让联华电子难以望其项背了。如图 5-2 所示为联华电子营收相当于台积电营收的历年百分比。

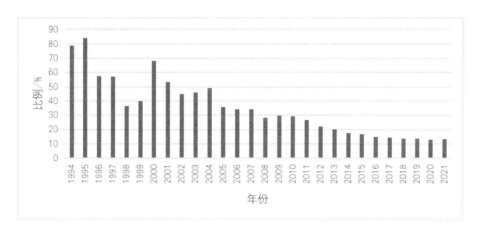

**图5-2　联华电子营收相当于台积电营收的历年百分比**

2001 年，全球互联网泡沫破灭，大多数半导体企业的业绩都直线滑落，台积电却凭借 0.13 微米铜工艺不但支撑住了业绩，还大幅提升了市场占有率。尝到技术领先甜头的台积电不仅在行业萧条期没有减少研发投入，反而在研发投入上实现同比大增 47%。研发投入达到 106 亿元新台币，占营收的比例也上升到了前所未有的 8.5%。

利用发达国家在全球互联网泡沫破灭后大量裁员的机会，台积电再次大量招纳高端人才，其研发人数增长超过 25%，而且人才的技术资历也有很大提高。台积电首创了台湾地区的第一个首席技术官（CTO）办公室，将胡正明教授聘为首任 CTO，致力于将芯片进一步微型化的长期研发项目，挑战摩尔定律的极限。胡正明也被誉为台湾地区"第一技术官"。胡正明于 1968 年从台湾大学电机系毕业，随后赴加州大学伯克利分校留学，先后获得硕士、博士学位，1997 年当选为美国国家工程院院士。除了胡正明，台积电挖来的人才还有余德瀚、胡正大和金联舫等。他们不仅有美国著名大学的博士学位，还有在跨国公司或研究机构的高层职位上历练过的漂亮履历。

2001年是台积电技术研发空前大发展的一年。台积电研发团队的下一个重大战果，要数浸没式（也称浸润式、浸入式）光刻技术的发明。

## ⊞ "虽千万人，吾往矣"

林本坚的父母原本居住在中国香港，在抗日战争时期逃难到相对安全的越南，林本坚便出生在那里。在越南，一方面他接受了中式教育，另一方面其曾是一所英文学校校长的父亲，为他学习英文打下了扎实基础。从台湾大学电机系毕业后，林本坚赴俄亥俄州立大学深造。在电机工程学系攻读博士学位时，他的论文涉及的都是与光有关的技术。毕业后，林本坚最想进入柯达工作，但投去的简历都没有回音，最后误打误撞去了IBM。让他没想到的是，他在光学方面受到的训练完全可以用在半导体成像技术上，林本坚就此进入半导体领域继续研究与光有关的技术。林本坚在IBM一干就是22年。1975年，林本坚研究出了当时光刻技术中波长最短的光线，并把它命名为"深紫外线"（DUV）。DUV后来成为光刻显影技术所使用的主流光线之一。[①]

在光刻技术上，除了传统的光学光刻，还有电子束光刻、X光光刻等路线。电子束是代表亚微米（0.8 ~ 0.35微米）光刻的比较成熟的技术。X光的波长在0.001 ~ 10纳米，显示出其具有可以不断提高分辨率及降低成本的潜在能力。当时在IBM的光刻技术会议上，研发X光光刻技术的十多个人被安排坐在会议桌的一边，做传统光学光刻技术的林本坚一个人被安排坐在另一边。够前沿、够酷炫的X光光刻技术在IBM是主流，至于传统光学光刻技术，林本坚被告知"这个别人也在做，我们不做别人在做的"。林本坚早在1987年就提出了湿式光刻的想法，他想申请的经费只有X光光刻技术的1/10，但没有获得批准。[②]

有一天，X光光刻技术取得一项重大进展，林本坚的上司发给每人一

① 可参考谢志峰、陈大明于2018年著的《芯事——一本书读懂芯片产业》一书，具体可见第40页。

② 可参考澎湃新闻上发表的《未来科学大奖得主林本坚：喊停一艘"航母"的芯片大师》一文。

件 T 恤衫，上书"X ray works"（X 光有用）以资庆贺。林本坚竟在后面加了 3 个词，将其改成："X ray works—for the dentists"（X 光有用，对牙医而言），还用磁铁挂在办公桌后面的文件柜上，以昭告所有路过的同事。时间证明真理往往掌握在少数人手里：传统光学光刻技术到现在仍然有强大的生命力，而 X 光光刻技术则至今仍未商用。

1992 年，50 岁的林本坚从 IBM 辞职并自主创业。2000 年，林本坚接受蒋尚义的邀请回到中国台湾，担任台积电纳米制像技术发展处处长，负责光刻技术的研发。林本坚遇到了一个全行业的难题：当光刻机的光源波长缩减到 ArF 准分子激光的 193 纳米的时候，如果按照原有的光学光刻技术路线再往前推进，也只能再缩减到 F2 准分子激光的 157 纳米，缩减比例很小，达不到摩尔定律的要求。尼康和硅谷集团主张在前一代技术的基础上，采用 157 纳米的激光，走稳健路线。林本坚则提出了一个他早就在构想的疯狂方案：利用水来降低光的波长！

有一点物理常识的人都知道，光线照到水中会发生折射。那么，如果在光刻机的透镜和晶圆之间加一层薄薄的 1 毫米厚的水，而水对 193 纳米激光的折射率是 1.44，那么不就可以得到波长为 193/1.44=134 纳米的光线了吗？这种方法不仅可以以低成本直接越过 157 纳米的天堑，还可以给光刻精度的进一步提高指明长远的方向。

不过，林本坚的思路遭到众多半导体大厂的普遍反对，甚至引来敌意。一方面，大家都觉得，这么高、精、尖的一个问题，全球半导体产业精英花了这么多年都没解决，今天你告诉我加点儿水就能把它解决？在如此精密的机器中加水，且不说性能可否达标，万一出现污染怎么办？水遇热膨胀改变折射率的问题怎么解决？水中的气泡会不会对光波产生影响？另一方面，还有个没法说出口的反对理由：这些大厂普遍都已经在研发 157 纳米光刻机上投入巨资，金额高达 10 亿美元之多，如果技术大转弯，不就等于宣告这些研发费用都血本无归了吗？可以想象林本坚承受的压力之重。林本坚一边带领团队完成相关论文并发表到国际期刊上，并且一一解答外界的疑虑，一边拿着这个"浸没式微影"的方案，跑遍美国、德国、日本等半导体产业大国，游说各家半导体巨头。结果林本坚走到哪里都吃了闭门羹，甚至有尼康高层给蒋尚义捎了一句狠话，要蒋尚义管好自己的部下，让林本坚"不要搅局"。

"虽千万人，吾往矣！"林本坚如此形容他那一段改写光刻历史的经历。

## 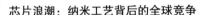 "把摩尔定律推进了七代"

光刻机的一线大厂都不愿与林本坚合作，愿意与他合作的，只有阿斯麦。台积电自成立以来，就一直是阿斯麦最大的客户之一。台积电与阿斯麦的合作并非一帆风顺。比如在 20 世纪 90 年代初，阿斯麦的 PAS 5000 和 PAS 5500 两款机型的镜头透光率快速下降的问题，就给台积电带来过不小的麻烦，而且阿斯麦的光刻机卖得往往比其他公司要贵 25%。但阿斯麦敢于与客户签署"不赚钱不付款"的合同条款：客户只需支付 80% 的货款，余款的支付将取决于客户所取得的业绩。由于阿斯麦的光刻机拥有比竞争对手的产品更高的精度、分辨率和吞吐量，客户可以通过更高的生产率将购置成本快速赚回来，这使得台积电越来越信赖阿斯麦生产的光刻机。

由于传统干式微影技术所需的投入巨大，押注浸没式技术更有可能以小博大、换道超车，当时尚是小角色的阿斯麦决定赌一把。张忠谋和蒋尚义也给了林本坚的浸没式光刻方案很大的支持。台积电于 2003 年成功完成了浸没式光刻技术的可行性验证。阿斯麦与林本坚拼尽全力，仅用一年时间，就研发出首台浸没式光刻设备。2004 年，阿斯麦的浸没式光刻机改进成熟并顺利投入使用。该年 12 月，台积电利用这一设备成功突破 ArF 准分子激光的 193 纳米波长极限，生产出 90 纳米芯片。90 纳米芯片的问世是一个很重要的里程碑，它标志着芯片从微米时代开始步入纳米时代。如果没有浸没式光刻技术，则这一道门槛将很难逾越。

2006 年年初，台积电率先使用浸没式光刻机生产出 12 英寸晶圆，而且晶圆上的缺陷数目仅为个位数，几乎达到零缺陷密度。同年 7 月，台积电用浸没式光刻机成功量产 65 纳米芯片。这一年，台积电的毛利率同比增加了 4 个百分点，上升到 49%，是最近 10 年的最高点。一个有趣的细节是，从 2007 年开始，台积电不再说自己是"最具成本优势的制造者"。

从 90 纳米到 65 纳米是晶圆代工业的又一个重要的转折点。当台积电等专业晶圆代工厂突破了几个关键发展节点后，就从 IDM 厂那里接手了先进工艺芯片的主要制造任务。除了英特尔和三星电子等少数 IDM 大厂，其他的 IDM 大厂，如德州仪器、飞思卡尔和英飞凌等，纷纷放弃了 45 纳米及以下先进工艺芯片的制造，转而也依赖专业晶圆代工厂提供服务。这是继无晶圆厂兴起、无力建 12 英寸生产线的 IDM 厂委托其他厂商代工后的第三波专业晶圆代工高潮。

浸没式方案为光刻精度的提高开辟了康庄大道，摩尔定律再次克服障碍，继续前行。林本坚带领团队乘胜追击，用浸没式方案将光刻精度从 90 纳米一直推进到了 10 纳米。他让全球半导体产业的技术路径跟着他一个人转向，台积电也因此跻身一线大厂，开始主导业界发展。张忠谋称，假如没有林本坚及其团队，"台积电的光刻技术不会有今天这规模"。在自己的新书中，林本坚将"发明并推广浸没式微影，把摩尔定律推进了七代"列为自己在微影领域的八项贡献之一。因为这项技术的成功，林本坚升任台积电的研究发展副总经理，成为"中研院"史上第一个产业界出身的院士，还获得大陆颁发的未来科学大奖，并入选美国国家工程院院士。

笑到最后的还有阿斯麦。2007 年，阿斯麦成功击败尼康，成为全球光刻机市场的新霸主。到了 2009 年，阿斯麦已经占据全球光刻机市场 70% 的份额。美国和韩国的芯片产业也因为用阿斯麦光刻机替代日系产品，而加大了对抗日本芯片产业的优势。尼康光刻机的技术落后要对日本芯片产业的衰退负很大的责任。毫不夸张地说，林本坚和阿斯麦的合作改写了全球半导体产业的格局。在林本坚从台积电退休后，浸没式 193 纳米光刻机通过不断的改进，一直做到了 7 纳米。苹果 A12 和华为麒麟 980 都还在用这一技术，直到 5 纳米才由极紫外（Extreme Ultra-violet，EUV）光刻技术接班。各工艺与光刻技术对应状况如表5-1所示。

表5-1　各工艺与光刻技术对应状况

| 类别 | 工艺 | 晶圆尺寸 | 金属 | 光刻光源 | 光刻技术 |
|---|---|---|---|---|---|
| 2D晶体管 | 0.5微米 | 8英寸 | 铝 | 汞灯 | g-line:436纳米 |
| | 0.35微米 | 8英寸 | 铝 | 汞灯 | i-line:365纳米 |
| | 0.25微米 | 8英寸 | 铝 | 深紫外 | KrF:248纳米（步进） |
| | 0.18微米 | 8英寸 | 铝/铜 | 深紫外 | KrF:248纳米（步进&扫描） |
| | 0.13微米 | 8/12英寸 | 铝/铜 | 深紫外 | ArF:193纳米 |
| | 90纳米 | 8/12英寸 | 铝/铜 | 深紫外 | ArF+浸没:193纳米（等效134纳米） |
| | 65/55纳米 | 8/12英寸 | 铜 | 深紫外 | ArF+浸没:193纳米（等效134纳米） |
| | 45/40纳米 | 12英寸 | 铜 | 深紫外 | ArF+浸没:193纳米（等效134纳米） |
| | 28纳米 | 12英寸 | 铜 | 深紫外 | ArF+浸没:193纳米（等效134纳米） |
| | 22/20纳米 | 12英寸 | 铜 | 深紫外 | ArF+浸没:193纳米（等效134纳米） |
| 3D晶体管 | 16/14纳米 | 12英寸 | 铜 | 深紫外 | ArF+浸没:193纳米（等效134纳米） |
| | 10纳米 | 12英寸 | 铜 | 深紫外 | ArF+浸没:193纳米（等效134纳米） |
| | 7纳米 | 12英寸 | 铜 | 极紫外/深紫外 | EUV:13.5纳米/ArF+浸没:193纳米（等效134纳米） |
| | 5纳米 | 12英寸 | 铜 | 极紫外 | EUV:13.5纳米 |
| | 3纳米 | 12英寸 | 铜 | 极紫外 | EUV:13.5纳米 |

## 台积电的"最大盟友"

台积电不仅自己大搞创新，还打造开放创新平台，支持行业上游的合作伙伴，与其联合起来开展创新。

1998 年，台积电与半导体知识产权公司进行战略联盟，开发出 0.25 微米的标准电路元件库，给客户提供更快速、更广泛、更优质的设计支持服务，以满足市场需求，加速推出 SoC 芯片。此后，台积电每推出一种新工艺，都会与主要知识产权公司及设计工程服务公司合作，为客户开发相应的标准电路元件库。

2000 年年中，台积电开创了设计服务联盟（Design Service Alliance），联盟成员不仅有知识产权公司，还有电子设计自动化（EDA）领导厂商和芯片设计工程服务业者。该联盟可为客户提供经台积电验证过的有合规知识产权的设计参考流程和多种设计工具，让客户设计出来的芯片易于配合台积电的工艺生产。

应该说，在早期阶段，台积电吸纳的这些联盟成员还不够多，也不够好，直到英国安谋（ARM）公司的加入，联盟才算有了较大的影响力。

安谋的 ARM 架构走的是 RISC 技术路线。计算机的指令系统主要遵循"复杂指令集计算机"（CISC）和"精简指令集计算机"（RISC）两条技术路线。英特尔是 CISC 技术路线的主要代表，性能强大的 CISC 在计算机、工作站和服务器领域占据绝对统治地位。拥有低功耗优势的 RISC 则在移动领域找到了生存的空间，安谋也就成为 RISC 阵营的主要代表。

由于自身实力弱小，安谋被迫踏上了一条新路：自己不生产芯片，甚至不设计芯片，只将芯片架构的知识产权内核授权给其他公司。无意中，安谋建构起一种与英特尔截然不同的生态系统。安谋只供应芯片架构，其他无晶圆厂可以在 ARM 架构的基础上设计适用于特定用途的 ASIC，且有很大的发挥空间。而英特尔则自己在 X86 架构芯片上添加尽可能多的功能，给生态系统合作伙伴留下的增值空间较小。在电脑和服务器市场上，联想、惠普和戴尔这些 X86 架构的合作伙伴其实都没赚到多少钱，但在智能手机市场上，基于 ARM 架构的高通、联发科、华为、三星电子、苹果都发了大财。如果说英特尔是一枝独秀，安谋则是百花齐放。所以，只要可以选择，谁都想摆脱 X86 架构改投 ARM 阵营。

安谋的商业模式取得了巨大的成功，ARM 架构在移动市场上取得绝对优势，仅智能手机的销量就能达到电脑的销量的 10 倍，更不要说还有平板电脑、笔记本电脑和穿戴式设备。主要的手机 SoC 芯片设计公司都没有自己的晶圆代工厂，这就给了晶圆代工行业广阔的生存空间。2001 年，台积电开始和安谋合作，发展出制造超省电处理器的能力，这才紧紧抓住了手机SoC芯片兴起的商机。安谋被张忠谋称为台积电的最大盟友和芯片设计方。

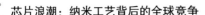

安谋与台积电共同完成了芯片产业的一次革命。安谋通过改进指令集提高架构运算效率，台积电通过微缩工艺增强运算能力，两者分别完成了芯片上端的架构设计和下端的芯片制造，中端的无数无晶圆厂，则可以在 ARM 架构的基础上轻松完成芯片设计，之后再由台积电之类的晶圆代工厂完成芯片生产。移动智能产品的"IP 授权 +Fabless 设计 +Foundry 制造"模式就此形成，从苹果、华为到小米等，目前市场上的几乎所有智能手机品牌都是这一模式的受益者。到现在，安谋占据了 95% 智能手机和平板电脑的架构设计市场份额，台积电则占据了全球一半的晶圆代工市场份额，两家公司又形成了一个继 Wintel 联盟之后新的垄断格局。安谋和台积电都诞生在小小的岛屿上，这似乎不是巧合。正是因为缺乏广阔腹地市场的支持，这两家企业才被迫走上专业分工的道路，在全球范围内寻求订单，由小公司成长为国际性的大企业。

是否能够给无晶圆厂提供晶圆代工厂验证过的可直接利用的现货产品，已成为类似安谋这样的知识产权公司相互竞争的焦点和获得成功的关键。而且，与晶圆代工厂的合作还能给知识产权公司带来其他益处，比如可以借助晶圆代工厂的检测措施来获得准确的知识产权使用报告，从晶圆代工厂获得发货信息以及时向无晶圆厂收取知识产权使用费用。晶圆代工厂通过与知识产权公司合作来获得丰富的知识产权资源，也成为其吸引无晶圆厂前来"投片"（投产）的主要因素。

## 打造开放创新平台

随着芯片产业向 SoC 方向发展，无晶圆厂对知识产权的需求剧增，但知识产权的获得却越来越难，一些拥有丰富知识产权的 IDM 大厂并不希望将知识产权授权出去。另外，当芯片工艺发展到 65 纳米的时候，半导体技术的工艺复杂性和设计复杂性呈爆炸式增长，在制造工艺、电子设计自动化、知识产权和芯片设计方法之间复杂而细微的相互作用下，对无数成员分工合作才能实现的供应链进行协调，变得非常具有挑战性。

SoC 的出现是芯片发展史上的一个重大变革。SoC 的兴起直接冲击到芯片设计流程的整体模式。芯片设计由原本循序渐进的方式，转变为在设计的前期即需要将设计工作与中段的布局验证、后段的封装测试放在一起考量，并且还要考虑软件和硬件的协同发展。晶圆代工厂不能再局限于产业链中的制造环节，而是要参与芯片的前期设计和后期封装测试环节，由 OEM 演变成为 ODM（原始设计制造商）。

台积电还就未来 5 年要发展的技术与客户保持密切沟通，让客户知道自己设计的产品将能从台积电得到哪些技术上的配合。为什么是 5 年呢？因为张忠谋认为，在科技界，不能不为将来着想，但是也不能为太远的未来打算。为太远的未来打算，往往是徒劳无功的，会白花很多钱、很多精力。对于所谓前瞻性，台积电顶多只考虑未来 5 年。台积电还意识到，生态系统中各个成员之间的信息沟通成本越来越高，需要一种方式将各个成员更紧密地结合在一起，以促进更好的协作。

2008 年，张忠谋在 VLSI 国际学术会议上首度提出"开放创新平台"（Open Innovation Platform，OIP）的概念。台积电打算融合与芯片设计相关的所有业务，为客户提供全套芯片设计工程服务，以协助客户加快产品上市进度，提高首次投片即成功的概率，降低芯片开发成本。台积电会先公布相关知识产权标准，知识产权公司根据标准的要求提交知识产权方案，台积电审核通过后将其公布在开放平台上，之后无晶圆厂就可以根据自身需求采用相应的知识产权方案，最终再找台积电代工。OIP 是一个完整的芯片开发生态系统，这个台积电所构建的合作平台，可以加速供应链各个环节的创新，给各生态系统成员带来更多的帮助。OIP 强化了台积电的行业领导地位。张忠谋将 OIP 模式称为"foundry2.0"（晶圆代工 2.0）。发展到今天，台积电 OIP 联盟包含 16 个 EDA 伙伴、6 个云端联盟伙伴、46 个硅知识产权伙伴、22 个设计中心联盟伙伴及 8 个价值聚合设计服务伙伴。

张忠谋将 OIP 与苹果倾力打造的产业生态系统相提并论，认为"正如苹果、安卓、亚马逊所代表的移动设备业，半导体业的竞争已不仅是技术上的竞争，而是看谁能建构完整的产业生态系统"。他说："半导

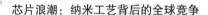

体公司如台积电，在开发符合芯片设计公司需要的先进工艺技术时，必须结合电子设计自动化工具、硅知识产权及后段封装测试服务等，才能真正协助芯片设计公司迅速完成产品设计及量产上市。唯有通过这样一个完整的产业生态系统，才能更有效率地加速整个半导体产业供应链中每个环节的创新，并促使整个产业创造及分享更多的价值。"[1]

为了更好地给客户提供服务，台积电还控股了台湾设计工程服务公司创意电子。创意电子主要提供 CPU 和 ASIC 设计工程服务，同时深入结合台积电的制造和封测业务流程，为客户提供一站式全流程服务。与之相似，联华电子也参股了设计工程服务公司智原，智原可在与联华电子的制造业务密切配合的基础上，为客户提供 SoC 和 ASIC 设计服务。力积电则投资了专注于在存储领域提供设计工程服务的力旺。可以说，专业晶圆代工厂与设计工程服务公司密切合作已经成为趋势，设计工程服务公司成为专业晶圆代工厂对接无晶圆厂的一个窗口。

相比垂直分工模式，IDM 模式的优势在于内部沟通顺畅。在该模式下，芯片的设计、生产、封装、测试都可以得到合理的资源配置，各模块之间的衔接流畅可降低交易成本，有效缩短产品上市时间，进而获得较高的利润率。OIP 其实就是一个虚拟的 IDM 的基础设施，台积电通过发展OIP，将分布在不同公司的芯片生产的所有环节有效地整合到了一起，弥补了与竞争对手的 IDM 模式（芯片生产各环节之间沟通成本低）的差距。OIP 将台积电由"虚拟晶圆代工厂"变成了"虚拟 IDM 厂"，台积电借助 OIP 从单纯的晶圆代工模式过渡到融合方案、应用、场景的平台模式，已具备虽不明言但已成军的 IDM 能力，为台积电未来能够与英特尔和三星电子这样的 IDM 厂竞争做好了准备。

## ⚙ 与 IBM 的共通平台对峙

在台积电的 OIP 之前，业内其实已有一个与之相似的平台，那就是

---

IBM 主导的共通平台（Common Platform，CP）。CP 联盟的成员包括特许半导体、英飞凌和三星电子等，格罗方德和联华电子后来也相继加入。各企业的联合开发团队先在 IBM 的纽约菲什基尔工厂中完成先进工艺的开发，然后再转移至各企业自己的工厂中进行生产。客户可以按照通用的流程进行芯片设计，并可以在这几家企业中任选一家进行制造。这种易移植的平台式设计既方便了客户，也降低了研发成本，提高了平台中晶圆代工企业的竞争力。

台积电敢于自立门户，意味着它相信自己的技术实力已经可以与 IBM 相抗衡。事实上，在 0.13 微米铜工艺一役后，台积电也不得不与 IBM 分道扬镳了。晶圆代工行业从此形成了 OIP 和 CP 两大平台对峙的局面。

IBM 并不满足于只给行业提供技术授权，它还亲自下场做晶圆代工。由于 IBM 在与英特尔的竞争中节节败退，从个人电脑、工作站到服务器的 CPU 市场个个失陷，所以其内部订单不足、产能过剩。因此，IBM 成为最热衷于做晶圆代工的 IDM 厂。IBM 的技术被认为"绝对是最好的"，外加充沛的知识产权，使其拥有包括高通、索尼和超威在内的一批优质客户。不过，IBM 的代工价格太昂贵，对外提供的服务也不具弹性，所以只能吸引少数高端客户。

凭借在铜工艺技术方面的领先地位，IBM 竟史无前例地从中国台湾专业晶圆代工厂手中掠走了赛灵思、英伟达等客户的一批订单。联华电子的 0.13 微米铜工艺的成品率迟迟提不上去，IBM 正好利用这个时间差抢联华电子的客户。不拥有自主技术，就只能任人欺负。

而台积电的所有工艺技术都是自行研发的，工艺参数数据库完整，工厂自己就明白这些工艺是怎么回事，出了问题容易调整。不像其他专业晶圆代工厂，因为有部分工艺技术是来自授权的，有很多细节不明白，往往要花很长时间慢慢摸索才能将技术完全消化吸收。所以，台积电的工艺在投产后成品率拉升快，平均成品率高而且稳定，加上生产流程智能化和自动化程度高，以及工厂布局紧密带来的人力调度、相互支持便利，共同促使台积电的交货能力非常强。虽然台积电的报价比竞争对手高，但综合算下来，实际价差往往并不大。

2003 年，IBM 的晶圆代工业务的营收跃居全球第三位，仅次于台积电和联华电子。考虑到台积电和联华电子分别占全球晶圆代工产能的 41% 和 25%，IBM 仅占 2%（来自摩根大通数据），IBM 能有这样的业绩是相当惊人的。但 IBM 对晶圆代工厂的新增投资不足，先进工艺的产能上不去，对中国台湾地区的晶圆代工业冲击有限。比如，赛灵思一般会让 IBM 先吃"头口水"，等产品发展成熟后，再移去联华电子生产。反正联华电子跟随的是 IBM 的技术路线，其技术和 IBM 是相通的。随着对铜制程工艺技术的垄断优势逐步消失，IBM 的晶圆代工业务也开始走下坡路了。

# 第六章　甩开同业友商

## ⚙ "开辟大陆战场"

联华电子号称最擅结盟的公司，在技术和市场上，其左手挽着 IBM，右手拉住日立。结果，联华电子既没能及时吃透 IBM 的 0.13 微米铜工艺技术，又被日立在市场上拖了后腿。联华电子和日立的合资厂仅有日立这一个大客户，每月生产不过 7000 片晶圆，很难盈利。受互联网泡沫破灭的冲击，联华电子来自日本的营收减半，而且看不到复苏的希望。联华电子不得不重新审视在日本建厂的必要性。2002 年 4 月，联华电子以28 亿元新台币的价格将自己所持有的股份卖给日立，账面收益 14 亿元新台币，差不多可补上前两年的亏损，算是全身而退。剩下的联日成为日本唯一的专业晶圆代工厂。因为日本的消费电子产品在走向没落，没有发展起独立的芯片设计产业，主要做内存的 IDM 厂又大都走向衰退，所以联日在日本也没能拿到足够多的订单，发展得并不好。应该说，在日本大规模投资晶圆代工厂，是联华电子的一个战略决策失误。

台积电一骑绝尘，联华电子望尘莫及，但嘴上仍然不服。在 2002 年第三季度的对法人投资机构的业绩说明会（简称法说会）上，联华电子

不时地引用数据，想证明联华电子的产能利用率及研发费用率高于台积电，但这无法掩盖联华电子已经在技术上落后于台积电的事实。面对落后局面，使其想到前往海峡对岸投资。联华电子放出豪言："与台积电一较高下的战场，非大陆莫属。"

台湾晶圆代工厂来大陆投资是大势所趋。专业晶圆代工模式已经十分成熟，行业进入门槛大大降低。从中国大陆的中芯国际、宏力、华虹、贝岭，以色列的高塔半导体（Tower Semi），马来西亚的第一硅（1st Silicon）和硅佳（Silterra），到韩国的东部高科（DB HiTEK），全球涌现了一批专业晶圆代工厂。晶圆代工厂的特点是机器和厂房等固定资产投入非常高，原辅料和人工等变动成本相对较低，只要机器开动，即使账面亏损，也会有正向现金流，能够维持工厂运转。所以，这些新入场者为了跑满产能，以低价争夺市场势所难免。台湾的晶圆代工厂不能不早做打算，通过在大陆建厂来降低人力和土地成本，提高竞争力。当时，大陆的芯片设计能力和世界最先进水平还有差距，发展尚未成熟，晶圆代工市场规模比较小，远不能和拥有全球60%份额的北美市场相比。不过，大陆已有400家无晶圆厂，半导体市场正以每年20%左右的速度在持续增长，潜力很大。在大陆生产芯片的增值税低于芯片进口的增值税。

在"产业西进"方面，联华电子提出"大陆与台湾互补论"，认为把台湾的创业精神、国际化经营理念与大陆的基建效率及劳动力成本优势结合在一起，通过两岸的这种真诚合作，必能主导全球中、低阶层科技产品的生产，最后在国际市场上将到处可见"Made in China"（中国制造）。张忠谋在海南博鳌论坛上也曾发表过相似的观点："谁控制产业标准，谁就主导市场，大陆市场够庞大，大到足以制定产业标准，因此，若两岸共同制定产业标准，再运用台湾的技术与国际化经验，就可以发动一场扭转台湾IC产业命运的产业革命。"富士康等台湾企业在大陆大展宏图的效果让人眼馋，可以这么说，台湾实在太小了，台湾企业不来大陆投资就很难做成世界级的大企业。

联华电子很早就在大陆投资了，早期以投资芯片设计公司为主，包括深圳的联阳、上海的联咏研发中心及中颖科技等。2001 年 4 月，有传闻说联华电子要与上海贝岭合作，在张江建立 8 英寸晶圆代工厂。11 月，联华电子正式与无锡的上华半导体达成合作协议，在苏州工业园区建立一家名为"和舰科技"的 8 英寸晶圆代工厂。该厂总投资 12 亿美元，月产能可达 8 万片晶圆，这是联华电子在全球最大的 8 英寸晶圆代工厂。

在大陆的这项规模巨大的投资上，联华电子的做法是"明修栈道，暗度陈仓"。苏州的这家工厂由联华电子亲自选址和管理，联华电子却没有以自己的名义投资，而是通过一家名为"和舰集团"的香港公司来间接进行控制。"联华电子找了一个委托人提前来大陆帮他们盖厂房，这样做没有什么'把柄'好抓。"联华电子在和舰项目上一分钱也没有投，这样就回避了敏感的现金投资问题。

与中芯国际和宏力半导体由台湾老板亲自上阵的作风迥异，此次联华电子北上大陆主要是以提供经营"援助"为名的。联华电子的算盘打得很精：用生产设备作价，向对方保证联华电子将在生产技术及客户市场方面提供充分支持，以掌握晶圆代工厂的经营主导权，同时要求有股份认购选择权，以方便未来能够参股。如果在这段合作期内，晶圆代工厂经营不顺利，或是寻觅到更好的合资对象，联华电子想要改弦更张也相当方便。这对联华电子而言，实在是一笔低风险的好交易。日后联华电子与福建晋华的合作基本上也采用这个模式。

### ⬢ "什么时候能到大陆建厂？"

联华电子来大陆建厂的动作很快，张汝京却比他更快。卖掉世大后，张汝京把全部股权收益分批捐给慈善机构，"一分钱也没有从台湾带走"[①]，然后即北上大陆，到上海筹办中芯国际。建厂需要大量的工程师，

---

① 相关内容可参考刁明芳于 2001 年在《东方企业家》上发表的《揭开中芯人才迷思—张汝京领导打造 8 英寸芯片厂》一文。

张汝京从世大带走了一批老部下，还从台积电挖走了100多名工程师。张忠谋曾经公开抱怨："台湾的人快要走完了。"不快之情溢于言表。当时台积电的员工有1万多名，张忠谋的抱怨不无夸张之处。台积电给员工的薪酬福利很好，张汝京不过凭一个新创企业，居然能挖走如此多的人才，可见其人格魅力之大。比如美光领导研发部门的资深院士李若加，张汝京在初次见面时有些寒酸，问他要吃蛋炒饭还是牛肉面，"但是在公司采买机器设备时，永远舍得花大钱买最好的"。还有英特尔技术总监杨士宁，张汝京的一句话打动了他："现在正是大陆历史转折的关头，应该回来贡献所长。"他们都决定放弃高薪追随张汝京，希望能干出一番事业。中芯国际成立次年，联华电子才来苏州投资和舰科技，再过两年，张忠谋也来到上海松江建厂。台湾晶圆代工领域的三家领军企业都来到长三角集结。

值得一提的是，张汝京能够在大陆创办中芯国际，胡定华也有不小的贡献。当年他推进了与美国无线电公司（RCA）合作的技术引进和人才培训计划，参与筹办了联华电子和台积电两大晶圆代工厂，为中国台湾半导体产业的发展打下了坚实的基础。后来，他离开台湾"工研院"，从科研界跨入创投与产业界，先后投资多家半导体公司。在台湾半导体产业日益壮大的同时，胡定华心系祖国大陆的科技发展，在1995—1998年多次组团访问大陆。随胡定华一同前来的还有"工研院"外籍顾问组组长虞华年博士（IBM前高级工程经理）、杨雄哲教授（哥伦比亚大学电机系前系主任）、杨丁元博士、马启元教授（哈佛大学教授）等爱国的专业人士。他们建言中国应加速发展半导体产业，该建议在被认真听取和讨论后，最终得到国家大力支持。"1999年他们开始寻找执行团队。1999年年底，胡博士、虞博士与王院士（王阳元）几位前辈分别联系我，希望我们的团队能到大陆来共襄盛举。"张汝京因此来到大陆并成功创办中芯国际。

受益于中国市场对手机芯片的大量需求，中芯国际迅速崛起，在投产第二年就拿下了全球第四大专业晶圆代工厂的座次，仅次于台积电、联华电子和特许半导体（来自Gartner的数据）；投产第三年就在纽约和中国香港挂牌上市，并有了年度盈利，震惊业界。台积电对此相当忌惮。在中芯国际宣布其第一个单月达到盈亏平衡后，张忠谋在台积电内部的一次会议上说了一句话："张汝京起来了。"张汝京和张忠谋一样，获得了德州仪器管理方法的真谛。张汝京曾经用三点总结德州仪器的成功之道，那就是"训练与纪律""研发与专注"和"关怀与慈善"，这明显也是台积电的企业文化。中芯国际集美国的管理模式与中国的成本优势于一身，张忠谋深信中芯国际将比联华电子更具竞争威胁。自中芯国际成立以来，台积电"防堵"中芯国际的各种策略都是"最高规格"的。例如，有不少客户就曾接获台积电"明示"——转单到哪里都可以，就是不准转到中芯国际。①

　　有意思的是，张汝京在襁褓中随父母来到台湾，在台湾长大成人，可以说其前半生几乎与大陆无缘，却一心要去大陆发展。张忠谋在大陆成长，其前半生基本与台湾没有关系，后半生却很少踏足大陆，一心扎根台湾。不同的时代记忆或许可以解释两个人选择的不同。年轻时的事件，在张忠谋的记忆里，最主要的就是不断地逃难，张忠谋在写自传回忆往事时，经常不由自主地流下泪来。而大陆给予张汝京的人生记忆却是技术报国。在抗日战争期间，他的父亲张锡纶炼钢，母亲刘佩金研究火药，两人都在重庆的兵工厂工作，一心想着为前线源源不断地输送弹药。而张忠谋的父亲张蔚观离开大陆后，最不能忘怀的，是那幢他用平生所有积蓄在上海买下的大房子。在儿子读大学的时候，他送给儿子的是几张 IBM 的股票。而张锡纶最常问儿子的问题却是：你什么时候能到大陆建厂？

　　张汝京公开违令北上，被台湾当局处以累计 3 次一共 1500 万元新台币的罚款。联华电子是在台湾管制政策尚未开放之际就"绕道投资"的。只有张忠谋拿到了台湾当局的批准。

---

① 　相关内容可参考李波于 2005 年 5 月 10 日在《环球企业家》上发表的《芯片恩仇》一文。

##  台积电上海建厂

张忠谋的动作虽然慢了半拍，但并不表示他对在大陆建厂不重视。事实上，张忠谋一向看好大陆市场。他经常说："不在大陆设厂，就拿不到很多单子。"因为台湾当局对半导体企业来大陆投资的限制很严，张忠谋在记者询问他会不会前往大陆发展时，很圆滑地回答了一个词"eventally"。记者认为是"终将"的意思，张忠谋不承认，他自己解释是"视不同事件（event）而定"的意思。2000 年，张忠谋派遣曾繁城到上海设立办事处，进行投资设厂的先期考察工作。

曾繁城是台积电的元老级人物，也是张忠谋心目中的"最佳战友"。他是台湾成功大学毕业的电机工程博士，每当有人说成功大学的学生水平不行的时候，曾繁城就会拍胸脯说"哥就是成功大学毕业的"。台积电的光罩业务是曾繁城说服张忠谋开展的，这项决策让台积电拥有全球专业晶圆代工产业中最大的自有光罩生产设施，协助台积电的芯片生产达到最优良的品质和最短的交货期。而且，他擅长光罩制作，对台积电在一些芯片制造的关键技术上取得突破发挥了很重要的作用。曾繁城1996 年被派去世界先进公司担任总经理，才干了两年就回台积电担任总经理。蔡力行接替世界先进公司的总经理职位后干得有声有色，回台积电后荣升为总经理。张忠谋就把曾繁城安置到了大陆。

2001 年 9 月中旬，张忠谋秘密到访上海，与贝岭洽谈合作项目。2002 年 5 月初，台积电与上海松江科技园区秘密签订投资意向书，松江科技园区方面赠送 2600 亩（一亩约合 666.67 平方米）土地给台积电建厂，首期 17 亿元人民币建厂投入由松江农业银行贷款支持，上海市政府补贴利息[1]，相当于台积电不需要动用自己的一分钱。

2003 年 2 月，台湾地区主管机关正式批准台积电在上海的投资计划。台积电准备投资 9.8 亿美元（实际投入 45 亿元人民币）在上海松江开建

---

[1] 相关内容可参考王京、袁宏明于 2003 年 1 月 7 日在《今日东方》上发表的《张忠谋台湾突围》一文。

它在大陆的第一座 8 英寸晶圆代工厂，使用的工艺是比台湾落后两三代的 0.35/0.25 微米工艺，设计产能为每月 3.5 万片晶圆。自全球互联网泡沫破裂后，台积电产能严重过剩，至少有 4 万片晶圆的月产能处于闲置状态。尤其是原本属于德碁的晶圆七厂，因建厂时间较早，设备相比其他工厂更加老旧，于是台积电决定将这些旧设备迁往上海 ①。台积电的上海工厂原本计划放在张江，后来高层觉得还是不要和中芯国际靠得太近，就改在了松江。曾繁城担任了台积电上海工厂的董事长。2004 年 10 月，台积电上海工厂开始量产。

台积电上海工厂的产能有限，而且工艺也落后，需要现金开支的成本（未计折旧开支）比中芯国际要高 20% 左右，长期陷于亏损中。联华电子就此对台湾当局的两岸政策进行犀利的抨击："当局表面虽开放管制，允许三座晶圆代工厂赴大陆投资，但这根本是假开放！台积电目前其实是进退两难，因为台积电上海工厂使用的是旧技术，就像是台商去大陆卖水果，摊子上摆的是不新鲜的水果，这样算是开放吗？"联华电子罕见地为台积电说一次话，这是因为联华电子所支持的和舰科技，碰到了更大的麻烦。

## 喧嚣和舰案

2003 年，苏州和舰科技投产。鉴于台湾当局的"大陆政策"，联华电子对于在大陆投资方面的消息在媒体面前一向含糊其词，但业界都已知晓，这其实是一个公开的秘密。毕竟芯片制造都不是小项目，要钱、要人、要技术，动静很大，根本不可能瞒得过去。与联华电子合作的上华半导体，其实也是台湾芯片资本戴着香港企业的"帽子"，曲线来到内地。上华半导体在托管无锡华晶陷入困境的"908 工程"项目时，就已经被台湾当局盯上了，被中华开发公司和上华半导体派驻无锡华晶的张汝京因此被台湾

---

① 台积电2003年财报披露，第二季度有一笔不寻常的13亿元新台币的固定资产和闲置资产损失从时间上推算，台积电应该是先把德碁厂设备报废，然后再发往上海。

当局勒令回台。张汝京为了创办中芯国际，连台湾户口都不要了，台湾当局也拿他没办法，只好选了联华电子这个"出头鸟"来打。

"和舰"，这艘以和平为名的"舰船"，给联华电子带来了大麻烦。2005年农历大年初七，风暴席卷联华电子。中国台湾当局动用120多名调查人员突袭联华电子的办公室，就连联华电子高层管理人员的私人住宅，也遭到多次突击检查。台湾新竹市"地检署"试图搜查出联华电子未经允许"非法投资"和舰科技的证据，还抓捕了回台湾过春节的和舰科技董事长、联华电子前资深员工徐建华。

"和舰案"的关键在于对15%的股权的定性。联华电子曾帮助组建和舰科技，并为其寻找客户出力，但联华电子及高层没有对和舰科技投资，也没有违反台湾当局的任何规定。这15%的股权是和舰科技对联华电子提供技术援助的赠予。检方认为联华电子负责人私自将公司199项专利技术径行移往大陆，这15%的股权属于投资行为，必须先经过中国台湾经济事务主管部门的核准。最后，检方以"非法投资"等理由起诉了宣明智及宏诚创投总经理郑敦谦等3人。在正式起诉前夕，宣明智等人从联华电子辞职，与联华电子断绝一切关系。台湾当局原本拟对3人分别量刑两年、一年十个月、一年两个月。但2007年10月，台湾新竹市地方司法机构裁定宣明智等3人在"和舰案"中无罪。

2008年，随着投资松绑，两岸经济往来形势转好。对台商所谓"违法西进"的裁罚全数被撤销，其中包括徐建华的200万元和张汝京的1500万元新台币罚款。几年后，联华电子获准增持和舰科技近90%的股权，和舰科技名正言顺地成为其子公司，喧嚣多年的"和舰案"也算是画上了一个圆满的句号。

## 🔲 中芯国际的两次被诉

在联华电子受挫于和舰案之后，张汝京亦无奈地离开了中芯国际。台积电连续两次起诉中芯国际侵犯其多项专利及不当使用其商业机密。第一次应诉时，双方以中芯国际6年赔偿1.75亿美元的协商结果和解。

对于第二次被诉，中芯国际内部也相当愤慨，没有同意张汝京与台积电达成的结果较温和的和解协议，而是决定以强硬手段应诉。结果由于种种原因，应诉失败，中芯国际被迫与台积电签订"城下之盟"，不仅要在先前"和解协议"下已支付的 1.35 亿美元之外，再赔偿台积电 2 亿美元，而且要出让 10% 的股份。在官司结束后，张汝京愿意承担责任，从他一手创办且奋斗了 9 年的中芯国际辞去所有职务。张汝京还受离职竞业协议的限制，在一定年限内不能从事与中芯国际有竞争关系的业务。按照张汝京的说法，他离开中芯国际是应台积电的要求："律师告诉我，和解的条件是，对方要我离开半导体产业，而且至少 3 年内不得从事集成电路行业。"[①] 但曾繁城对这一说法予以否认[②]，反正这个和解协议也没有对外公开。

台积电以激烈的手段连续两次起诉中芯国际，是很奇怪的事情。全球半导体企业之间不当使用商业机密的案件其实司空见惯，台积电自己也不时被人起诉。2007 年 9 月，因"专利权侵害及不当使用商业秘密"，美国北加州联邦地方法院裁定台积电应赔付 UniRAM Technology 公司 3050 万美元。为此，台积电在该年的财报中开列了 10 亿元新台币的诉讼损失。台积电也承认："本公司曾不时接获通知，声称本公司之技术、制程、所制造之集成电路设计，或客户使用本公司所制造之半导体产品侵害他人专利或其他知识产权。因为产业的本质，本公司可能会持续接获上述通知或主张。部分争议甚至曾导致诉讼。"[③] 事实上，台积电未来还将遭遇格罗方德的专利侵权控告。台积电被告并不稀罕，与中芯国际的官司不寻常的地方在于，这是目前为止台积电为数不多几次主动起诉其他公司侵权中的一次。

---

① 相关内容可参考卢梦思在澎湃新闻上发表的《专访张汝京 | 从中芯国际到芯恩, 他一直在创业》一文。

② 相关内容可参考《第一财经日报》于 2009 年 12 月 3 日发表的《台积电曾繁城详解中芯城下之盟》一文。

③ 台积电 2008 年度财报第 68 页。

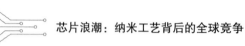

笔者以为，要理解台积电这么做的原因，应考虑到当时特定的环境因素。在台积电收购德碁和世大时，正逢全球互联网泡沫高潮，所以收购估值是偏高的。在收购德碁和世大后，台积电增加了 100 多万片晶圆的年产能，但仅在收购当年达到满产。次年，遇到了互联网泡沫破灭，台积电的产能利用率惨跌至一半，高达 200 万片晶圆的年产能被闲置。台积电的高层正心情郁闷，中芯国际又挖走了不少世大和台积电的员工，并且还给台积电带来不小的竞争压力，自然就引发了台积电的强烈不满。

另外，我们还要关注几个重要的时间节点。2005 年 1 月，中芯国际与台积电的第一次官司达成和解协议；7 月，张忠谋辞去 CEO 的职务，只担任董事长。2006 年 8 月，台积电再次起诉中芯国际。2009 年 6 月，张忠谋重任董事长；11 月，中芯国际与台积电的第二次官司达成和解协议。可以认为，台积电与中芯国际的第二次官司并非张忠谋主导的，相反，他的复出还加速了第二次官司的终结。似乎可以这么揣测：如果张忠谋没有退居二线，那么第二次官司根本就打不起来。因为这着实不像是张忠谋的行事风格。

台积电迫使中芯国际签订"城下之盟"，导致其在大陆给人留下霸道的印象。2010 年年初，台积电欲与武汉市政府合作，拿下武汉新芯。当时武汉新芯的重要客户飞索半导体申请破产保护，加上原托管方中芯国际的运营局面不乐观，因此，武汉市政府原本是有意愿与台积电合作的。而因业内多名权威人士反对这一交易，最终这个项目没能通过审核。

回头再看历史，不能不让人感叹：假如当初是联华电子收购世大，相信大陆的芯片制造业的局面会有所变化。因为联华电子最想做的就是来大陆发展，而且放手让人大干，这样张汝京就没必要离开联华电子自己创办中芯国际，"两张"龙虎斗的局面也就不会上演。而如果拥有张汝京这样的人才，联华电子应该能更好地在大陆开拓市场，也就有不小的把握能够追上台积电了。但是，市场从来没有"如果"。

## ⚙ 退居二线

联华电子和中芯国际这两个对手的创始人都相继退场了，张忠谋也早已在考虑怎样才能顺利交班的问题。台积电人才济济，张忠谋最赏识的无疑是老部下蔡力行。为了蔡力行未来能够稳妥上位，张忠谋煞费苦心地设计了一套新的管理架构。张忠谋自己是董事长兼 CEO，在他下面是平行的两个职务：执行副总（曾繁城）、总经理兼 COO（蔡力行）。张忠谋直管曾繁城、蔡力行、CFO 和 CLO（首席法务官）。曾繁城管研发部、CTO 和 CIO（后来还主管大陆业务）。除上述部门外的生产、销售和人力资源等部门全都由蔡力行管理。此外，曾繁城是董事，蔡力行则不是董事。这样既给了蔡力行实权，又稳定了曾繁城的情绪。不过，这样的架构设计也产生了一点隐患，后来台积电的研发部门与蔡力行之间不太融洽，似乎就是因为研发部门在这平行管理架构中不归他管。

2004 年被台积电认为是"丰收的一年"，其营收与获利都创下了新高。台积电全年营收达 2560 亿元新台币，比 2003 年增长 27%；税后净利达到 923 亿元新台币，比 2003 年增长 95%。台积电的先进工艺技术的发展大大领先于业界，0.13 微米工艺已为客户量产累计超过 100 万片晶圆（8 英寸约当量），90 纳米工艺也在一年内就通过了量产考验，为超过 30 个客户完成制造服务。台积电总共为超过 300 个客户生产了 5000 多款产品的芯片，一家公司就生产了全球 7% 的芯片，其全球芯片产量排名仅次于英特尔、三星电子和海力士[①]。台湾地区的半导体产业也正是在这一年突破 1 万亿元新台币，占台湾地区 GDP 的比重上升到了 9.4%。经过 20 多年的发展，半导体已成为台湾地区电子产业的代名词。

这一年，台积电不仅于上市后首度发放现金股利，更决定未来的股利分派将以现金为主。台积电在自成立以来的 18 年里，除第一年外，其

---

① 即原来的现代内存，2001 年更名为海力士，2012 年又更名为 SK hynix。

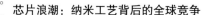

他 17 年都有正现金流入。过去，充沛的现金支持了台积电的高速发展，并且让其能够从容地度过行业萧条期。该年，台积电开始觉得现金多得不知道怎么花，可以用来发股利了。

2005 年 7 月 1 日，已经领导台积电 18 年、年已 74 岁的张忠谋志得意满，决定要开始为退休做准备。张忠谋并不打算一次性交棒，他要学习英特尔的做法。摩尔在把 CEO 的位置交给格鲁夫后，自己继续当董事长；过一阵子在把董事长的位置交出去后，还当了一阵子董事，最后才彻底退休。格鲁夫也是这样分步交棒给贝瑞特的。这样做的好处是：万一交棒没交好，还可以再交，确保交棒不会错得太离谱。张忠谋让总经理蔡力行升任 CEO，自己还担任董事长。老先生罕见地减持了 1011.5 万股台积电股票，到手 5 亿多元新台币，准备好好享受一下即将到来的退休生活。不能不指出的一点是：其实摩尔仅比张忠谋年长两岁，格鲁夫则比张忠谋还年轻 5 岁，摩尔和格鲁夫早就退休了，张忠谋才开始为退休进行谋划。

与此同时，曾繁城也辞去副 CEO 一职，只挂了个副董事长的空衔。在表面上，他的地位仍高于蔡力行。曾繁城也是张忠谋接班人的候选人之一，张忠谋曾夸他"执行力也蛮好"，只是年龄对他不太有利。曾繁城已 61 岁，等张忠谋再"垂帘听政"几年，就差不多到该退休的年龄了。曾繁城仍然是上海公司的董事长，而上海公司已被划到蔡力行的管辖范围，这多少会让他感到尴尬。

退居二线期间，张忠谋其实一点也没闲着。他的首要任务是巩固公司的企业文化。企业文化是一家公司生存和发展的重要基础，只要一家公司建立起优秀的企业文化，公司领导人的更替就不会动摇根本。张忠谋认为："如果一家公司有很好、很健康的企业文化，即使它遭遇挫折，也会很快地再起来；如果没有很稳固的企业文化，一旦遇到同样的挫折，便不会再起来。"德州仪器就是一家有着坚固企业文化的公司，它曾经一蹶不振长达 10 年，但凭借企业文化的力量又慢慢地发展了起来，仍然是全球半导体行业中一家有重要影响力的企业。

一家企业的创始人往往会给企业留下深深的个人烙印，企业文化一定会染上创始人的个性色彩。台积电之前的企业核心价值显得过于简单和空泛，张忠谋亲自进行细化并要求落到实处。比如首要的"诚信正直"，之前的版本是："诚信正直是台积电的根本价值，我们对公司治理的实践，以及对全体员工坚持高度职业道德的要求，都是落实诚信正直的具体表现。"修订并沿用至今的版本则是："诚信正直——这是我们最基本也是最重要的理念。我们说真话；我们不夸张、不作秀；对客户我们不轻易承诺，一旦做出承诺，必定不计代价、全力以赴；对同行我们在合法范围内全力竞争，我们也尊重同行的知识产权；对供应商我们以客观、清廉、公正的态度进行挑选及合作。在公司内部，我们绝不容许贪污，不容许有派系，也不容许有'公司政治'。我们用人的首要条件是品格与才能，绝不是'关系'。"这里比较有意思的是"不容许有派系"，大概是张忠谋意识到台积电存在不服从管理的小派系，所以才提出了这一条规定。

张忠谋对"诚信正直"非常重视，他甚至将其与员工的升迁挂钩。台积电有一个由资深副总组成的委员会，每半年开一次讨论升迁人资格的会议，第一个要考量的因素就是诚信正直。委员会实行一票否决制，只要有一票认为某个被考察的人不符合"诚信正直"，他马上就会出局，委员会不再考虑其他条件。

## ⚙ 完善公司治理

张忠谋着手的另一件重要工作是，如何让飞利浦顺利卖掉其拥有的台积电股份，"消除这个阴霾"。

2001 年，飞利浦新上任的 CEO 杰拉德·柯慈雷面临的首要任务是，让飞利浦摆脱全球互联网泡沫破裂带来的经营危机。要砍掉哪些业务来获取现金呢？在中国台湾工作过 3 年及担任台积电董事的经历让他认识到："与亚洲企业在无差异的电子产品上打价格战是无法取胜的。"另外，半导体业务受经济周期波动的影响太大，最好将其分拆出去单独运作，以免拖累整体业绩。于是，他引领飞利浦走上去电子化、淡出上游制造业的进程，将通信、

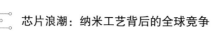

手机、液晶面板等业务出售，将半导体业务分拆到新成立的恩智浦。瘦身后的飞利浦转型为以医疗、照明和时尚优质生活三大业务板块为主。

在这样的经营思路下，飞利浦几次表达了要出售其持有的全部台积电股份的意愿。飞利浦最初出资 4000 万美元，获得台积电 27.5% 的股份，到 2006 年还拥有台积电 16% 的股份（约 42 亿股），估值约为 85 亿美元。张忠谋既要考虑不能让飞利浦释放的巨量股票对台积电的股价造成冲击，又要防止"飞利浦释放的股票落到有心人手上，被用来谋求一席董事"，造成台积电的控股大权旁落。2007 年 3 月 9 日，台积电宣布释放股票方案——飞利浦将分阶段出售其所持有的台积电股份，包括通过发行美国存托凭证的方式出售价值约 25 亿美元的台积电股份，以及在中国台湾证券交易所出售价值达 17.5 亿美元的台积电股票。飞利浦用了一年多的时间，顺利地将手中的台积电股份出清，而且没有对台积电的股价造成大的负面影响。

因为投资晶圆代工厂所需的资金越来越多，风险也越来越高，除了私募基金，很少有哪家民间投资机构能玩得起芯片。于是，全球掀起了一股私募基金收购晶圆代工厂的热潮，飞思卡尔和恩智浦都落到了私募基金的手中。虽然有很多私募基金都有兴趣接手飞利浦释放的股票，并且想绕过张忠谋，直接和飞利浦商洽，但都没有如愿。飞利浦一定会先征询张忠谋的意见，而张忠谋对私募基金一向持警惕态度，担心追求短期利益的私募基金会影响台积电的长期发展，因此拒绝其进入——英雄所见略同，张汝京同样不想引入出手大方的私募基金，由此引发了外资股东的不满，这也成为他被中芯国际驱逐的原因之一。

张忠谋对于资本的进入一向持开放态度，但他只希望财务投资者来接盘，不希望与半导体产业相关的战略投资者进入，也不会允许投资者干涉台积电的企业决策。台积电的第一大股东是持有其 21% 股份的美国花旗银行托管台积电存托凭证的专户（来自台积电 2021 年财报），存托凭证的购买者都是财务投资者，花旗银行也只是协助存托凭证的交易和结算。依据台湾地区有关规定，只要持有台积电已发行股份总数 1% 以上的股东，就可以向台积电提名董事候选人。事实上，除了开发基金，再无第二个股东能够向台积电的董事会派驻董事。张忠谋虽然曾经表示过，可以让紫光集团购买逾 25% 的股份，只是担心紫光集团掏不出 300 亿美元的巨款（这个价格在今天看来实在是太便宜了），但后来又改口说不会给大陆资本董事席位。

一开始由台资占多数股份的台积电，如今却有高达 75% 的股份被岛外机构及岛外人士持有（来自 2021 年财报）。从 20 世纪 80 年代中期开始到 2000 年左右，台湾证券市场用了差不多 20 年逐步完成了彻底对外开放。台湾本地的投资者以自然人为主，他们重视短期利益，喜欢追涨杀跌，频频抛售台积电的股票，连台积电的员工也少有能坚持长期持有台积电股票的。外国投资者以机构居多，注重价值投资和长期持有。时间一长，台积电的大多数股权就落入外国投资者的手中，台积电的大多数分红也被外国投资者拿走。张忠谋也很无奈地感慨："这是台湾资本市场的选择。"他也不乐见这种状况，希望台湾同胞更多投资台积电，并表示："购买台积电，每天都是好时机。"看看今天的台积电市值，相信会有很多人后悔没有听老先生的话，而且很可能过几年后他们会更后悔。理论上，台积电可以通过多发薪水和红利来将利润更多地留在台湾同胞手中。大概是出于对这方面的担心，自 2010 年以来，台积电的股利发放似乎有私下约定似的被固定在 6.7% 的比例上，而且台积电的年报也相当透明地公布董事会、管理层与员工的薪酬总额。

大股东飞利浦退出台积电，二股东开发基金经过多次减持后拥有的股份仅余不足 10%，在台积电只拥有一个董事席位。此时，台积电不再有持股 10% 以上的大股东，成了一家没有老板、被职业经理人所掌控的公司。为了保证董事会能够有效代表广大小股东的利益，张忠谋不断增加独立董事的人数，并于董事会下成立由独立董事掌控的审计委员会及薪酬委员会，这些举措在台湾企业里是没有先例的。到 2007 年年末，台积电的董事会一共有 8 名成员。其中，张忠谋、曾繁城和蔡力行代表管理层，史钦泰代表开发基金，其余 4 人都是独立董事，包括英国皇家工程学院院士、英国电信公司前 CEO 彼得·邦菲爵士，麻省理工学院教授雷斯特·梭罗，宏碁公司董事长施振荣和惠普公司前董事长兼 CEO 卡莉·菲奥利娜。

在张忠谋的心目中，台积电的董事会必须是一个"认真、有能力、独立"的董事会。按照他的理念，董事会的首要责任是监督公司守法、坚持财务透明、即时揭露重要信息、确保没有贪污等。董事会的第二个责任是，评估经营团队的绩效及任免经理人。公司经营层要维持着与董事会之间顺畅、良好的沟通，专心致力于执行董事会的指示与管理业务营运，以为股东创造最高利益。董事会的第三个责任是决议重要事项，如资本支出、转投资、股利分配等。董事会的第四个责任是，指导经营团队。董事会每季度定期听取经营团队的报告，也会花相当多的时间与经营层对话。经营层必须对董事会提拟公司策略，董事会必须评判这些策略成功的可能性，经常检视策略的进展，并且在需要时敦促经营团队进行调整。在家族企业还盛行的台湾，张忠谋率先树立起"独立董事监控 + 职业经理人操盘"的公司治理典范。

## 绿色建筑行动

既然退居二线了，张忠谋就有更多的时间关注企业社会责任与企业持续经营这些问题，以实现让台积电成为一家伟大公司的理想。2006 年，张忠谋在《纽约时报》上看到一则关于德州仪器建设绿色厂房的报道，标题是《绿色建筑是一个即将到来的产业革命》。张忠谋深有感触，遂把这则报道分享给了台积电的高层主管。以此为起点，张忠谋领导台积电开启了绿色愿景工程，朝着建设绿色企业的方向努力。比如，台积电对于新建厂房及办公室的建筑物设计，采用中国台湾"绿色建筑标准"及美国绿色建筑协会的绿色建筑评量系统"能源与环境先导设计"（LEED），力求比传统建筑设计更为节能和对环境更为友好。台积电亦逐步改善现有办公室建筑物，以符合 LEED 标准。以往申请 LEED 绿色建筑认证的都是住宅或办公大楼，而台积电推动 LEED 进入了半导体厂房领域。台积电的经验证明，只要经过良好的规划与设计，仅仅算经济账绿色建筑都是有利可图的。为达到绿色建筑的要求，台积电晶圆十四厂的工程预算仅仅增加了 1%，而每年仅电费支出就能节省 2000 万元新台币，5 年就可将额外的投资收回。[1] 在绿色建筑思维下，台积电对新厂建设做了大量的节能创新。以往锅炉是晶圆代工厂的必备设施，天冷的时候需要用锅炉来将洁净室的温度严格控制在 22℃。台湾地处亚热带，需要给空气升温的时间其实并不多。从晶圆十四厂的第三期厂房开始，台积电大胆地通过采用回收冰水主机废热的方法来替代锅炉供热，不仅一座厂房可省下 5600 万元新台币的锅炉设备费用，每年还可节省 3000 多万度电，相当于又省下 8000 万元新台币的电费。取消锅炉从此成为台积电建厂的标准作业。另外，台积电将原本工艺冷却水要达到的行业标准 9℃更改为 12℃，这样又可节省 300 万元新台币的初始建设成本及每年 960 万度电的耗用。

在经济账之外，绿色建筑在生态上取得的巨大收益是无法用金钱来衡量的，包括员工在自然生态环境中工作效率的提高、工厂对地球环境的污染降到最低、人类文明的可持续发展等。绿色建筑还要求注入人文关怀，思考在建筑与环境之间实现和谐的可持续性，以及对使用者的友好性。台积电新建工厂不再和过去一样讲究人与人之间的行动效率，而是把环境生态的考量比重加大，重视人与自然环境之间的空间效率。在可持续思维下，台积电的几个超大 12 英寸晶圆代工厂皆成为传达人、社会和自然三者能够和谐共存理念的全球绿色园区典范。例如，晶圆十五厂内引种了不少捐赠得来的台湾稀有濒危植物的苗木，置身于内，仿佛来到了一座生态花园——"蝉鸣了，蛙叫了，蛇也来了！"

截至 2021 年，台积电共有 37 座晶圆生产厂房及办公楼获得 LEED 徽章，其中 3 座为白金级、34 座为黄金级，是全球通过 LEED 认证最多的半导体厂商。自从台积电做出表率，与国际绿色建筑认证接轨在中国

---

[1]　相关内容可参考台湾积体电路制造股份有限公司于 2014 年在中央编译出版社出版的《台积电的绿色行动》一书，具体可见第 243 页。

台湾产业界形成潮流，而且这股潮流还从高科技企业蔓延到金融、医院、服务业等其他领域。台积电还推动台湾地区的"建筑研究所"建立了全球第一个绿色厂房评估标准，台湾地区行政管理机构指出要将绿色建筑引入所有产业，并要求"工业局"将绿色工厂纳入规划。

台积电不仅要做到"I green"（我绿），还要做到"We green"（我们绿）。经过长年累积，台积电获得了绿色厂房运作标准化流程，以及废水废气回收、办公室有效节能等绿色知识和技术。只要跟公司核心机密无关，台积电将其全都无私分享给产业界。台积电的员工还自发成立了节能志工社，帮助工厂周边的学校在电力节省、空调节能、电信费用节省、节水和环境安全5个方向上进行改善。2008年，台积电开始推动自己的供应商向绿色供应链的方向发展。除了将节能、碳盘查、废弃物回收、节水、产品碳足迹、绿色产品与有害物质管制规范等各项绿色指标列入供应商考核项目，台积电还给供应商提供免费的培训、辅导和稽核，帮助供应商真正融入绿色供应链并提升自身的绿色竞争力。在每年12月召开的供应链管理论坛上，台积电增加了"整体环保绩效卓越供应商"奖项，表彰在可持续发展领域表现突出或提出前瞻计划的供应商。台积电还联合半导体同行与日月光等数十家供应商共同制定了全球首个环保方面的"集成电路产品类别规则"，并完成了全球首份"半导体环保产品暨碳足迹宣告"。[①]

芯片本身是一个节能产品，而且越是工艺先进的芯片就越节能，但在芯片制造的过程中会产生较多的污染。于是，张忠谋就想进入一些与半导体相关的节能减排产业来平衡一下。而且，张忠谋期望台积电能够将每年的营收增长稳定在10%左右。但晶圆代工业的市场波动性较大，台积电经常达不到这个目标，进行多元化生产似乎是一个让企业能够稳定成长的好方法。LED照明与太阳能这两个新兴而且市场容量较大的项目进入了张忠谋的视线。当时的蔡力行不可能预料到，这两个新项目会由他来亲自管理，并且成为他在台积电职业生涯的最后一站。

---

① 相关内容可参考林静宜、谢锦芳于2014年在中央编译出版社出版的《台积电的绿色力量》一书，具体可见第66、107、212、242、243、252页。

第二篇

老骥伏枥　志在千里

# 第七章　进军手机芯片市场

## 全球金融危机来袭

治理晶圆代工厂如带兵，蔡力行崇尚铁血纪律，设定目标后力求使命必达。蔡力行比张忠谋年轻 21 岁，在上任 CEO 时已跟随张忠谋 16 年，深得张忠谋的赏识，在台积电素有"小张忠谋"之称。张忠谋曾高度评价蔡力行："（蔡力行）能力与经验十分优秀，是台积电公司下一任 CEO 的不二人选。"张忠谋交棒给蔡力行的过程，被台湾科技业视为典范，因为蔡力行是经过刻意轮调训练后所选出的接班人。

蔡力行上任第二年，60 岁的蒋尚义即申请退休，理由是要照顾年迈的父亲。蒋尚义在台积电被称为"蒋爸"，可见其在公司内的德高望重。他还被同事称为"无欲的舵手"，因此他的退休不太可能是由于与蔡力行产生权力冲突，更可能是由于对蔡力行裁减研发费用的做法不认可。在蒋尚义退休的这一年，台积电研发团队的人力增加了 13.5%，研发支出占营收的比例为 4.6%。这两个数字在上一年分别是 21.3% 和 5.1%。张忠谋当然不能把蒋尚义放走，他让蒋尚义出任台积电两大转投资公司采钰科技和精材科技的董事长。精材科技的业务主要是"晶圆级晶方尺寸的封装业务"，在精材科技的历练让蒋尚义对先进封装技术有了更加深刻的理解。

蔡力行做事强硬，做人却颇为低调。他上任 4 年，直到辞职前夕才第一次接受媒体专访。他牢记张忠谋对理想接班人的期许："我喜欢用有团队精神的人，不抢功，不当明星。"退居二线的张忠谋仍然对蔡力行管束很紧，蔡力行一接他的电话就紧张，还经常在晚上被张忠谋喊到家里去汇报工作——张忠谋声称很少干预蔡力行的工作，证据之一就是他很少到公司去。张忠谋被业界公认为"是个标准的美国人，在经营企业方面常冷酷至不近人情，对下属的严厉指责更是叫人难以承受"，蔡力行上任后并不轻松，可谓如履薄冰、战战兢兢。在他的治理下，台积电发展平稳，没有大的波澜。然而，大考终究还是不期而至。

对于全球金融危机，应该说几乎没人有心理准备。全球半导体产业界在 2008 年年初时还相当乐观，预计当年仍会有 4% ~ 6% 的业绩增长。市场容量已增加到 200 亿美元左右的晶圆代工业更加乐观，预计当年将会有约 12% 的增长，增长率至少是半导体产业整体的两倍。2008 年下半年，美国"次贷危机"爆发，引发全球金融风暴。世界经济遭遇重挫，半导体行业亦进入寒冬。

半导体产业受冲击最大的往往是内存厂。内存产品的价格从 2007 年年中就开始下跌，金融危机让内存厂的生存更加艰难。内存是电子行业大量产品都需要用到的一种元件，被视为半导体产业中的大宗商品，需求极为刚性。而生产内存的工厂需要数年的建设和数亿甚至数十亿美元的投资，很难一蹴而就。因此，内存的产能和需求是永远无法平衡的，这使得内存价格走势周期性强，经常大起大落。内存生产的规模效应明显，要求投资规模巨大、产能尽量跑满，才能将成本做到最低，这对企业实力的要求很高。内存市场发展到最后就变成了拼资本的游戏，只有把其他厂家"熬死"才能赚钱。自从世界先进公司转型做专业晶圆代工后，中国台湾的内存厂就不再拥有自主核心技术，都需要花大价钱从日本、美国、德国厂商手里购买技术授权。生产规模较小的台湾内存厂也无法在第一时间拿到先进工艺所需的设备。这种依靠购买技术授权和落后工艺设备来做代工、赚快钱的经营模式，存在很大的隐患。

金融危机之后，中国台湾的内存厂已从高峰时期的 10 多家减少到仅剩 6 家，但数量仍显太多。韩国仅剩三星电子和 SK 海力士两个内存厂，其背后还有韩国政府的大力支持。6 家中国台湾的内存厂都依靠民间资本支撑，加起来的实力也顶不上韩国一家企业的实力，如果面临韩国财阀的重压，则根本不堪一击。因为不可能得到韩国政府那样的大力支持，张忠谋一向不看好内存产业。晶圆代工业主要定制逻辑芯片，产品批次多、差异大、价格竞争压力小，最重要的是没有存货跌价的风险，是一条更适合台湾地区半导体产业的发展道路。

在全球金融危机的冲击下，力晶将旗下的瑞晶出售给美光，自己再次接受世界先进公司注资。茂德将旗下的两家 12 英寸晶圆代工厂都卖掉了，自己转型做芯片设计。老牌内存大厂华邦电子由于不堪亏损重压，干脆也转去做晶圆代工。而台塑的华亚科也被卖给美光，只剩南亚科坚持至今，成为台湾地区唯一自始至终只做内存的工厂。台湾地区一度可与晶圆代工产业并驾齐驱的内存产业基本被"打残"。

在全球金融危机来临之前，台积电已缔造了连续 6 年营收增长的佳绩（提醒读者回忆一下半导体产业 5 年一个景气周期的"张忠谋定律"）。台积电年年增加资本开支，产能从 2002 年的 389 万片晶圆（8 英寸约当量，下同）的低谷扩张到 2007 年的 829 万片晶圆的新高峰，产能利用从半数上升到了满产。台积电对已经扭亏为盈的新加坡合资公司和世界先进公司都进行了增资扩股。台积电还保持了在芯片先进工艺技术方面的领先地位，其 2007 年有 55% 的营收来自 0.13 微米（含）以下工艺，缔造了 90 纳米 12 英寸晶圆累计出货 100 万片的里程碑，还成为全球第一家量产 45 纳米工艺的专业晶圆代工商。台积电在全球专业晶圆代工市场上继续保持接近一半的市场占有率，加上联华电子和世界先进等企业，中国台湾厂商可占据全球专业晶圆代工业 70% 的市场。美国《商业周刊》（*Businessslueek*）这样形容：中国台湾在全球半导体产业的地位无可取代，就如同中东石油在全球经济中的角色一样。

半导体行业发展与全球经济强相关，自然也受到全球金融危机的严

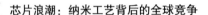

重影响。那么，蔡力行将如何领导台积电应对全球金融危机呢？

## 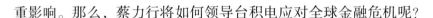 裁员风波

全球半导体产业迅速转入萧条期，联华电子出现了前所未有的 230 亿元新台币的巨亏，其股价最低时跌到每股 6.6 元新台币。台积电亦业绩下滑、产能过剩，股价最低时跌到每股仅 36.4 元新台币，市值不过 300 亿美元。没人知道这场来势汹汹的金融危机会持续多久，毕竟上一次亚洲金融危机影响的只是一些小国，而这次全球经济龙头美国也陷入了麻烦。为了过冬，蔡力行大幅削减台积电 2008 年的资本支出。台积电该年的资本支出仅占营收的 18%，是台积电有史以来资本支出占比最低的一年。此外，他还顺手干了一件大多数职业经理人在这种严峻形势下都会干的事情：裁员。2008 年年底，台积电宣布实施无薪休假政策。2009 年的头两个月，台积电的员工人数净减 870 人，加上 2008 年度台积电净减的 177 人，总共净减 1047 人，占此前员工总数的 4.5%[①]。

突然被蔡力行裁掉的员工根本想不到台积电竟会如此无情，而且是在春节这个对中国人最重要的节日前后下手。台积电的薪酬优越，员工流动率很低。一般来说，台积电高级员工的流失率是 1% ~ 2%，全部员工的总流失率大概是 5%，只有电子制造行业平均离职水平的三分之一。在台积电，工作十几年甚至进来后就不再换工作的老员工比比皆是。

台积电的福利也很好。除了完善的医疗及保险政策，各厂区还提供健身房、门诊中心、员工餐厅、咖啡吧、便利商店、书店、洗衣店、幼儿园及员工宿舍等设施。台积电从来都是台湾刚毕业的大学生找工作的热门之选，员工应聘录取率仅有 10% 左右，甚至有不少大学生来应聘基层操作员岗位。台积电 2008 年的净利不过同比下滑了 8%，仍有 999 亿元新台币之巨，并不差钱，这更让被裁员工们无法接受被裁员的现实。

---

① 台积电财报显示，2007 年 12 月底员工人数为 23020 人，2008 年 12 月底为 22843 人，2009 年 2 月底为 21973 人。

其中一位被裁员工的老父亲给张忠谋写了一封信，恳切请求他不要裁掉自己的儿子。因为这封信，张忠谋询问相关主管，得到的答案是：对方是自愿离职的。可是，如果是自愿离职的，他的父亲又怎么会来信呢？张忠谋又查看这位员工的工作表现，发现这位在台积电已经工作十多年的员工居然曾经被列入前10%被奖励的对象，这么优秀的员工，这次考核怎么会突然被打入最后5%？

张忠谋邀请这位被裁员工与其主管一起恳谈，却发现事实是，去年这位员工的妻子怀孕了，所以他需要多做家务，工作配合度没办法像以前那么高。正好人力资源部门强制要求各部门都得淘汰5%的员工，于是，他就被主管顺手加入了淘汰名单。

5%的淘汰名单，怎么会有这样的事情？张忠谋再次询问管理团队，得到的答案是："只是比较严格地执行了PMD（绩效管理与发展制度）。"过去，台积电每年会依据PMD针对绩效考核最后4%左右的员工进行特别管理，张忠谋以为2008年只是将比例提高到5%。他不知道，在实际执行时是直接要求5%的人离职，没有任何观察缓冲期。①

台积电没有成立过工会，从来没有人觉得台积电有成立工会的必要。没有工会缓冲，被裁员工只能自救。3月底，台积电被裁员工组织自救会，公开指责台积电"假汰换"、真裁员，遣散1000多名休无薪假的员工，却不愿发非自愿离职证明，致使被裁员工无法申请失业补助，也无法延期还房贷。同时这1000多人连2007年的红利和年终奖金也没有得到。这些被裁员工举起白布条抗议。有被裁员工请张忠谋住所的门卫转达信息："董事长不知道公司对我们做了什么事。"

4月初，张忠谋要求董事会秘书方淑华调查。调查报告出炉，张忠谋勃然大怒。他的愤怒在于，这根本是"假PMD之名，行裁员之实"。曾在德州仪器任职期间裁过上千人的张忠谋，并不反对裁员。事实上这也不是台积电第一次裁员。在2001年全球互联网泡沫破灭的时候，台积电营

---

① 相关内容可参考于2009年6月22日发表在《商业周刊》中国台湾版上的《一封信让张忠谋大怒蔡力行10分钟被换掉》一文。

收下滑24%，员工人数净减少967人，占员工总数的6.6%[1]，比例还要高过这一次，但未掀起任何波澜。在《华尔街日报》及《远东经济评论》于该年所举办的"亚洲最佳雇主"选拔中，台积电还成为中国台湾唯一获奖的公司。张忠谋一向主张，如果是裁员，就坦承是裁员，并且真心道歉，提出一套可以说服人的补偿评估方式。而不是像这次，只凭直属主管的既定印象去决定裁员名单。而且，明明是裁员，却说成是PMD的"汰弱留强"，还不给遣散费和离职金。张忠谋一向要求台积电的员工要讲诚信，不只对外，对自己的同事也要有诚信。"没有诚信，所有秩序都会瓦解。"

于是，台积电的人力资源部门宣称将向200多位已经离职的员工寄发非自愿离职证明，并将依照规定发放遣散费，再按离职员工的工龄给予离职金。由于全球经济不景气，即使是台积电的离职员工也很难找到工作，仅有150名离职员工回台积电领取了离职金。

2009年是台积电自成立以来第二个营收负增长的年份，而且负增长的比例（11%）接近联华电子的两倍（6%）。该年第一季度，台积电产能利用率不到40%，毛利率仅有18.9%，险些出现自1990年以来的首次季度亏损，而盈利不过区区15亿元新台币。过去几年，张忠谋两周才来台积电新竹总部一次，如今每周都来两三天。原来只是象征性地在业务大会上露个脸，在这一年4月的一次业务大会上，张忠谋罕见地全程参与，而且"全程盯着骂"，甚至说出"大家皮绷紧一点！这样下去，台积电会完蛋"这样的重话。那天开会的气氛，好像又回到张忠谋掌兵符的时代，大家都"皮皮挫"[2]。[3]

与此同时，裁员事件还在继续恶化，网络上批评台积电不诚信的声浪越来越高。"自救会"曾经"求见"蔡力行，表示如果蔡力行愿意见面，就不会去张忠谋家门外抗议。蔡力行对此不予理睬。于是，让张忠谋尴尬的一幕出现了：台积电被裁员工夜宿在他家门口，还拉起白布条抗议"台积电欺骗员工"。张忠谋一向以诚信自傲，这样的抗议"等于甩了老先

---

① 台积电2001年度财报显示的员工人数，2000年12月底为14636人，2001年12月底为13669人。

② 皮皮挫，闽南语，连皮都在发抖，害怕的意思。

③ 相关内容可参考林宏文、林易萱于2009年6月17日发表在中国台湾《今周刊》上的《张忠谋撤换蔡力行的四个理由》一文，具体可见第652期。

生一巴掌"。

5月20日，张忠谋公开表示：公司在裁员事件中做错了，宣布要聘回全部被裁的员工。6月11日下午3点，台积电所有员工都收到了一封电子邮件，标题是"台积电董事会一致推举张忠谋博士续任董事长"。大多数人一开始还不以为意，打开信件后一片哗然。"Rick（蔡力行英文名）被留校察看了吗？""怎么会这么严重？"原来，张忠谋亲手撤换了蔡力行，自己将董事长及CEO的职责一肩挑，台积电总经理职位暂时空缺。张忠谋本人以后将"每天都要到新竹上班"，而且"任期没有时间表"。

## ⬡ "公司需要反思"

一夜间，原本管理2万名员工的CEO蔡力行，变成LED照明与太阳能事业部门的总经理。该事业部是5月6日新成立的，只有不到10位员工，营业额还是零。不过，蔡力行仍然是台积电的董事，而且在台积电主要经理人的排名中仍仅次于张忠谋，所以，对蔡力行的安排明显有"戴罪立功，以观后效"的意思。张忠谋也声称，这个安排"绝不是降职"。

新事业部门之前由助理赵应诚负责。赵应诚在台积电人称"老赵"，一贯在最艰苦的前线建工厂、打硬仗。作为晶圆六厂的首任厂长，他在一片沼泽地上建成了这座台积电当时最大、最先进的工厂。台积电上海厂也是在他主持下建成的，上海厂连续亏损7年，122亿元新台币的投资亏得只剩30亿元新台币。应该说，张忠谋对上海厂的长期亏损是有思想准备的，但亏损得这么厉害，还是超出了他的想象。赵应诚深受曾繁城的赏识，该站出来的时候当然要站出来承担责任。作为上海厂总经理而且是台积电大陆业务领导人的赵应诚被调回，负责掌管新事业部并直接向蔡力行汇报。如今，张忠谋认为新事业部"重要"到需要由"最优秀的经理人"蔡力行来掌舵，赵应诚遂改为协助蔡力行开展新事业部的工作。

至于LED照明与太阳能项目为什么忽然间被投入重注，似乎也不难理解。全球金融危机带来行业衰退期，台积电2009年的营收还没有2006年的高，这样的报表太难看，不好向股东交代。张忠谋悲观地预期未来10

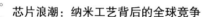

年台积电只有 3% 的年复合增长率（实际上年复合增长率高达 12.4%），最好能有一个快速增长的新业务来平衡一下。LED 照明与太阳能也属于半导体的范畴，与现有的晶圆代工业务有一定的相关性，而且还处在技术开发阶段，市场机会比较大。"我们就赌了"，张忠谋期望这两项新业务的营收在 5 年后能够占到台积电营收的一成。2010 年，台积电分别斥资 1.9 亿和 5000 万美元，获得中国台湾最大的太阳能电池厂茂迪和生产薄膜太阳能电池模块的美国 Stion 公司的各两成股权，同时开始建设自己的 LED 工厂和太阳能电池工厂，真刀真枪地干起来了。

裁员其实不是张忠谋对蔡力行的最大不满。他一向认为："领导人最重要的任务就是想未来、规划未来，董事长应该花 75% 的时间想未来，总经理应该花 50% 的时间想，副总经理应该花 25% 的时间想。领导人应该不断给经理人出问题，逼他们想公司的未来。"蔡力行却是"工作时间中有六成都在跑客户"。他最担忧的地方在于，蔡力行治理下的台积电忙于"头痛医头，脚痛医脚"，没有抬头远望、纵观全局，未能"感测危机与良机"，而"公司需要反思"。蔡力行"做事总会 120% 投入"，执行力很强，但战略视野不足，这让张忠谋感到失望。

在这里，我们暂停一下，试着把自己代入张忠谋的角色，看看他是如何思考未来及采取行动的。台积电如何能够追上英特尔？像英特尔一样毫不吝惜对研发的投入，不惜代价请全球最优秀的人才加盟。台积电如何克服在业务沟通上相比 IDM 厂的劣势？通过 OIP 平台建产业生态，开创虚拟 IDM 厂。电脑之后的下一个大概念是什么？智能手机。未来先进工艺如果走不下去了怎么办？扩张成熟工艺及布局先进封装技术。美国之后的下一个大市场在哪里？中国大陆。台湾地区的人才和水电问题解决不了怎么办？去大陆建厂……通过不断地给自己提以未来为导向的问题，张忠谋得以顺利地引领台积电稳步向前。

我们再来回顾一下蔡力行的主要工作。如何一上台就有好看的报表？裁减研发费用。上海厂持续亏损怎么办？再打一次中芯国际的侵权官司。经营业绩如何提上去？多跑几家客户。碰到不听话的技术天才怎么处理？

不给他单独的办公室。全球金融危机来了怎么应对？暂缓投资需要巨大开支的先进工艺。产能过剩怎么办？裁员5%……这基本上都是埋头做事、过关斩将的思路。蔡力行其实是将他擅长的工厂思维运用到企业的运营管理上。"蔡力行每天就知道强调cost（成本），你要怎样收缩你的支出，你要帮老板想的是怎样以更少的人做更多的事。"[①] 对比张忠谋与蔡力行不同的思维模式，我们就知道蔡力行为什么尚未达到张忠谋心目中理想接班人的标准。

## ⬚ 董事会的疑虑

不管张忠谋是如何考虑的，事实上，外界对张忠谋的"回锅"并不认同。他们普遍对蔡力行表示同情，认为他即使在裁员事件上有疏失，也"罪不至此"，不至于要到被撤职的地步。蔡力行裁掉的都是底层员工。从财报中被裁的870名员工的人力结构分析可以看出：被裁掉的主要是高中生（308人），他们年龄较小、工作年限也较短；蔡力行的大裁员不仅没有让台积电伤筋动骨，相反还优化了台积电的人力结构——台积电有硕士以上学历员工的比例在裁员后增加了0.3%。

绝大多数被蔡力行裁掉的员工都不算是高级人才，三星电子"挖角政策"的失败可以作为反证。金融危机导致美元贬值，韩币与美元挂钩，三星电子得以享受韩币贬值的"红利"，在金融危机期间大肆扩张。为了重点发展晶圆代工业务，三星电子计划来台积电挖走两三百个工程师。三星电子开出的条件是："在台积电10年能赚到的钱，在三星电子3年就能赚到。"三星电子还出动行政专机，载台积电前员工往返于中国台湾和韩国之间。台积电严阵以待，祭出结构性调薪等方案留人，同时直言相劝："不要走，走了，就不要想再回来"。最后三星电子只挖到区

---

① 相关内容可参考来莎莎于2017年10月25日发表在《第一财经日报》上的《台积电创始人张忠谋：半导体行业不能守成》一文。

区二十几个人。也就是说，台积电裁掉的那近 1000 人，都没有被三星电子放在眼里。

不过，话说回来，从台积电后续的发展来看，蔡力行的裁员举措真没有必要。2009 年的财报显示，该年年底台积电的员工总数为 24466 人，与 2 月底相比净增 2493 人，这意味着台积电即使把被裁的上千名员工全部召回，人力还是不够用的，至少还要新招 1000 多人。台积电为什么新招了这么多人？因为在全球半导体产业经历了半年的急速衰退后，强劲复苏随之而来，力道之大前所未见。2010 年，台积电竟然史无前例地继续净增了 8766 名员工！其中很大一部分是为拿下苹果的订单做准备。蔡力行白白辛苦裁员一场，还害得自己丢掉 CEO 的职位。

对于张忠谋的"回锅"，台积电的董事会不是没有疑虑的。强人交班难，是东亚地区企业普遍存在的问题。把企业成败寄托在某个强人身上，企业经营会存在莫大的风险。交班问题不解决，企业就无法真正成熟。

董事们问了两个问题。第一，现在没有新的接班计划就解除蔡力行的职务，谁来接班？张忠谋回答，自己这次回归，绝对不是过渡，会做很多年，一直干到真正退休，让董事会有足够时间选出下一任 CEO。第二，张忠谋已 78 岁高龄，若身体忽然出问题，而新接班人又未选出，该怎么办？张忠谋回答，有副董事长曾繁城做备胎，他也可率领经营团队前行。

为了佐证自己能行，张忠谋总是把乔布斯挂在嘴上。乔布斯创立苹果电脑公司后却被董事会驱逐，离开 12 年后"回锅"，成功推出 iPod 和 iPhone，率领苹果公司华丽转身为移动互联网时代的巨人。但世间只有一个乔布斯，创始人重出江湖救急，更多的是失败案例。

老帅"回锅"，真的能行吗？

##  老帅"回锅"

2009 年 6 月 12 日，也就是张忠谋"回锅"的第二天，海外资本即卖出 4.8 万手台积电股票，创下自上一年度 11 月以来单日卖出手数的纪录。高盛也将台积电移出亚太上市企业股票买进推荐名单。理由很简单：台积电的接班管理出现了问题。

张忠谋肩上承受的压力可想而知。回到 CEO 岗位上后，张忠谋首先要解决 40 纳米工艺的成品率问题。在张忠谋的要求下，负责先进技术事业部的资深副总经理刘德音每天穿上无尘衣在晶圆厂中督军。经过努力，40 纳米工艺的成品率在两个月内就从 30% 攀升到 60%。7 月 31 日，张忠谋在复出后的第一次"法说会"上，特意让刘德音在新竹晶圆厂中通过视频连线回答机构投资者和券商分析师关于 40 纳米工艺研发进度的问题。现场之热烈，让张忠谋不得不提醒众人："This is still my show（这还是我的场子）。"连线结束前张忠谋还对刘德音笑言："赶快回去改善你的生产制程。"刘德音出镜后不久便出任 COO，被外界视为继蔡力行之后的又一潜在接班人。[1]

对于如何经营他的"场子"，张忠谋已有成竹在胸。他非常清楚，半导体行业就是要做"逆周期投资"。台积电就是借全球互联网泡沫破灭的机会大举投资，才迎来上一轮的大发展，有了今天的行业地位。而且，张忠谋与高通、博通、德州仪器等行业巨头的管理者都有深厚的私交和密切的沟通，清楚行业的未来走向。手机芯片市场已经超越电脑芯片市场，成为台积电最大的终端产品市场，而这才仅仅是个开始。iPhone 的诞生和 App 的兴起让 3G 移动通信找到了能够盈利的商业模式，移动互联网时代的大门即将开启。但蔡力行对此浑然不觉。在金融风暴最猛烈时，台积电暂缓 40 纳米工艺生产设备的采购，这让台积电的 40 纳米工艺的成品率迟迟提升不上去。当订单突然回流时，40 纳米工艺的成品率无法满足客户需求，部分订单流向联华电子、三星电子等竞争对手，并引发客户的连连抱怨。张忠谋感觉到企业经营出现了危机，而蔡力行还在忙着裁员。蔡力行的经营思路太过保守，视野太狭窄，往前看得不够远，这才是他被撤换的最重要的原因。

张忠谋回归台积电，台积电的发展策略马上在三个方面来了个 180 度的大转变：首先是代工价格下滑止稳，其次是研发费用巨幅增加，最后是提高资本开支。台积电从"紧踩刹车"变成"大踩油门"，全球半导体产业界很快就感受到了震撼。

---

[1]　相关内容可参考方儒于 2010 年 8 月 20 日发表在《环球企业家》上的《台积电的极限制造》一文。

当时全球半导体产业仍然处在低潮期，所有人都在讨论二次衰退，没有人知道接下来的市场状况会是怎样的。张忠谋回归 CEO 岗位后做的第一项重大决策，就是大笔一挥，将 2009 年的资本开支增加一半，从原本计划的 18 亿美元增加到 27 亿美元。随后，张忠谋又将 2010 年的资本开支计划上调一倍多，增加到 59 亿美元，接近营收的一半，是半导体行业平均水准的 3 倍。半导体行业巨头英特尔和三星电子的资本开支也不过 53 亿和 60 亿美元。这笔开支甚至超过了台积电 2009 年的利润，相当于把台积电原本要用来"过冬"的家底都拿出来了。台积电的资本开支主要用在最先进的 28 纳米工艺的产能提升上，其中最大的一项开支是于 2010 年 7 月在台中科学园区开建第三座月产能超过 10 万片晶圆的纯 12 英寸超大晶圆厂（GigaFab）——晶圆十五厂。

在金融海啸让业界心有余悸的背景下，海外投资机构马上就对张忠谋的扩张决策予以强烈反对。花旗和美林都下调了对台积电的股价预期。瑞银也担心半导体产业产能过剩。台积电的董事会也有两位独立董事提出反对意见，其中包括该年新增选的德州仪器前董事长托马斯·恩吉布斯。当时台积电仅有 3 位独立董事，这意味着除施振荣外，另外两个外籍独立董事都反对张忠谋的资本开支计划。台积电的产能利用率连续 3 年下滑（否则蔡力行也没必要裁员），2009 年仅有 76%，有必要新增这么大的资本开支吗？张忠谋称："我只冒经过计算的风险。"见仍无法说服反对者，他只能摊牌："我才是公司负责人，你们要跟随我。"

事实上，经历 2009 年的行业低谷期后，2010 年是全球半导体产业的又一个投资高潮期，总资本开支高达 406 亿美元，同比大增 57%。自 1984 年以来，全球有 6 个年份半导体产业资本开支增幅超过 57% 且市场增长超过 28%（来自 Gartner 和 WSTS 的数据），分别是 1984 年、1988 年、1995 年、2000 年、2004 年和 2010 年，平均间隔正好是 5 年，这再次佐证了"张忠谋定律"。需要注意的是，从那以后，以前单一的半导体产业周期发展出 4 个产品子周期，包括逻辑芯片 / 晶圆、微处理器、模拟芯片和存储器，它们相互独立，有时还会和大周期相反。

得益于张忠谋前瞻性的眼光，台积电的大规模资本开支比行业多数企业提前了整整一年。也正是从 2009 年开始，台积电进入全球半导体产业资本开支前三强之列，彻底将其他专业晶圆代工厂甩在身后。从此以后，三星电子、台积电和英特尔三巨头稳占全球半导体产业一半左右的资本开支，主导着全球半导体产业的发展。排在资本开支第二梯队的是做存储芯片的 SK 海力士和美光，其他专业晶圆代工厂格罗方德、联华电子和中芯国际只能排在第三梯队。

张忠谋撤掉蔡力行的 CEO 职务后，即邀请已离开 3 年的蒋尚义重出江湖。张忠谋与蒋尚义一起吃了顿面，承诺要大幅增加研发的投资。蒋尚义当场拍胸脯决定回归，之后取代罗唯仁再任研发副总之职。蒋尚义回归台积电当年，研发团队人数大增超过 25%。由于研发人员学历高、年龄偏大，台积电员工的平均年龄为此竟剧增了 5.1 年。台积电研发开支上升到 197 亿元新台币，占营收的比例达到 6.7%，是近 6 年来最高的。台积电研发团队士气大振，全力投入攻克 28 纳米工艺技术。

## 智能手机的狂欢

2010 年 9 月，台积电成为第一个完成 28 纳米工艺技术验证的专业晶圆代工厂，并基于该工艺达到稳定的成品率，可提供给客户流片试产。与 40 纳米相比，28 纳米的晶体管的运行速度提升了约 50%，每次开关时的能耗减少了 50%。芯片设计厂商对台积电的 28 纳米工艺产品的关注度极高，台积电有近 90 款产品进入开发阶段，是当年 40 纳米工艺类似阶段产品种数的 3 倍以上。2011 年 10 月 24 日，台积电宣布，28 纳米工艺实现量产，生产的晶圆已经发货给客户。量产仅仅两个多月，28 纳米工艺就给台积电贡献了 1.5 亿美元的营收。

在台积电的 28 纳米工艺的支持下，客户得以最快地采用最先进的技术来满足市场需求。台积电最大的 5 个 28 纳米工艺客户分别是高通、英伟达、赛灵思、阿尔特拉和超威。高通在 28 纳米工艺上推出了第一个能

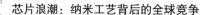

够将 CPU、GPU、DSP（数字信号处理器）、RAM（内存）、Modem（调制解调器）、多媒体模块，以及 GPS（全球定位模块）高度集成为一体的智能手机 SoC 芯片骁龙 S4；英伟达凭借 28 纳米工艺得以发布了市场上最节能、性能最高的新一代"开普勒"架构 GPU；28 纳米工艺满足了赛灵思和阿尔特拉的 FPGA（现场可编程门阵列）芯片新技术的需求；超威的 GPU 凭借台积电的 28 纳米工艺实现了图形计算性能的重大飞跃。

28 纳米工艺对台积电的营收贡献在 2011 年还只有 1%，在 2012 年就上升到了 12%。全球通信产业自 2010 年起恢复增长，中国和印度等新兴国家的手机用户数量持续增长，发达国家的手机销量也恢复稳定。2011 年，全球手机销量达到 20 亿部，其中智能手机接近 5 亿部。2012 年，全球智能手机销量同比再增长 43%，达到 7 亿部（来自 Strategy Analytics 的数据），3G 手机日渐普及。台积电的 28 纳米工艺产品的需求远超预期，最长交货时间达到了 16 个星期，连高通和英伟达这些重量级客户的订单都只能延期完成。黄仁勋向张忠谋抱怨："大约有 5 次因为（台积电）产能问题，我们的增长受到影响，其中有 4 次发生在上周。"台积电新建成的晶圆十五厂在短短 8 个月内将 28 纳米工艺的月产能快速扩充到 5 万片，结果还是不够。台积电因此给晶圆十四厂的第五期和第六期工程新增了 3500 亿元新台币的投资，以增加产能。台积电 2012 年的营收与获利双双创下新纪录，分别增长了 19% 和 24%，达到 5062 亿元新台币和 1662 亿元新台币之巨。

2013 年，全球智能手机出货量突破 10 亿部，与功能手机平分秋色。全球通信芯片以金额计算的市场规模也在这一年超过了电脑芯片。平板电脑的全球出货量也达到 2.56 亿台，远高于 2012 年的 1.65 亿台。未来数年平板电脑市场都以两位数百分比在高速增长，平板电脑成为推动半导体产业持续增长的另一股强劲动力。在专业晶圆代工厂中，仍然只有台积电能够生产最先进工艺的手机 SoC 芯片，其晶圆十五厂的 28 纳米工艺的产能在这一年内又提高一倍，扩充到 10 万片晶圆 / 月。厂长廖永豪因此获得台积电内部极少颁发的最高荣誉"台积电荣誉勋章"。28 纳米工艺为台积电贡献的营收增长接近 300%，达到 1800 亿元新台币，占到了台积电总营收的 30%。台积电一家企业就占据了这一工艺 80% 以上的市场份额（其中 HKMG 工艺占比超过 90%，多晶硅工艺占比约 75%）。

2014 年，全球智能手机销量上升到 12 亿部，其中中国市场的销量高达 4 亿多部。中国智能手机市场风起云涌，小米这个才创立不过 3 年多的新品牌，竟销售出了 6000 万部智能手机，超越三星成为中国智能手机市场年度销量第一名。华为的互联网手机品牌"荣耀"也做得风生水起，上市第一年就卖出了 2000 万部。华为应用麒麟 925 芯片的 Mate 7 手机的销量也开始起飞。台积电在该年的营收突破 7500 亿元新台币，同比增加了 28%，28 纳米工艺的营收占比达到最高峰的 33%。

到了 2016 年，在线上手机市场经历了两三年的火爆行情之后，线下手机市场的换机潮到来，华为、OPPO 和 vivo 等主打专卖店渠道的品牌全面崛起。加上 4G 概念已被人们全面接受，中国智能手机市场热火朝天，手机 SoC 芯片的供应非常紧张。到了第二季度，台积电的晶圆十五厂在 10 万片的规划月产能之上，每月硬是做出 15 万片来，竟然还是供不应求。该年全球智能手机的销量达到 15 亿部。台积电仍然占据了全球 28 纳米工艺 60% 以上的市场份额，且收入在公司营收中的占比维持在 26%。

## ⬚ "没有 Plan B，全部压在台积电上"

智能手机市场如此火爆，全球晶圆代工厂竟然经历了一波关闭潮。2010 年，全球有 22 家晶圆代工厂关门，此后两年又有 20 家歇业，被关掉的全都是 8 英寸或者更小尺寸生产线的晶圆代工厂。那些无力投资 12 英寸晶圆代工厂的半导体企业都与手机 SoC 芯片市场无缘。

其他专业晶圆代工厂也没有在这场盛宴中吃到多少好菜。格罗方德到 2012 年年底才成功量产 28 纳米工艺，联华电子更迟，在 2014 年第二季度才量产，足足落后台积电两年半。联华电子因年资本支出停留在 10 多亿美元级别，与台积电的百亿美元相去甚远，对台积电只能望洋兴叹。

28 纳米工艺有多晶硅（PolySiON）和高介电层金属栅极（High-K Metal Gate，HKMG）两种。为了减少漏电，制造芯片时需要用二氧化硅将晶体管的基体与衬底隔离。随着工艺的持续提升，氧化层变得越来越薄。当工艺推进到 65 纳米时，氧化层已经仅有 5 个氧原子的厚度，很难再进一步做薄，否则产生的漏电流会让晶体管无法正常工作。因此，英特尔和三星电子分别从 45 纳米和 32 纳米工艺开始，引入高介电常数的介电材料，以替代二氧化硅氧化层，而这就要用到 HKMG 技术。对于 HKMG 技术，有 IBM 主导的前栅极（Gate-first）和英特尔主导的后栅极（Gate-last）两条技术路线可以选择。前栅极是先做好 HKMG，再完成离子注入（将所需的掺杂元素电离成正离子，然后施高压将其快速射入晶圆）、退火（离子注入后会严重破坏晶圆内硅晶格的完整性，所以必须利用热能来消除硅晶格的缺陷，以恢复硅晶格的完整性）等后续工序。后栅极则相反，先经过离子注入和退火工序，再形成栅极。前栅极技术成本较低，缺点是很难解决漏电问题；后栅极技术成本较高，但具备较低的漏电流及更佳的芯片效能。28 纳米的低耗电芯片还可使用前栅极方案，而高效能运算（High Performance Computing，HPC）芯片必须用到后栅极方案。蒋尚义大胆拍板，押宝后栅极方案并取得成功，而在高效能运算芯片上坚持前栅极方案的三星电子和格罗方德则进展缓慢。2012 年，台积电成为全球第一家能够提供 28 纳米 HKMG 工艺的专业晶圆代工商。这是又一次类似于赢得 0.13 微米工艺战役的巨大胜利，率先取得的技术突破让台积电将竞争对手远远甩在身后，比如超威就不得不将 28 纳米高效能运算芯片订单从格罗方德转交给台积电。

2015 年年底，格罗方德和联华电子逐渐在 28 纳米多晶硅工艺的市场上有所斩获，开始侵蚀台积电的市场占有率。台积电凭借率先提完折旧的低成本优势，猝然杀价，抢回不少生意，使其 28 纳米多晶硅工艺的市场占有率回升到八成。格罗方德的 28 纳米多晶硅工艺订单大多被夺走，2016 年 1 月的产能利用率低到三成以下，格罗方德甚至不得已将美国纽约厂的闲置机台用胶封了起来。

在长达 6 年的时间里，28 纳米工艺带来的收入一直占据台积电总收入 20% 以上的比重，其业务位列台积电第一大业务。28 纳米工艺之所以成为台积电发展史上称霸最久的一代工艺，是因为适用范围十分广泛。不同产品对芯片的性能需求不同，市场上共有 3 种应用产品：高效能运算应用产品（台式电脑和服务器）、低耗电应用产品（笔记本电脑或便携式网络设备），以及低待机耗电应用产品（手机）。为了满足各类市场的需求，台积电的 28 纳米工艺接连发展出高效能（HP）、高效能移动运算（HPM）、高效能低耗电（HPL）、低耗电（LP）及高效能精简型（HPC）5 种技术解决方案，并且几乎每年都推出一个新版本，让竞争对手疲于奔命。

产品的平均销售单价，是衡量一家公司竞争力的重要指标，因为它象征公司的"议价能力"。如果台积电在先进工艺上拥有更高的市场占有率，又或者可以提供更符合客户需求的产品、服务，让客户愿意掏出更多的钱，那么就能拉高产品平均销售单价。台积电率先推出的 28 纳米工艺技术迎合了智能手机时代的需要，产品不仅销量大，定价也高，这让其加工的 12 英寸晶圆产品的平均销售单价有了明显的提高。只要产品好，手机 SoC 芯片公司不怕价格高。全球第一大无晶圆厂高通在 2011 年大量转单给台积电，使自己的订单金额超越英伟达，成为台积电的最大客户。全球第二大无晶圆厂博通担心台积电把对手甩得太远，导致在 28 纳米工艺上，"很可能我们只有一个（代工服务商）选择"。当被问及是否有代工服务商的替代方案时，黄仁勋说："没有 Plan B，全部压在台积电上。"

到下一代的 20 纳米工艺，2D 晶体管的效能逼近极限，芯片业界开始引入 3D 晶体管技术。3D 晶体管维持高生产成品率及低缺陷密度的难度加大，制造成本至少增加 50%。自 28 纳米工艺之后，3D 晶体管工艺的成本一直都高于 28 纳米工艺。这是摩尔定律诞生 60 多年来首次出现工艺尺寸缩小但成本不降反升的现象。由于性价比提升一直以来都被视为摩尔定律的核心意义，所以 28 纳米以下工艺的成本大幅上升被认为是摩尔定律开始失效的标志之一。从晶圆代工产品的平均售价来看，一片晶圆采用 90 纳米只要 1705 美元，采用 28 纳米要 2892 美元，采用 7 纳米的价格上升到 9347 美元 / 片，采用 5 纳米竟然要 16988 美元。[①]

---

[①]　相关内容可参考 Saif M. Khan 和 Alexander Mann 于 2020 年 4 月 1 日发表的"AI Chips: What They Are and Why They Matter"一文。

而且，在芯片设计成本随着工艺提高而不断上升的情况下，能负担得起转向高阶工艺的芯片设计费用的客户越来越少。一片采用 28 纳米工艺晶圆的芯片设计成本只要 6290 万美元，16/14 纳米晶圆的芯片设计成本要 1.8 亿美元，10 纳米晶圆的芯片设计成本上升到 2.8 亿美元，5 纳米晶圆的芯片设计成本竟然要 4.8 亿美元，3 纳米晶圆的芯片设计成本更是高达 5.9 亿美元（来自 IBS 的数据）[1]，如图 7-1 所示。

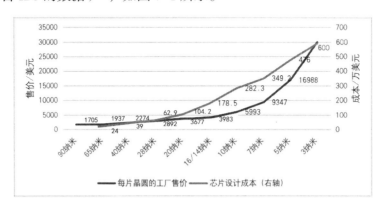

**图7-1　芯片各节点的晶圆价格和设计成本**

28 纳米工艺成为完全符合摩尔定律的最后一代工艺，是芯片工艺发展路径上最具性价比的一个关键节点，因此生命周期很长，一直活跃于市场上。半导体产业将 28 纳米视作芯片制造工艺的分界线，28 纳米及以上为成熟工艺，28 纳米以下为先进工艺。虽然高端市场会被更先进的工艺所占据，但 28 纳米工艺不会退出市场，直到今天它仍然在芯片市场上占据相当重要的地位。

3D 晶体管的时代来临，台积电已将其他专业晶圆代工厂远远抛到身后，张忠谋开始要直接面对他所称的那两头"800 磅的大猩猩"[2]：英特尔和三星电子。自 2010 年超越东芝后，台积电就稳居全球第三大半导体企业的位置，仅仅落后于英特尔和三星电子。

---

[1]　Gartner 估计的芯片设计成本要比 IBS（International Business Strategies，国际商业战略）估计的低很多：28 纳米芯片的平均设计成本约为 3000 万美元，16/14 纳米芯片为 8000 万美元，10 纳米芯片为 1.2 亿美元，7 纳米芯片为 2.71 亿美元，供参考。

[2]　美式俚语中有一句"800 磅的大猩猩"（800-pound gorilla），用来形容某人或某组织十分强大，行事无须顾忌。这句俚语可能源自《金刚》电影给美国人带来的震撼。

# 第八章 拿下苹果订单

## ⌗ "雷达上一个小点"

三星电子的半导体业务从存储器起步，在内存和闪存市场相继做到了全球第一，并在存储芯片领域建立了强大的竞争优势。存储器市场的波动很大，这让三星电子的业绩很不稳定。为改善半导体部门的盈利表现，三星电子决定切入晶圆代工领域。三星电子也看到，晶圆代工是朝阳产业，自诞生以来市场增长幅度一直都要高过全球半导体市场的整体增长幅度，未来数年也势必保持此态势。早在 2002 年，三星电子就在器兴工厂建立了 SoC 研发中心。2004 年，三星电子在非存储芯片方面的资本支出增加逾 2 倍，达到 10 亿美元，主要用于在器兴建立第一座晶圆代工厂。2005年第二季度，NAND 闪存价格大跌，令三星电子净利减半，于是，三星电子加快了进入晶圆代工行业的步伐。

与台积电一样，三星电子也看到了轻晶圆代工厂模式的出现给晶圆代工带来的商机。在 12 英寸产品线出现之前，IDM 厂一直是芯片制造业的主流，大多数的芯片厂商都还处于自给自足的状态。12 英寸产品线所需的高投资首先就淘汰了一批日本的 IDM 厂。在芯片工艺进入纳米级别（0.13 微米以下）以后，先进工艺研发和建厂的高昂成本，让许多欧美

IDM 厂都吃不消了。比如，欧洲最大的芯片制造商英飞凌就表示不会开发 90 纳米以下的芯片产能，而是将 65 纳米的手机基带芯片交给新加坡特许半导体公司生产。德州仪器也放弃了 45 纳米以下的高阶工艺，将订单转给台积电。欧洲和日本的所有 IDM 大厂、美国的德州仪器和飞思卡尔等都停止了对先进工艺晶圆代工厂的投入。0.13 微米工艺的生产在全球有近 30 个玩家，到 28 纳米工艺就减少到仅剩 10 个左右。

与其他 IDM 厂相比，三星电子最大的优势就是，能够轻易地从韩国的银行得到贷款，几乎可以有无限的资金供应，这让三星电子敢于在任何半导体领域做大规模的投资。欧美 IDM 厂的退出，为三星电子提供了发展晶圆代工业务的契机。

三星电子还有一个独特的竞争优势——三星是全球智能手机销量排名前列的品牌，自身有大量的最先进工艺移动芯片的制造需求。手机处理器制造是对芯片先进工艺最敏感的领域，消费者愿意出高价购买拥有最先进工艺处理器的智能手机，手机厂商也都争抢着要使用最先进工艺生产出来的手机 SoC 芯片，因为一旦芯片技术落后一代，就会产生 20% ~ 40% 的综合性能差距，这在更迭迅速的手机市场上是不可接受的。三星电子很早就能够生产用在自己手机上的 SoC 芯片。

早在 2000 年，三星电子就做出了第一款实用的 SoC 芯片。前三代的 iPhone 手机和魅族的 M8、M9、MX 等手机用的都是三星电子的 SoC 芯片。因此，三星电子的晶圆代工业务起点很高，一开始就面向高端 SoC 芯片领域。三星电子本身也是高通在 CDMA 业务上全球最早最重要的合作伙伴之一，两家企业的合作可以一直上溯到 20 世纪 90 年代初期。三星电子之所以能够切入通信设备和手机市场，就是因为拥有高通的 CDMA 技术授权。三星电子是全球生产 CDMA 手机最多的厂家之一，也是高通最大的客户之一，其为高通带来的利润在 2003 年占到高通营收的 17%。[①] 所以，三星电子还可以用手机芯片采购订单来换取晶圆代工订单。2005 年，三星电子开始做晶圆代工。11 月，三星电子即获得了高通 90 纳米 CDMA

---

① 相关内容参考 Dave Mock 于 2005 年在人民邮电出版社出版的《高通方程式》一书，第 219 页。

手机 SoC 芯片的代工订单。这是三星电子晶圆代工业务的一个重大突破，也是它积累高端芯片代工经验的一个好开端。2012 年，三星电子开始在自家的高端手机上采用高通、三星双平台出产的芯片：在美国、中国、日本市场上用高通骁龙芯片，在其他地区包括欧洲和韩国在内的市场的产品上都配备三星电子自己的"猎户座"（Exynos）芯片。这意味着三星电子的猎户座芯片的性能赶上了高通的骁龙芯片。

对中国台湾半导体厂家来说，三星电子既是竞争对手，又是大客户。三星电子充分利用这一双重身份左右逢源。比如，三星电子把中国台湾半导体厂家当作产能"备胎"，当订单不足时就自己做，当订单做不完时就丢给中国台湾半导体厂家，这样既能保证自己的产能永远跑满，又能保持危机意识，鞭策自己的工厂提高竞争力。三星电子还可以利用客户的身份随时了解中国台湾半导体产业的技术动态，获取商业情报。某位替三星电子代工的晶圆代工厂董事长讲了一个故事："有一次，我派工程师去韩国送交样品，结果对方说希望换第二种解决方案，并且让我们的工程师示范给他们看，还找一二十个工程师进来看，又录像。第二天他们又让工程师试新的解决方案，又录像。我这才叫我们的工程师赶快回来……"[1]过去，三星电子曾经把日本电子企业尤其是索尼作为学习的对象，学透了以后就快速超越，直到将所有日本电子企业都远远甩到了身后。就如《日本经济新闻》所形容的："如果韩、日产业竞争是一场马拉松比赛，那么三星电子的背影已经远得非常模糊。"如今，已经很强大的三星电子仍然在努力学习，学习对象也包括中国台湾半导体厂家。

可能因为多数无晶圆厂都视三星电子这样的 IDM 厂为竞争对手，几年过去，三星电子的晶圆代工业务没有多大起色，到 2009 年还只是全球排名第 9，营收仅有 3 亿多美元，只有中芯国际的三分之一，不到行业龙头台积电的 4%（来自 IC Insights 的数据），被张忠谋讥笑为"雷达上一个小点"。而 2008 年的全球金融危机又给了三星电子一个将行业重新洗牌的重大机会。

---

[1]　相关内容可参考旷文琪、邱碧玲于 2009 年 12 月 28 日在《商业周刊》中国台湾版上发表的《三星成科技业公敌》一文。

##  三星电子新掌门人上位

在 2008 年的全球金融危机发生之前，世界经济一片繁荣，中国台湾的半导体产业也是一派兴旺的景象。日本尔必达和德国奇梦达都制定了与中国台湾内存产业结盟的政策，力晶、茂德、华邦、南亚科和华亚科等中国台湾的内存厂均在内存代工生意上盈利颇丰。中国台湾两大液晶面板厂友达与奇美的业绩也屡创新高，其中友达的季度盈利一度超越三星电子与乐金的液晶面板部门，震惊韩国。当时三星电子是采购中国台湾产品的第四大外商。其未来掌门人李在镕也飞来台湾考察，拜会台湾"工研院"院长李钟熙等人，花两小时听中国台湾方面做内存产业的报告。李在镕很客气，认真好学，一直低头做笔记，给人留下深刻的印象。

李在镕本科毕业于韩国首尔大学东亚历史系，之后赴日本庆应大学攻读工商管理学硕士，最后在美国哈佛大学商学院修完博士课程。2000 年，李在镕回到韩国，在 3 个月里就快速创立了"e 三星"等 14 家互联网企业，自己还作为大股东直接插手这些公司的业务管理。一年后，随着互联网泡沫的破灭，这些互联网公司迅速走向衰落，最后由三星集团旗下的第一企划和三星 SDI 等 8 家公司购买了李在镕持有的这些互联网公司的股份，才避免了他的经济和声誉的双重损失。受此挫折后的李在镕为人一直很低调，他进入三星电子后，先是担任常务助理，之后任经营企划组的常务。李在镕平易近人，在内部开会时，他尊重所有高层，在倾听完他们的意见后，才表达自己的看法。与其父惯常的"帝王式做派"不同，李在镕常常不带保镖、随从就独自旅行，每次出差都是自己拖行李。他曾指示三星总部大楼的保安不必向他行 90 度鞠躬礼，因为这样会让他感到不自在。其父李健熙深居简出，很少到公司上班，家门口被称作比青瓦台还戒备森严的地方，普通人不得随意停留。而李在镕在三星电子的办公室则四面都是透明玻璃。

金融风暴席卷全球，世界半导体产业哀鸿遍野，经历过亚洲金融危机洗礼的三星电子应对这样的局面已经游刃有余，不仅经营未受负面影响，相反还借韩币贬值的机会急速发展。三星电子在产业布局上既广且深：液晶面板、内存和 NAND 闪存这些半导体产品的销量已称霸全球，液晶电视的销量也居全球之首，手机的市场占有率已超越诺基亚和摩托罗拉成为世界第一。张忠谋公开表示：三星电子几乎什么电子产品都要做；在中国台湾，三星电子是所有人的对手。2009 年 9 月 22 日，三星电子市值达到 1102 亿美元，首次超过英特尔。而在 2008 年，三星电子的市值还仅有 761 亿美元，大约是英特尔的六成。不过，三星电子业务庞杂，不是纯粹的半导体厂商，还不能算是全球市值最高的半导体公司。

在张忠谋老师"回锅"之际，三星电子却开始了掌门人交接班的进程。借着三星电子在全球金融危机中乘势而起的机会，李健熙开始扶持他唯一的儿子李在镕上位。2009 年 12 月，李在镕担任三星电子的首席客户官（CCO），负责与苹果等重要客户的沟通工作，正式走上经营一线。新官上任的李在镕召开了一次三星电子内部的最高经营会议，确定了一项名为"干掉（中国）台湾"的计划。按照这项计划，三星电子将会在 2012 年之前的这几年内实施第一阶段的计划，对中国台湾存储厂、液晶面板厂奇美和友达，以及拥有 HTC 品牌的智能手机厂宏达电子给予沉重打击。然后，从 2013 年开始进入第二阶段，三星电子将把目标瞄准世界最大的代工企业——富士康和台积电。2010 年 1 月，三星集团进行了大规模的人事改组，三分之二的管理人员被重新调换，旗下 46 家公司的 CEO 有 12 位被晋升，13 位被撤换，所有 CEO 的绩效都被严格审核，实行一年一聘，以成果论英雄。三星集团在李健熙手中就已被改造成兼具日本与美国两种经营方式长处的企业，随着哈佛博士李在镕一步步走上舞台，三星集团在朝着更具美国企业经营特色的方向演变。

2010 年 11 月，李在镕出任三星电子的社长。2012 年 12 月，在李健熙掌控三星集团 25 周年之际，李在镕升任三星电子副会长。同一个月，美国《华盛顿邮报》发表了一篇名为《韩国——三星共和国》的文章，称"三星集团董事长比韩国总统的权力还要大"。在李健熙的治理下，三星集团的销售额增长了 38 倍并为韩国贡献了 20% 的 GDP。李健熙本人也成为韩国第一富豪。随着李在镕地位的上升，三星集团将会有一个新的掌门人，并可继续保持对韩国政治和经济的重大影响力。"干掉（中国）台湾"计划的第一阶段已基本上按照预期的目标取得成功，这为李在镕顺利接过父亲的大权打下基础。如果第二阶段再取得成功，李在镕即可领导三星电子完全主宰全球电子产业！

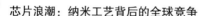 ## 苹果找上门来

在开始做晶圆代工的几年里，三星电子在全球晶圆代工界一直籍籍无名。突然间，一个苹果砸到了三星电子的头上。苹果从 iPhone 4 开始启用自己设计的 A 系列应用处理器，并由三星电子为其代工。iPhone 4 是苹果第一款全球同步发售的手机，是苹果手机崛起的真正起点，也是三星电子晶圆代工业务的转折点。2010 年，三星电子的晶圆代工营收激增至 12 亿美元，是上一年度的 4 倍。2011 年，三星电子的晶圆代工营收再增长 82%，达到 22 亿美元（来自 IC Insights 的数据）。几乎在一夜之间，三星电子成为全球晶圆代工界一股不可忽视的新势力。

苹果不是一家单纯的芯片设计公司，它有自己的终端产品；苹果也不是一家整合元件制造商，它不生产芯片。苹果代表着晶圆代工业第三大类型也是最重要一种类型的客户：系统企业（System House）。华为、谷歌、亚马逊、思科甚至特斯拉都是此类系统企业。其实，最早制造芯片的公司，如 IBM、摩托罗拉、索尼、日电等，都是大型系统企业。当时芯片制造只是电子产品生产巨头的一个附属部门。后来，系统企业不敌 IDM 厂而逐渐退出芯片制造，到如今还在制造芯片的就剩三星电子一家。新兴系统企业最大的不同是不造芯片。近 30 多年来，半导体行业逐渐从垂直一体化的 IDM 模式发展到今天的"EDA 工具 /IP 授权 + 芯片设计 + 晶圆代工 + 独立封测"的专业化分工合作模式。然而，系统企业却有从系统到终端设备再到芯片的垂直一体化整合的趋势，芯片设计门槛的降低和专业晶圆代工服务的成熟使得系统企业自己设计芯片成为可能。

　　三星电子拿到苹果订单的策略很简单，就是发挥竞争对手不可比拟的多元化优势，以点带面，全面突破。比如，面对台积电的最大客户之一高通，三星电子采用的方式是"订单交换"，即让三星手机去用高通的芯片，然后说服高通把芯片代工交给三星电子；而对于苹果，三星电子则抛出存储芯片、液晶面板与芯片代工的"捆绑销售"策略。而且，苹果在推出自研的 A4 芯片之前，前三代的手机 SoC 芯片也一直都是向三星电子采购的，双方本来就有良好的合作关系。

　　三星电子能获得苹果的青睐，外界认为与李在镕和乔布斯的私交甚好有很大的关系。两人经常在乔布斯家中共进晚餐。在遭遇困难时，李在镕最先会接到乔布斯的电话。苹果手机崛起后，对存储芯片、液晶面板和芯片代工产品都有巨大的采购需求，三星电子被认为是最大的受益者。

　　但苹果将手机 SoC 芯片的代工业务交给三星电子，其实是有较大风险的。因为三星电子是一家 IDM 厂，同时还做自家手机 SoC 芯片的设计和制造。2010 年 3 月，三星电子发布了高端手机系列"盖乐世"（Galaxy S）的第一个产品 i9000。i9000 的销量过千万台，这让三星手机脱胎换骨，成长为全球手机领先品牌。三星手机也是苹果手机的主要模仿者之一，i9000 被称为"最有可能超越 iPhone 4 的三星旗舰产品"。i9000 的发布比 iPhone 4 还早了 3 个月，这让苹果有苦也说不出。外界怀疑三星手机 SoC 芯片的设计借鉴了苹果的 A 系列应用处理器，三星电子原本就擅长情报工作，难免有人猜测三星电子会对送上门来的芯片设计图纸加以充分利用。i9000 所用的"蜂鸟"芯片 Exynos 3110 与苹果的 A4 芯片其实是同一家公司 Intrinsity 设计的（Intrinsity 于 2010 年 4 月被苹果收购），这让苹果很难起诉三星电子侵权。

　　三星电子同时也对台积电产生了巨大的威胁。三星电子接下苹果手机 SoC 芯片的代工大单，在全球晶圆代工业中的排名快速上升，变成了张忠谋口中"很大的竞争者"。而且，并不是只有张忠谋看到逆周期投资的机会，李健熙也擅长此道。三星电子同样在全球金融危机期间大举投资，投资金额高达百亿美元，比台积电有过之而无不及。

面对共同的敌人，苹果和台积电开始联手。此前，苹果之所以未找台积电代工，一方面是因为苹果强迫台积电接受与三星电子同样的低价，台积电不愿接受，另一方面则是当时台积电工厂的产能已经满载，无法接下苹果如此巨大的订单。

2010年，一位神秘的客人悄悄来到中国台湾拜访张忠谋，这个客人就是苹果的首席COO杰夫·威廉姆斯。在私密家庭晚宴的轻松气氛中，威廉姆斯与张忠谋达成了合作意向：苹果同意将手机SoC芯片代工订单交给台积电，前提是台积电要投资90亿美元并在11个月内完成新厂的建设，此外台积电还需要配备6000名工人以确保新厂的产能。不过，张忠谋既不愿意接受苹果的投资，也不愿意与苹果达成芯片制造专属产能的协议。

谈好晶圆代工的第二供应商之后，苹果即向三星电子发动了"法律战"。2011年4月，苹果一口气向三星电子提出了16项指控，称三星手机是在"生搬硬套"地抄袭苹果手机。在此之前，苹果刚刚打赢起诉HTC手机侵权的官司，将市值一度超过诺基亚的宏达电子彻底灭掉。但作为苹果最大供应商的三星电子毫不妥协，立刻反诉苹果侵犯其10项专利，还要求美国禁售iPhone。三星电子还以停供液晶面板和手机电池来威胁苹果。

苹果被对手拿捏着要害，气不打一处来，便催促台积电加快步伐。

乔布斯于2011年8月辞去苹果CEO职务，10月即与世长辞。李在镕是少数获邀参加私人性质的乔布斯追思会的特邀嘉宾之一。三星电子与苹果最后的一丝脉脉温情从此断绝。乔布斯的接班人是蒂姆·库克。库克是一位供应链管理大师，他在加入苹果前负责IBM个人电脑部门在美洲的制造和销售，加入苹果后主管苹果的制造业务。库克比任何一位苹果高管都更懂得控制供应链风险的重要性，他一直都在努力寻求苹果供应链的多元化，特别是摆脱对最大竞争对手的依赖。苹果已陆续开发做闪存的东芝、做显示屏的夏普和LG等新的供应商，以替代三星电子，但A系列应用处理器是苹果最重要也是最难更换供应商的核心部件。

就在苹果与台积电联手对三星电子开战的节骨眼上，一个意外的消息震撼了台积电：梁孟松跳槽去了三星电子！

## ⚙ 超越摩尔计划

梁孟松是从加州大学伯克利分校电机系毕业的博士，有在超威工作的经历。1992 年，40 岁的他回到中国台湾加入台积电。他在芯片领域的专利有 500 多个，其中有 181 个是美国专利，这一纪录冠绝台积电。在蒋尚义来台积电之前，他曾代管过台积电的研发部门。他的工作是领导模块开发团队，这是先进工艺的核心。他在台积电的多次工艺升级中有着不可磨灭的贡献。特别是在台积电与 IBM 的 0.13 微米工艺之战中，梁孟松发挥了至关重要的作用，帮助台积电一劳永逸地确立了在晶圆代工界的老大地位。当时台湾地区行政管理机构表彰台积电研发团队，梁孟松名列第二，功劳仅次于蒋尚义。梁孟松被认为是台积电可排进前 10 名的研发人。

在蒋尚义离开台积电后，大概是为了分散研发副总经理的权力，蔡力行设置了双 CTO 的岗位模式。其中一位 CTO 是入职台积电不久的罗唯仁。罗唯仁是蔡力行在台大物理系上学时的学长，又拥有担任过英特尔先进技术开发助理的资历，一进台积电就担任了"营运组织二"的副总经理，与刘德音一起分管工厂（晶圆十二厂、十四厂）、新厂规划工程和制造技术中心。英特尔一向是台积电学习和追赶的目标，头戴英特尔光环的罗唯仁就任 CTO 无人有异议。后来，罗唯仁因在 28 纳米工艺的研发上"做出重要技术决策"而获得张忠谋亲自颁发的"台积电荣誉勋章"，独得 800 万元新台币大奖，可见其也是一个技术牛人。原以为会顺利成为另一个 CTO 的梁孟松，意外地被公司内平行发展的同事孙元成取代。已在台积电奋斗 14 年且功勋卓著，却失去难得的晋升机会，虽然职位被公司升为基础架构部的专案处长，基础架构部也是先进工艺里的核心部门，但梁孟松仍感愤愤不平。

梁孟松与孙元成素有"瑜亮情结"，两人年纪相近，立功升迁也你追我赶，都当选 IEEE 会士。但按照蒋尚义的解释，孙元成负责工艺整合，比较有全局观，适合当副总级主管，梁孟松的技术能力比较精深，但视野比较窄。同时，梁孟松也被认为是"单打独斗型的人""不容易 team

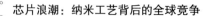

work（团队合作）"，而台积电的企业文化是"希望大家一起合作成长"，不青睐"个性很强、喜欢从竞争中脱颖而出"的人，所以这回是孙元成而不是梁孟松得到了升职的机会。

2008年，梁孟松被调去了一个名叫"超越摩尔定律"（more than Moore）的新部门，新部门的使命是利用成熟工艺制造多样性的模拟芯片产品，例如电源管理芯片、微机电、车用芯片、感测器等。人事命令发布前他完全不知情，出国回来后才发现自己的办公室被改装成由4个工程师合用。梁孟松对新部门不屑一顾，他认为新工作要做的"仅是一个将6英寸及8英寸厂之落后技术予以统整之计划"。要将他从集精英于一堂的研发平台一处，"调到此一预算极低，且技术落后之单位，亦显属'降职'，难称为'委以重任'"。

梁孟松后来这样回忆："我在'超越'办公室几个月，完全不受重视，也无事可干，大家都知道我被下放了、被冷落了，我也不敢再去员工餐厅，我怕见到以前的同事，以前的同事也怕见到我，我觉得非常丢人，没脸见人，我对台积电付出了那么多，他们最后就这么对我，把我安排去一个像冷宫一样的办公室。"

梁孟松是一位技术狂人，一向心高气傲，难以忍受这样的冷遇，遂萌生去意。张忠谋极力挽留亦无济于事，而且当时张忠谋也不在CEO的位置上。2009年2月，梁孟松从台积电辞职，前往台湾清华大学电机工程学系和"电子所"做教授。

说句公道话，梁孟松擅长研发和技术，不擅长运营，去这样的新部门确实不能发挥他的专长，但也不至于像他所说的"被欺骗、被侮辱，高层完全不重视我"。事实上，张忠谋对"超越摩尔定律"的计划有相当大的期待。他曾在内部会议里痛骂台积电只注重投资先进工艺的做法："如果继续这样做，以后台积电的市场就只有芝麻那么大。"2011年，张忠谋指出："半导体产业的摩尔定律，再过6~8年就会到达极限。"在2014年3月的台湾半导体产业协会年会上，张忠谋声称："摩尔定律苟延残喘，只剩下五六年的寿命，半导体行业需要考虑如何超越摩尔定律的问题。"当先进工艺愈来愈昂贵之后，如何更好地利用成熟工艺来为企业创造更多的利润来源，就成为和竞争对手拉开距离的重要手段。台积电的工艺以摩尔定律和超越摩尔定律的形式双轴并进，纵轴是沿着摩尔定律继续往更先进的工艺推进，横轴是在每个成熟工艺节点上把所有能衍生出来的工艺都做齐全。先进工艺像猎豹，要全速向前飞奔；成熟工艺像鳄鱼，吃一餐可以消化很久。即使猎豹将来有一天跑不动了，鳄鱼仍然可以长期存活下去。猎豹＋鳄鱼，才能完整构成台积电的核心竞争力。

梁孟松离职后，白俄罗斯人亚历山大·卡利尼斯基加入台积电并领导"超越摩尔"计划。因为业绩卓著，他不但得到台积电科技院院士荣衔，还升为副总。"他现在领导的处级单位，比先进工艺部门还多。"而作为卡利尼斯基直接领导的业务开发资深副总经理魏哲家亦沾了"超越摩尔"计划的光，此后一路晋升到台积电的总裁，成为张忠谋的接班人。魏哲家拥有耶鲁大学的电气工程博士学位，加入台积电前曾经担任过德州意法半导体公司的逻辑和 SRAM 技术开发高级经理、特许半导体的技术高级副总裁。

## ⬡ 三星电子挖人

在中国台湾清华大学才干了半年，梁孟松便办理了留职停薪，前往韩国的成均馆大学教书。不少人都在"八卦"，说梁孟松其实是在为三星电子效力。2009 年年底，台积电首任 CTO 胡正明教授准备过生日，胡正明的太太因此发电邮给他的学生们。大家意外地发现，群组中的梁孟松的邮件地址竟是"msliang@samsung.com"。这件事被报纸曝光，台积电的人事部门拿着报纸质问梁孟松，但梁孟松一再保证"当时及未来都不会加入三星电子"。看在十几年老同事的份上，人事部门相信了他的说辞。而且，梁孟松的妻子是韩国人，也是半导体工程师，两人当年在美国工作时曾经是同事，他去韩国教书也说得过去。

事实上，梁孟松是被三星电子派出的专机悄悄接到韩国首尔去的。成均馆大学与三星电子有着很深厚的关系。韩国通过"智慧韩国 21 世纪工程"的实施，扶持大学和研究所研发芯片，鼓励企业与大学密切合作。

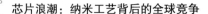

三星电子在此背景下对成均馆大学进行了投资，与其合作创办了半导体工学系，使之成为韩国企业培养半导体专业人才的基地。成均馆大学的信息科学院就设在三星电子总部所在的水原市。

和其他中国台湾高科技公司的高级主管一样，梁孟松曾签下所谓的"金手铐"条款，约定将其股票红利的50%交给台积电的境外公司保管，在其辞职后的两年内若为竞争对手工作，则需放弃这部分股票（当年张汝京离台北上时也因为这一条款损失不少台积电股票）。2011年2月，"竞业限制期"一满，梁孟松即向台积电领取了遵守此规定可获得的4600万元新台币的股票红利。7月，梁孟松正式入职三星电子，担任研发副总经理兼晶圆代工部门的首席技术官。

得知梁孟松入职三星电子一事"实锤"，台积电方面暴跳如雷。这几年，三星电子的晶圆代工技术进步很快，45纳米、32纳米、28纳米等工艺的关键技术节点都被逐一攻克。台积电原本就在疑虑，如今证实了原来是梁孟松在后面捣鬼。2011年10月底，台积电在"台北知识产权法院"对梁孟松提起诉讼。在诉状中，台积电称其"负责或参与台积电每一代制程的最先进技术"，"梁孟松深入参与台积电公司鳍式场效应晶体管（FinFET）的制程研发，并为相关专利发明人"。FinFET技术的发明人胡正明是梁孟松的老师，那封胡正明生日所引发的电子邮件被台积电作为呈堂证供来证明：梁孟松在竞业禁止期结束之前便为三星电子工作。台积电声称，梁孟松手上拥有在台积电工作获得的商业机密，必须对梁孟松采取限制措施，才不至于影响台积电的权益。

需要注意的是，在此之前，台积电刚刚打赢了和中芯国际的官司。同样是离职员工将技术带到新公司，为什么台积电状告中芯国际，却不状告三星电子呢？这也说明，梁孟松可能仅仅是给三星电子指点了方向，至于具体如何实现，三星电子有自己的方案，无法证实其是否侵犯台积电的专利。三星电子这样的成熟大厂，遇到的专利官司多如牛毛，会防范犯这方面的错误。所以，台积电并没有三星电子侵权的可靠证据，只能从梁孟松这里下手。台积电告梁孟松，更多的是为了警告其他打算离开台积电的人，可能得承担被台积电控告的法律风险。要知道，半导体产业没法单打独斗，在梁孟松麾下，有一支由黄国泰、夏劲秋、郑钧隆、侯永田及陈建良等多个台积电旧属组成的"中国台湾团队"在共同为三星电子效力，三星电子才可能取得快速的进步。

除了"杀鸡儆猴"，台积电也指望能"顺藤摸瓜"。按照过去台湾企业打赢过的重大商业机密官司的经验，第一步是先控告对方与侵权有关的关键员工，如果发现该关键员工有将商业机密交付给竞争对手的行为，那么收取商业机密的人及公司都将负有刑事责任。只要查扣关键证据，顺藤摸瓜，竞争对手就将落入被侵权企业的法务火力范围。如果台积电在起诉梁孟松的过程中找到关键证据，梁孟松就将成为台积电送进三星电子的"特洛伊木马"，台积电就可以到美国法院控告三星电子，就像台积电曾经控告中芯国际一样。

这就是台积电要以激烈手段对付一个离职研发处长的原因。一切都是为了生意，无关个人恩怨。所以，后来张忠谋表示："对梁孟松一直是有好感的，唯一让他的好感打折的原因，是他好像跑来跑去的。"[①]张汝京在中芯国际输了与台积电的官司后也仍然称"张忠谋永远是他心目中敬重的师长"。

2013 年 6 月，台北知识产权法院一审判决台积电胜诉，并对梁孟松做出两项禁令。第一项是梁孟松不得以不正当方法使用或泄露其在台积电任职期间所知悉、接触或取得的与台积电产品、工艺、客户或供应商等有关的商业机密，并且不得以不正当的方法从台积电员工、供应商或客户等第三人处取得台积电的商业机密；第二项是梁孟松不得以不正当方法使用或泄露台积电研发部门人员的相关信息。

但法院认为应保护梁孟松的工作权，何况台积电的竞业限制条款已经逾期，一审法庭驳回了台积电关于"2015 年前梁孟松不得任职或以其他方式为三星电子提供服务"的诉求。表面上是台积电胜诉，实际上是台积电输了官司，没有达到它的目的，梁孟松仍有可能将台积电的商业机密泄露给三星电子。台积电不服，并向法院提出上诉。后面我们将看到，

---

① 相关内容可参考中国台湾《电子时报》于 2017 年 10 月 14 日发布的《张忠谋谈众将：对梁孟松有着带着打折扣的好感》一文。

台积电对梁孟松案的重视是非常必要的。

## 🔲 "one team" 战队

在与梁孟松打官司的同时，台积电也快马加鞭，在 2011 年年底向苹果派出了顶尖的 "one team" 战队。这支战队由百余位跨部门的研发工程师组成，他们从中国台北、新竹等地悄悄飞往美国，驻扎进了位于库比蒂诺的苹果总部，而且距离三星电子和苹果打官司的法院不足 10 英里（约为 16 千米）。这些工程师都签下了严格的保密协议，他们的秘密任务就是和苹果一起研发 A8 芯片。

之所以要保密，是因为三星电子手握核心专利。在这里，我们要注意，苹果和高通的代工模式是不同的。高通自己拥有大量芯片制造的核心技术，有能力对晶圆代工厂进行指导，所以高通要更换代工厂就比较容易。高通往往会将新款芯片先让技术最强的台积电代工，等工艺成熟后再转往其他报价低的二线代工厂，这也让台积电颇有怨言。而苹果则比较依赖代工商自身的工艺，也不会对晶圆代工厂进行技术指导。所以，如果台积电用类似三星电子的工艺为苹果生产芯片，就会被三星电子一告到底。而三星电子也时刻准备这么干，他们在接待股票分析师的时候，都会强调："只要台积电敢做，三星电子就一定敢告！"三星电子还放出部分 4G LTE 芯片订单给台积电生产，希望借此机会来一探台积电工艺技术的虚实。但台积电忌惮三星电子在成为自己的直接客户后，会有进入厂区窃取机密的可能，因此要求三星电子下单给创意电子，再由创意电子下单给台积电，以此避免与三星电子的直接接触。

苹果的订单对三星电子的晶圆代工业务至关重要。三星电子在 2012 年的晶圆代工营收高达 43 亿美元，和上一年度相比几乎翻了一番。苹果的订单在其中占了 39 亿美元，比重高达 89%（来自 IC Insights 的数据）。三星电子在全球晶圆代工业中的座次每年都在上升，到 2012 年已经"坐三望二"，而且营收与排名第二的格罗方德相当接近。

　　为了规避三星电子的专利威胁，台积电必须提升芯片设计能力，发展自主知识产权。由于电路设计与半导体工艺之间的依存关系越来越紧密，台积电其实已经在持续努力于实现两者整合的最佳化，并且取得了令人瞩目的成果。在过去，一般是晶圆代工厂自行研发工艺技术并将其提供给客户，但台积电的做法不同，在工艺研发的早期阶段就会邀请客户共同参与。台积电会引进一套专用于设计的工作软件（涵盖设计规则规范、设计规则检验、集成电路模拟程序模型及其他设计相关事项），使用加强版的工艺变异定时监控，考量测试载具中复杂的布局效应等。这一系列做法有助于减少客户在芯片设计上的风险，并且可以缩短产品上市时间。台积电花大力气打造的 OIP，此时发挥了极大的作用。

　　从 2012 年开始，台积电着手培养自己的处理器芯片设计团队。刘德音在英特尔和贝尔实验室做过研发，对研发蓄力甚深。在他的领导下，台积电培养出全台湾数一数二的芯片设计团队，约有两三千人，而且这些人流动性不高，许多人一待就是十几年。台积电有能力做出世界一流的芯片设计，这些芯片设计方案早已经过台积电内部千百次的试炼，只要客户点头，马上就能上线生产。而且台积电不会用这些芯片设计方案来做出产品与客户竞争。台积电做了这么多年的晶圆代工，积累了相当多的知识产权，这已成为台积电看不见的秘密武器。相比之下，三星电子的知识产权不够多，要什么没什么，很多都必须外购。

　　虽然苹果积极"去三星化"，想要把手机 SoC 芯片的代工业务转给台积电，但这不是一蹴而就的事情。为了扶持台积电，苹果将部分 A6 芯片的订单分给了台积电。台积电也通过代工 A6 芯片来向苹果证明自己的实力，同时将自己的工艺专利毫无保留地交给苹果做验证。为了确保万无一失，台积电专门开发了两个版本的 A8 芯片让苹果挑选，不绕过三星电子的专利墙誓不罢休。在正常情况下，台积电只要用一年到一年半的准备时间就可以为苹果代工芯片，因为要解决知识产权的问题，结果花了超过两年的时间。与此同时，台积电也在疯狂扩产。晶圆十二厂、十四厂和十五厂这 3 个 12 英寸大厂都在以接近平时 3 倍的速度扩建。其

中最重要的，晶圆十四厂的新增产品线仅用了 11 个月就成功实现量产。2013 年，台积电将一半的收入都用来扩张产能。可以说，张忠谋已经把自己的筹码全部押上去了。不过，张忠谋仍然霸气地拒绝了苹果和高通打算给台积电的 10 亿美元投资，台积电不想给苹果和高通开辟专用的生产线，而是"希望保持灵活性"。

2013 年 3 月 20 日，李在镕的"干掉（中国）台湾"计划被中国台湾《今周刊》杂志曝光，并以"三星灭台计划"这一耸人听闻的标题刊登为专题。公正地说，三星电子制定的这个路线图并没有超出企业正常市场竞争范围的内容，其他企业也会做出类似"干掉三星"的经营计划。让人震惊的只是三星电子胃口之大，并且这份路线图已取得了一定的成功。中国台湾的液晶面板、存储芯片产业均被三星电子斩落马下，只剩代工业尚存。"三星，就像是个变形金刚，身上随便一个零件拆下来，都可以与一家公司抗衡。"[①] 三星电子被整个中国台湾的电子产业界视为最大的敌人，而中国台湾也只有台积电拥有可与三星电子竞争的实力。

## "一部手机救台湾"

2013 年 9 月，苹果发布的 iPhone 5s 所使用的 A7 芯片，采用的是 28 纳米 HKMG 工艺，仍旧由三星电子代工。但据香港汇丰银行分析师的估计，到年底台积电将获得约三分之一的苹果芯片订单。此长彼消，三星电子的晶圆代工营收已开始急转直下，2013 年度只有 34.5 亿美元，同比大跌 20%，全球排名下降到了第 4 位，还不如联华电子（来自 IC Insights 的数据）。2014 年 9 月，苹果发布 iPhone 6 及 iPhone 6 Plus，台积电成为这一系列苹果手机所使用的 A8 芯片的唯一代工商。三星电子一家独吃苹果 A1 到 A7 所有芯片的辉煌史成为过去。三星电子的出局倒不全是因为和苹果的利益冲突或专利官司，而是因为在 20 纳米技术上出现了卡壳。20 纳米是台积

---

① 相关内容可参考旷文琪、邱碧玲于 2010 年 1 月 18 日在《商业周刊》中国台湾版上发表的《三星成科技业公敌》一文。

电 2D 晶体管的最后一个工艺节点，晶体管漏电的问题很难解决，生产难度很大，成品率很难提高。而台积电则在 20 纳米技术上凭借双重曝光技术实现了重大突破，缔造了 20 纳米技术产能提升最快的纪录，成功领先全球半导体制造业。台积电凭借硬实力取得了对三星电子的领先优势，才赢到苹果全部 A8 芯片订单。在台积电 20 纳米技术的加持下，苹果 A8 芯片比 A7 芯片的 CPU 性能提升 25%，GPU 性能提高了 50%，官方数据还显示两款 iPhone 6 的续航表现均比上一代有所提升。

苹果 A8 芯片是台积电有史以来以单一芯片而论的最大订单，可为台积电新增超过 20 亿美元的营收。按照苹果的计划，其 2014 年要生产出 5500 万部 iPhone 6，这意味着台积电必须供应至少 5500 万颗 A8 芯片，再考虑到成品率问题，所需生产的晶圆数量之多可想而知。事实上，iPhone 6 系列是苹果的首款大屏手机，也成为最畅销的一款手机，其最终销量达到了 2.2 亿部，恐怕再无一款手机能够超越。另外，台积电从苹果那里得到的并不仅仅是手机 SoC 芯片订单，很多 Mac、iPad、iWatch 的芯片也需要靠台积电供应。台积电 2014 年第三季度的毛利率同比增加 2%，上升到 50.5%，这是自 1996 年以来首次突破五成。台积电的股价因此大幅飙升，市值突破 3 万亿元新台币。员工们如释重负：“如果不是荣誉感，期待打败三星电子，谁愿意长期跟家人分隔两地？”而中国台湾媒体更是兴奋地播报着号外：“一部手机救（中国）台湾，张忠谋揭竿灭三星”。因为失去 A8 芯片订单，三星电子的晶圆代工业务多年来第一次出现亏损。而台积电的经营业绩大涨，该年的销售额达到 7628 亿元新台币（合 252 亿美元），同比增长 30%；全年净利润更是劲增 40%，达到 2639 亿元新台币（合 84 亿美元）。台积电也凭此业绩于次年首度进入世界 500 强榜单。

失去苹果 A8 芯片订单、产能即将唱“空城计”的三星电子，转而祭出特别优惠的价格，据说比台积电的报价要低三成，希望引起高通的兴趣。同时，三星电子还给高通亮出下一代旗舰手机 SoC 芯片订单，许诺在 galaxy S7/S7 edge 上采用高通的骁龙 820 芯片，以增加谈判的筹码。三星电子在 2015 年 3 月发布的 Galaxy S6 手机上原本已放弃了高通的骁龙 810 芯片，打算全部采用自行研发的 SoC 芯片。

高通早期的手机 SoC 芯片主要由美欧 IDM 大厂代工，只有低端芯片订单才会交给台积电。自 0.13 微米工艺一役之后，台积电开始将欧美 IDM 大厂逐个抛到身后，高通的手机 SoC 芯片订单也越来越多地被台积电揽下。自 2008 年始，在长达 10 年里，高通都是台积电排名第一或第二的大客户，最多时在 2014 年给台积电贡献了 1576 亿元新台币（约 52 亿美元）的营收，占台积电总营收的比例高达 21%。但高通也担心供应链存在风险，不希望看到只有一个晶圆代工商的局面。高通自身在业内就以擅长垄断著称，当然不希望自己的命脉被捏在台积电的手中。更何况，高通才刚与台积电吵了一架。

##  "火龙"事件

苹果 A7 处理器号称"全球首款 64 位双核处理器"，其芯片性能是上一代 A6 处理器的两倍，也大幅领先于高通的骁龙 801 芯片，从此开启了智能手机 CPU 的全新时代。高通看着眼热，急匆匆地推出了同样针对 64 位处理器的骁龙 810 芯片。骁龙 810 芯片的设计非常激进，一口气用上了八核的架构设计，性能极其强大。安卓阵营中的许多品牌都在自己最高端的旗舰机上应用了高通的这款芯片。没想到，骁龙 810 芯片出现过度发热以至于烫手的问题，被消费者讥为"火龙"。一大批依赖高通通用芯片的安卓手机品牌都受到了拖累。索尼、LG、HTC 和摩托罗拉从此一蹶不振。小米 5 被迫推迟近一年才发布，销量被华为超越。华为 Mate 7 意外大热，其实是因为幸运地填补了高端手机市场的空白。坚持走自研手机 SoC 芯片路线的华为借此机会崛起。安卓阵营里唯一幸存的国际大牌就是三星，因为三星手机主要用的也是自研的 SoC 芯片。不喜欢高通而转用联发科芯片的魅族也风光了一年。OPPO 和 vivo 从此彻底走上了"低配置高适用"路线……骁龙 810 芯片问世的 2014 年竟成了全球智能手机界演变的一个分水岭。台积电在拿下苹果 A8 芯片的订单后，产能紧张，对高通不免有所怠慢。台积电在优先满足苹果订单后才将剩余产能供给高通，这原本就已经让高通颇有微词。高通在"火龙"事件中损失惨重，颜面大失，但高傲的高通不承认自己的设计有问题（下一代的骁龙 820 芯片又退回到四核的架构设计），而是把"锅"甩到台积电的身上，指责台积电的工艺出了问题。台积电当然不会承认，因为同样用 20 纳米技术做出来的苹果手机 SoC 芯片并没有发烫的问题。这事闹得双方的关系有点僵。于是，2014 年 7 月，高通与中芯国际共同宣布在 28 纳米技术上合作生产骁龙芯片，高通随后即把面向千元手机市场的骁龙 410 芯片的订单给了中芯国际。中国反垄断监管部门此前指控高通对客户收取过高的专利授权费，并滥用市场主导地位，高通可能因此面临巨额罚款。高通的这一动作被认为也有向中国政府示好的意思。在高通的帮助下，中芯国际于 2015 年年中成功量产 28 纳米 PolySion 工艺，2016 年年初进一步升级到 28 纳米 HKMG 工艺，这为其开发 16/14 纳米 FinFET 工艺打下良好基础。高通是中芯国际 28 纳米工艺的第一个量产客户，高通的订单对中芯国际来说相当重要。

台积电当然不想失去高通这个大客户。2014 年年底，台积电斥资 8500 万美元收购高通台湾分公司的龙潭封装厂。封装是台积电的弱项，此举既是为了在先进封装技术上发力，方便更好地服务客户，也有与高通缓和关系的意思。

高通新上任的 CEO 史蒂夫·莫伦科夫不为所动，借着三星电子打折的机会，悍然要求台积电也给出一个大折扣。在几番艰苦的谈判之后，一向不喜欢降价的张忠谋最终没有妥协。张忠谋曾经表示，他很向往投资银行的一个特点，那就是对客户从来不降价。虽然台积电的"产能"同样会过剩，同行间的竞争也相当激烈，但是不降价的原则始终如一，可以作为晶圆代工业的典范。而台积电也有不降价的底气。张忠谋相信，只要保持技术领先和做好服务，一时失去的客户迟早还会回来。

就在高通犹豫要不要转单的节骨眼上，2014 年 12 月，市场上传来了让人惊愕的消息：三星电子宣布从 28 纳米技术直接跨代至 14 纳米技术，并开始量产，比台积电规划的 16 纳米技术量产时间至少提前了半年。而且，这不是简单的工艺迭代，因为 16/14 纳米技术要用到 3D 晶体管，与 28 纳米技术的 2D 晶体管相比是一个巨大的技术飞跃。

# 第九章　再战三星电子

##  英特尔量产 3D 晶体管

20 世纪 90 年代中期，半导体业界已经开始担忧无法进一步缩小晶体管尺寸。随着晶体管做得越来越小，晶体管的源极与漏极越来越接近，短沟道效应变得越发明显，栅极对电子流动的控制力变弱，晶体管处于关闭状态时的漏电越来越成为大问题。这种漏电会增加甚至主导芯片功耗。预计在十几年后，芯片"每平方厘米的功耗甚至高过了火箭喷管"。这个问题如果得不到解决，那就意味着摩尔定律将走到尽头。

2000 年，在美国国防部高级研究计划局的资助下，胡正明及其团队提出了立体结构的 FinFET 解决方案，立即引起了业界的广泛关注。在传统晶体管的结构中，栅极属于平面的结构，只能在一个方向上控制电路的接通与断开。然而，在 FinFET 架构中，栅极被做成类似鱼鳍的叉状 3D 结构，可于栅极的两侧控制电路的接通与断开。这种设计可以大幅提高电路控制的稳定性并减少漏电次数，还可以大幅缩短栅极长度。FinFET 对垂直空间的利用解决了漏电问题，使得晶体管尺寸可以进一步缩小。利用 FinFET 技术，胡正明领导的研究小组开发出当时世界上体积最小、通过电流强度却最大的晶体管。这种新型的晶体管为芯片性能的提高开辟了广阔的道路。

为了通过解决 FinFET 商业化的问题，来实现 28 纳米之后的工艺技术突破，2001 年张忠谋邀请胡正明来到台积电，并让其担任 CTO。在胡正明为台积电工作的 3 年多时间里，台积电不顾全球互联网泡沫破裂的影响，在新技术研发上不计成本地投入，以加速消化 FinFET 工艺，并不断尝试实现量产。

2011 年 5 月 4 日，英特尔首先宣布开发出可以投入大规模生产的 FinFET 晶体管，这也是第一个商业化的 3D 晶体管。当天，英特尔对外展示了代号为"常春藤桥"的处理器，它是业界首个 22 纳米微处理器。从此以后，摩尔定律继续向 22/20 及以下纳米工艺演进，胡正明的发明"使摩尔定律又延续了几十年"。

2012 年，英特尔率先量产 22 纳米 FinFET 工艺芯片，保持了业界领先优势。英特尔与两家做 FPGA 芯片设计的公司——Tabula 和 Achronix 签署了晶圆代工合同。2013 年 2 月，英特尔宣布为 FPGA 行业排名第二的阿尔特拉代工芯片。消息传出后，业界一片哗然，因为英特尔这位半导体行业霸主、IDM 厂最坚固的堡垒，在那之前的很多年里都看不上晶圆代工业务。新上任的英特尔 CEO 布莱恩·科再奇来了个大转身，不断放话称英特尔对"开放芯片代工制造的合同业务"非常感兴趣，英特尔的目标是成为"开放式的晶圆代工厂"，力求行业内每一家公司都能够充分使用英特尔领先于世界的技术来制造芯片。英特尔一向招聘最好的人才，然而人工成本很高（美国人工成本至少是中国台湾的 3 倍），这是它此前不做晶圆代工的主要原因。率先掌握 3D 晶体管技术让英特尔获得了切入高端晶圆代工市场的机会，就像当年 IBM 利用率先掌握的铜制程工艺技术抢占高端晶圆代工市场一样。

对于失去阿尔特拉一事，张忠谋一边表示"非常遗憾"，一边表示英特尔涉足晶圆代工是"把脚伸到池里试水温……相信英特尔会发现，水是很冰冷的"。张忠谋为什么不看好英特尔做代工？这是因为，英特尔在半导体界当了多年的老大，从来都是别人服务它，没有它服务别人的道理，它自然很难放低姿态去适应自己的全新定位。作为一家 IDM 厂，英特尔自有产能一定优先被用于生产支持其主营业务的电脑 CPU，因此，它做代工服务时也不太可能一碗水端平。最重要的是，台积电的大客户几乎都是英特尔的竞争对手，它们不太可能将订单交由英特尔生产。英特尔的合作对象只能是微软、谷歌、亚马逊和思科等系统公司，它们的订单品种多、数量少，业务做起来很麻烦。高通董事长保罗·雅各布也表示，英特尔的业务模式是大批量生产单一芯片，而台积电"在生产芯片方面采用不同的模式，非常灵活，能同时制造多款不同产品，生产过程由软件控制"。

不过，英特尔为这几家公司做代工并不能说明它就真正开始转型了，因为这几家公司全都是做 FPGA 芯片的。FPGA 芯片与手机 SoC 芯片类似，对价格不敏感，而且要求采用最先进的工艺。只不过，整个 FPGA 芯片的市场规模仅 50 亿美元左右，远不能与手机 SoC 芯片相比。业界人士认为，英特尔此举只是为获得苹果的手机 SoC 芯片订单热身。

## 英特尔移动市场受挫

第一批需要用到 3D 晶体管工艺芯片的大客户并不多，只有高通、英伟达、超威、赛灵思和苹果等几家。高通、英伟达、超威和赛灵思都是英特尔多年来的强劲对手，将订单交给英特尔的可能性很小，只有苹果的订单可能性较大。苹果的订单竟成为英特尔晶圆代工业务成败的关键因素，台积电与三星电子争夺苹果订单一役再增变数。

其实，在 iPhone 上市之前，乔布斯就已经把一份手机处理器芯片的订单真诚地放到了英特尔的面前。那时英特尔和苹果正处在蜜月期，苹果放弃了坚持 20 多年的电脑 CPU 自研策略，英特尔最终拿下了苹果 Mac 的 CPU 订单，兴奋不已的英特尔 CEO 欧德宁甚至亲自穿上防尘服为苹果的开发者大会站台。但英特尔对 iPhone 处理器的订单没有珍惜，因为乔布斯将价格压得很低，而且欧德宁不会预料得到，iPhone "实际的销量比任何人的想象都高出 100 倍"，他本以为这个订单无利可图。当时晶圆代工的全球市场规模仅有 100 多亿美元，这么小的规模当然不被年营收已达 300 多亿美元的英特尔放在眼里。于是，英特尔拒绝了苹果大单。这是英特尔在其历史上犯过的最大的错误之一。糟糕的是，英特尔还将接二连三地犯错。

尽管台积电在晶圆代工业务上取得了巨大的成功，但业界几乎没人相信台积电能够挑战英特尔。垄断电脑 CPU 市场的英特尔拥有 60% 以上的毛利率，因此可以容忍较低的成品率，并且能够率先采用新技术进行生产。而台积电即便拥有晶圆代工界最高的毛利率——不过 50%，也必须在达到较高的成品率后才能为客户量产。所以，台积电在工艺上往往要落后英特尔一两代。近年来半导体行业的两次根本性创新（如 2007 年的 HKMG 技术和 2011 年的 FinFET 技术）都源于英特尔率先取得的技术突破，台积电用 3 ~ 4 年的时间才跟上。英特尔一向是台积电追随的标杆企业，刘德音也表示，技术上 "英特尔在哪儿，我们也在哪儿"。2014 年，从半导体销售规模上看，英特尔和三星电子分别是台积电的 2 倍和 1.5 倍。英特尔该年在研发上投入惊人的 115 亿美元，而台积电只投入了不到 19 亿美元，两者完全不在一个量级上。

当然，考虑到英特尔需要把大多数研发费用投入芯片设计领域，加之英特尔的研发人力成本远高过台积电，实际上两家公司在芯片制造领域的研发投入差距没有那么大。

更重要的是，由于手机 SoC 芯片的迭代速度比电脑 CPU 快，手机早已取代电脑成为最快应用最先进工艺芯片的产品。擅长制造手机 SoC 芯片的台积电，相比于只擅长制造电脑 CPU 而为手机造芯失败的英特尔，具有更大的学习曲线优势，在先进工艺上慢慢追上了英特尔。过去，英特尔的工艺通常领先台积电一到两代。但到了 45 纳米工艺，台积电开始 "抢先半步"，几乎比英特尔快半个节点。即英特尔的路线图是 45 纳米、32 纳米、22 纳米，台积电的路线图则是 40 纳米、28 纳米、20 纳米，后者尺寸大约是前者的

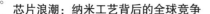

十分之九。蒋尚义认为，若按同样路线演进，台积电能做的别人也能做，那就占不到市场优势；若台积电抢先走到前面，就有了优势。由于全球排名前 20 的 IDM 和芯片设计企业都与台积电有合作，它们都在按台积电的工艺标准进行芯片设计，这就让台积电的工艺路径成为业界标准，迫使其他晶圆代工厂在工艺标准上向台积电靠拢。

到了 3D 晶体管时代，比台积电和三星电子足足提前了 3 年时间量产 3D 晶体管芯片的英特尔，完全可以从容地拿下苹果的订单。连阿尔特拉这个与台积电合作超过 20 年的老客户，都能被英特尔夺走，谁都认为苹果的 A 处理器订单落入英特尔之手只是时间问题。

让人难以置信的是，英特尔可能根本就没想过要去和苹果合作。因为英特尔打算复制自己在电脑 CPU 上的成功经验，利用 3D 晶体管工艺的巨大领先优势走 IDM 道路，力推自己主导的 CISC 路线的 X86 架构，进而垄断智能手机和平板电脑市场，通吃智能手机和平板电脑 CPU 市场的所有利润！对英特尔而言，代工利润可能尚显微薄。

于是，为了让自己擅长的 X86 架构成为移动领域的主流技术路线，英特尔不惜血本地给移动合作伙伴提供大量补贴，仅 2013 年和 2014 年就在移动领域亏损了 73 亿美元。然而，在付出如此高昂的代价之后，英特尔的 CPU 在智能手机和平板电脑市场上的整体份额也仅有 1% 左右。X86 架构的功耗远比 ARM 架构要高，这在对低耗电有很高要求的移动产品上是硬伤。于是，英特尔在智能手机和平板电脑 CPU 市场上屡战屡败，不仅一无所获，还给了台积电和三星电子追赶上来的时间。

## 16/14 纳米之争

在 28 纳米之前，半导体产业界基本保持着摩尔定律所称每两年提高一倍性能的节奏。性能提高一倍，意味着晶体管的面积要缩小一半，这样才能保证在同样面积的芯片中装入两倍数量的晶体管。晶体管形状近似于一个正方形，它的面积等于长度的平方。面积缩小一半，要求长度缩短至原来的 70%。所以，新一代晶体管的栅极长度（也称线宽）都在前一代的 70% 左右。从 0.18 微米、0.13 微米、90 纳米、65 纳米、45 纳米、32 纳米 到 22 纳米，这些数字都是这么算出来的。由于晶体管的栅极长度与沟道长度差不多，也可以认为这些工艺的纳米尺寸指的是沟道长度。

晶体管从平面演进到立体以后，沟道不再是一条直线，其长度开始大于晶体管的长度，所以沟道长度不再与晶体管的工艺相关，晶体管也不再按照原来的速度减小尺寸。而英特尔还是老老实实地用晶体管的长度作为工艺的标识，从 22 纳米 FinFET 到 14 纳米 FinFET，一步步往前走。这时候，三星电子取了"捷径"，仍然按照原有的"乘以 70%"的模式对新工艺进行命名。从营销的角度来说，数字越小显得性能越强大。于是，三星电子把实际上采用 20 纳米 FinFET 工艺的芯片命名为 14 纳米。为了促进营销，台积电的销售部门也希望能把 20 纳米（2D）下一代的 20 纳米 FinFET 叫成 14 纳米，这让蒋尚义很是为难。他说："尺寸根本没有缩，怎么能叫 14 ？后来折中了一下，叫 16。"[1] 所以，三星电子的 14 纳米和台积电的 16 纳米，其实相当于英特尔的 22 纳米。

三星电子和台积电的"宣传手法"让规规矩矩的英特尔研发主管哭笑不迭，他到处澄清英特尔才是"真 14 纳米"，并斥责亚洲竞争者"不诚实"。从此以后，三星电子和台积电的芯片工艺数字相对于英特尔的芯片工艺数字来说都有虚标的成分。[2]

按照彼时的规划，台积电应率先于 2014 年 11 月将 16 纳米投入试产，预计于 2015 年 7 月左右量产；10 纳米也已开始研发，预计 2016 年量产。由于台积电 2014 年初才量产 20 纳米，如果上述计划成真，那么台积电将创造连续 3 年都用新工艺生产新一代产品的奇迹（10 纳米实际上到 2017 年 4 月才量产），这在整个半导体历史上都绝无仅有，连英特尔的

---

① 相关内容可以参考 2019 年 8 月 12 日《天下杂志》（中国台湾版）中的《三星电子与台积电竞争渐趋白热化，究竟谁将胜出？》一文。

② 中国台湾《电子时报》（Digtimes）于 2021 年 7 月发布的研究报告显示，从晶体管密度来看，英特尔的 10 纳米和 7 纳米分别是 1.06 亿 /$mm^2$ 和 1.8 亿 /$mm^2$，台积电的 7 纳米和 5 纳米分别是 0.97 亿 /$mm^2$ 和 1.73 亿 /$mm^2$，三星电子的 7 纳米和 3 纳米分别是 0.95 亿 /$mm^2$ 和 1.7 亿 /$mm^2$。

工艺都要每两年才升级一次。台积电内部志得意满，认为 16 纳米在与三星电子及英特尔的战争中"取得了压倒性胜利"，拿下苹果 A9 芯片订单则"有如探囊取物"。由于三星电子的 28 纳米工艺走的是前栅极技术路线，因此它要调转船头改走后栅极路线并不容易，这就让台积电抢先量产并几乎通吃了 20 纳米的市场。16 纳米是在 20 纳米的基础上加入 FinFET 技术研发而成的，有 95% 的 16 纳米设备可以和 20 纳米共享，且 16 纳米设备的相关技术与经验的延续性很强，所以台积电对 16 纳米设备的熟悉程度远超其他厂商。当时台积电估计 16 纳米的量产时间将比三星电子领先差不多两年。

然而，三星电子却出人意料地跑到了台积电的前面。2015 年初，三星电子宣布 14 纳米正式量产，首先用来制造自家的顶级移动处理器 Exynos 7420。高通的最新款骁龙 820 转单三星电子的 14 纳米。一向追求最优用户体验的苹果，也开始将天平向三星电子倾斜，将部分 A9 芯片订单交给了三星电子。

客户跑了，投资人也怕了。2015 年 1 月 8 日，两家外资券商不约而同降低台积电的投资评级。其中，已连续看好台积电 5 年之久的瑞士信贷，第一次在评级中给出负面评价，主要理由是："今年竞争加剧！"里昂证券则认为台积电将失去八成苹果新增的订单，估计损失达 10 亿美元以上。台积电股价一度大跌。

2015 年 4 月 11 日，三星 Galaxy S6 手机正式上市，它使用的 64 位八核 Exynos 7420 处理器一举拥有当时全球性能最强的手机 SoC 芯片。这也是自 Galaxy S3 采用双平台以来，三星在其旗舰机中首次完全弃用高通骁龙。

三星电子的 14 纳米之所以能够抢在台积电前面量产，梁孟松发挥了至关重要的作用。

## 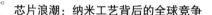 技术狂人的跳槽官司

对于台积电来说，起诉梁孟松竞业限制一案，绝对不能输！

　　为了打赢二审官司，台积电委托第三方专业机构，采用最先进的电子显微镜，以头发直径的万分之一的精度进行分析，详细比对台积电、三星电子、IBM 三家公司最近 4 代芯片产品的主要结构特征及组成材料。三星电子的技术源自 IBM，和台积电的技术不应该是同一个路数。比对结果却显示，三星电子的产品在 65 纳米工艺时期还与 IBM 产品特征相似，从 45 纳米、32 纳米到 28 纳米，就与台积电产品越来越雷同。报告中列出了芯片的 7 个关键工艺特征，例如浅沟槽隔离层的形状、后段介电质层的材料组合等，双方都高度相似。另外，三星电子 28 纳米 P 型芯片电极的硅锗化合物，在结构特征上更接近于台积电的菱形，与 IBM 的圆盘 U 形"完全不同"。而且，双方刚刚量产的 16/14 纳米 FinFET 产品更为相似，"单纯依靠结构分析可能分辨不出产品来自三星公司还是来自台积电公司"。报告认定，台积电几项"如指纹般独特且难以模仿的技术特征"皆遭三星电子模仿，"梁孟松应已泄露台积电公司之营业秘密予三星公司使用"。司法机关采信了台积电提供的这份《台积电 / 三星 /IBM 产品关键工艺结构分析比对报告》。

　　另外，司法机关还认定，梁孟松其实任教于三星电子内部的企业培训大学——三星半导体理工学院，该校址就设在三星电子厂区。梁孟松的 10 个韩籍"学生"，其实都是三星电子的资深在职员工。法院调看了梁孟松从 2009 年 8 月到 2011 年 4 月间的出入境资料，发现在这 630 天内，梁孟松在韩国足足逗留了 340 天。而按合同，梁孟松每周只需在韩国授课 3 小时。而且梁孟松的妻小都在中国台湾生活，并没有随他去韩国。这些都让人怀疑他到韩国就是为三星电子提供服务。

　　从一审到二审初期，法官都对梁孟松持同情态度，这个案子无法避免地存在大公司欺负小职员的嫌疑。二审主审法官熊诵梅一开始还驳回了台积电所提出的一些特定请求。到了二审后期阶段，不断挖掘出来的新证据有力地证明了梁孟松一直在为三星电子服务的事实，熊诵梅的态度也发生了变化。而且，熊诵梅的先生是韩国人，她本人也到过成均馆大学多次，深知它与三星的密切关系。她还知道，利用学院来为人才"漂白"，以度

过竞业限制期，是韩国企业的惯用招数。此前新日本制铁公司曾控告离职工程师泄密给韩国浦项钢铁。在这个官司中最终被查到一个关键细节——新日铁工程师离职后，带着高度机密的特殊钢配方，先到浦项工业大学"漂白"，度过竞业禁止期。

熊诵梅常与美日同行交流，深知"叛将"已成为令人头痛的议题。为保护大企业的商业秘密，各地都祭出非常手段。"能有几个大企业？我们如果不保护它们，要保护谁？"熊诵梅强调。①

于是，2014 年 5 月，台积电控告梁孟松侵犯商业秘密的民事诉讼，在二审时逆转取胜。法官同意台积电的要求，为了防止台积电的商业秘密泄露，从即日起到 2015 年 12 月 31 日，梁孟松不得以任职或其他方式为三星电子提供服务。梁孟松不服，向台湾地区"最高法院"提起上诉。

2015 年 8 月，台湾地区"最高法院"判决台积电胜诉，以侵犯台积电的技术专利及窃取商业机密为由，禁止梁孟松于 2015 年 12 月 31 日前替三星服务；禁止他泄露台积电机密及台积电人事资料，以防三星电子恶意挖角。这起长达近 4 年的知识产权诉讼案终于告终。梁孟松案影响深远，它判定企业高层主管在竞业禁止期结束后仍不能到竞争对手公司工作，这在台湾地区司法和科技界都属首例。

## ⊞ "他真的比较特别"

关于梁孟松在提升三星电子技术水平上发挥的作用，台积电 CLO 方淑华曾在法庭上这样表述："梁孟松去三星，就算不主动泄露台积电机密，只要在三星电子选择技术方向时提醒一下，'这个方向不用考虑了'，三星电子就可以少花很多物力、时间。"方淑华强调："他真的比较特别。"

要知道，在半导体行业，自己摸索一年技术细节，可能还不如别人

---

① 相关内容可参考陈亮榕于 2015 年 1 月 21 日在《天下杂志》（中国台湾版）上发表的《猎杀叛将：揭秘台积电梁孟松投效三星始末》一文。

说一句话。对于三星电子这种业内大厂来说，很多技术问题就是一层窗户纸。只要有人能指明方向，技术开发这些事情都不会遇到大问题。在28纳米以下的工艺上，全球形成了分别由英特尔主导的FinFET和由IBM主导的全耗尽型绝缘层上硅（FD-SOI）两条技术路线。FinFET技术较为复杂，主要利用垂直空间来解决晶体管做薄后的漏电问题。FD-SOI技术相对简单，它是一种平面晶体管技术，通过在顶层硅和衬底之间增加一层薄薄的氧化绝缘体，减少向底层的漏电。在当时的技术条件下，氧化层做不到5纳米的厚度，FD-SOI因而迟迟无法取得技术突破。FD-SOI相较于现有工艺的改变不多，所以刚开始多数晶圆厂都倾向于FD-SOI路线。三星电子原本属于FD-SOI阵营，当梁孟松意识到三星电子的20纳米处于落后地位时，他力排众议，建议三星电子放弃2D晶体管的20纳米FD-SOI技术的研发，直接开始3D晶体管的14纳米FinFET技术的研发。结果，三星电子凭借FinFET技术成功地从28纳米直接跨代至14纳米，并于2014年12月初开始量产。

梁孟松力推三星电子跳过20纳米（2D）工艺并非偶然，因为联华电子也同样跳过20纳米（2D），从28纳米直攻16/14纳米。20纳米（2D）是2D晶体管的最后一代工艺，有很明显的物理局限性，性能提升并不大，其需要的双重曝光技术却要增加不少成本，因此可以说20纳米（2D）是一个过渡工艺。只有手机SoC、CPU和可编程芯片厂商对20纳米（2D）感兴趣，连英伟达和超威都因为晶体管没有规模成本优势而没有推出这一工艺的GPU新品。台积电的财报数据也反映出20纳米的生命周期比较短暂，如表9-1所示。所以，20纳米不做也罢，3D晶体管的16/14纳米能实现技术方面质的进步，这才是决胜的关键工艺。

表9-1　台积电先进工艺历年营收占比

| 类别 | 制程 | 2011 | 2012 | 2013 | 2014 | 2015 | 2016 | 2017 | 2018 | 2019 | 2020 | 2021 | 2022 |
|------|------|------|------|------|------|------|------|------|------|------|------|------|------|
| 2D晶体管 | 28纳米 | 1% | 12% | 30% | 33% | 28% | 26% | 23% | 20% | 16% | 13% | 11% | 10% |
| | 20纳米 | | | | 9% | 16% | 7% | 4% | 2% | 1% | 1% | 0% | 0% |

续表

| 类别 | 制程 | 2011 | 2012 | 2013 | 2014 | 2015 | 2016 | 2017 | 2018 | 2019 | 2020 | 2021 | 2022 |
|------|------|------|------|------|------|------|------|------|------|------|------|------|------|
| 3D晶体管 | 16纳米 | | | | | 4% | 21% | 21% | 21% | 20% | 17% | 14% | 13% |
| | 10纳米 | | | | | | | 10% | 11% | 3% | 0% | 0% | 0% |
| | 7纳米 | | | | | | | | 9% | 27% | 34% | 31% | 27% |
| | 5纳米 | | | | | | | | | | 8% | 19% | 26% |
| | 小计 | | | | | 4% | 21% | 31% | 41% | 50% | 58% | 64% | 66% |
| 合计 | | 1% | 12% | 30% | 42% | 48% | 54% | 58% | 62% | 67% | 72% | 75% | 76% |

（数据来源：台积电历年财报）

在半导体产业中，错误选择技术路线的代价是非常昂贵的。由于技术瓶颈难以突破，FD-SOI 阵营元气大伤，一向依赖 IBM 技术的格罗方德与联华电子都因为错站 FD-SOI 的队伍而发展受挫，属于英特尔技术派系的台积电和改走 FinFET 路线的三星电子则一路凯歌。

即便台积电通过逆向工程的方式发现三星电子的产品与台积电的产品雷同，但缺乏更多直接有力的证据来证明三星电子侵权，因此仍没有把握能够打赢起诉三星电子侵权的官司，于是就没有像 10 年前起诉中芯国际一样，到美国去起诉三星电子侵权。

半导体企业之间竞争激烈，相互挖角是寻常事。不仅三星电子和中芯国际从台积电挖人，台积电自己也从英特尔和 IBM 挖了不少人才。技术跟着人才流动，半导体企业之间因为被侵犯专利和窃取商业机密打官司其实也是寻常事。但侵权官司很难拿到直接证据，并不容易打赢。中芯国际被起诉并且输了官司，与一个名叫马尔科·莫拉的意大利籍"队友"有很大关系。莫拉是张汝京在德州仪器与世大积体电路公司的同事，也是张汝京为中芯国际招聘的第一个员工。身为中芯国际营运总监的莫拉，竟然给正在办理离职手续的台积电员工发邮件，要求对方提供一款产品的详细工艺流程，结果被台积电抓了现行。这种低级错误实在少见。

而且，台积电要和三星电子打官司，还有投鼠忌器的为难之处。三星电子既是台积电的竞争对手，也是台积电间接的大客户。三星电子向来是全球半导体市场最大的买家，2014 年采购了 321 亿美元的半导体产品，远高于苹果的 258 亿美元和惠普的 147 亿美元（源自 Gartner 发布的数据）。三星电子通过高通、博通向台积电间接采购芯片，可以为台积电创造占到一成比重的营业收入。台积电不可能因为一宗没有必胜把握的官司而得罪自己的大客户。

还需要注意的是，台湾地区科技产业中的液晶面板企业和芯片设计企业已接连发生离职员工带走企业商业机密的案件。在梁孟松案的直接影响下，台湾地区于 2013 年修正了所谓的"营业秘密法"，对泄露商业机密增加了刑事责任，犯法者可判处 5 年以下徒刑，并处 100 万至 1000 万元新台币罚金；若在省外犯罪且泄露商业秘密，刑罚加重为 1 年以上 10 年以下徒刑，最高罚金为所得利益的 10 倍。台湾地区希望修正后的条例能够提高吓阻效力，对企业的商业机密提供有效的保护。2017 年，台积电一名徐姓工程师被控在离职前窃取公司的 28 纳米技术，遭到台湾地区检方起诉，获刑一年半，此案可作为业内警示。通过修法来加强对企业商业机密的保护，已是大势所趋。而且，专利侵权的赔偿金额因存在明确计算依据而有限额，商业机密泄露案的赔偿金额却没有上限，在司法实践中，商业机密泄露案的赔偿金额经常远高于专利侵权案。

在科技竞争日趋白热化的今天，一项领先技术往往能决定一家高科技企业的成败，而一家关键高科技企业的成败又可能影响到一个国家或地区的经济发展。重视企业商业机密保护是大势所趋，我们国家需要对此有高度的重视。

## 海思崛起

原本台积电还能够在 16/14 纳米上保持对三星电子的优势，因为当时三星电子缺乏对 14 纳米至关重要的 FinFET 技术。可是，梁孟松加盟三星电子，直接抵消了台积电的技术优势，帮助三星电子重新夺回苹果手机 SoC 芯片的代工订单。一位与台积电主管熟识的半导体学者感叹："当初台积电如果不让他走，今天就不会这么惨了！"台湾媒体遗憾地称："台

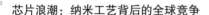

积电累积 20 多年、以数千亿元新台币研发经费打造的技术优势，已在一夕之间被抹平了。"

在 2015 年 1 月 15 日的法说会上，张忠谋面对镜头，面色凝重地承认："没错，我们有点落后了。"但他秉持过去半年的基调，强调明年会追回来："在一个更大的市场取得更多份额。"

张忠谋承认落后的当天，台积电股票应声上涨了 8%。投资者们相信，张忠谋会绝地反击。而台积电也确实在筹备多线反击。台积电将研发工程师由 2014 年的 5123 人增加到 5690 人，增幅为 11%，同时投入 21 亿美元的研发费用，再创历史新高，未来还将"有增无减"。台积电的 16 纳米 FinFET 强效版（16FF+）和精简版（16FFC）工艺技术分别于 2015 年 7 月和 2016 年第一季度投入量产。相较于 20 纳米（2D），16FF+ 速度增快 40%，在相同速度下的功耗降低 50%，能够成功支持下一代高阶移动运算、网络通信及消费性产品。16FFC 搭配光学微缩与工艺简化优势，能进一步降低芯片成本，并可直接基于 16FF+ 进行工艺转换。16FF+ 与 16FFC 被广泛应用在移动、网络和消费性电子产品所需的 CPU、FPGA 和 GPU 芯片的生产上。

高通跑了、苹果分单，在这危急时刻，一个谁也没有预料到的新客户给了台积电最关键的支持：华为。

海思是华为旗下专门从事芯片设计的公司。让人难以想象的是，海思刚"出道"的时候，为它做晶圆代工的竟是 IBM。IBM 用 5 年时间完成了华为的流程改造项目，将华为从一家本土公司改造为一家国际化的公司。感激之余，华为让新成立的海思将芯片制造外包给了当时还拥有最先进芯片制造技术的 IBM。然而，因为无法像专业晶圆代工厂那样不断为最先进工艺投入大规模的资金，IBM 的芯片制造业务逐渐落后，年度亏损最多时曾达到 15 亿美元。IBM 似乎对此并不在乎，毕竟它在经历了郭士纳的改革以后，将经营重心从制造业务转移到服务业务，能够在 IT 解决方案咨询、软件和服务等业务上轻松赚大钱。2013 年，IBM 微电子部门的销售额仅有 14 亿美元，占 IBM 整体营收的百分之一点几，该部门的税前亏损甚至达到 7 亿美元。2014 年上半年，该部门又亏损了 4 亿美元。随着芯片工艺进入 3D 晶体管时代，半导体工艺越来越复杂、投资越来越庞大，IBM 不打算继续在晶圆厂上投资，若再继续持有晶圆厂会因缺乏经济规模和技术落后而持续亏损。于是，IBM 将芯片制造业务剥离给了格罗方德，自己仅保留了负责芯片工艺研发的奥尔巴尼纳米技术中心和负责服务器 CPU 研发的一个芯片设计团队。IBM 转型为一个以研发先进工艺为目标的实验室性质的厂商，靠向晶圆厂收取专利授权费来获利。格罗方德的芯片制造水平不佳，海思只好转投台积电。

稚嫩的海思在起步阶段就选择了最强的晶圆代工厂，并不惜成本地一直坚持了下去。以往，只要台积电推出最先进的工艺技术，第一家采用的不是苹果就是高通，但在台积电推出第一代 16 纳米 FinFET 工艺技术时，第一家采用的却是海思。2014 年 9 月，台积电与海思合作，推出将 3 个 16 纳米芯片整合在一起、具有网络处理功能的单芯片。该芯片也让海思成为第二家采用台积电非常昂贵的 CoWoS（Chip on Wafer on Substrate）封装技术的公司，仅晚于赛灵思。海思的麒麟 950 和麒麟 960 芯片的制造也都采用了台积电的 16 纳米工艺。麒麟 950 用在了华为 Mate 8 手机和 MediaPad M3 平板电脑等产品上，麒麟 960 则用在了 Mate 9 等机型上。麒麟芯片率先采用台积电最先进的技术，一步一步地缩小了与高通骁龙芯片和苹果 A 系列芯片的差距，并使海思逐步成长为台积电最大的客户之一。2016 年，海思成为台积电排名前五的大客户。2018 年，海思为台积电贡献了 8% 的营收，取代高通成为台积电仅次于苹果的第二大客户。2019 年，海思占台积电的营收比例大幅上升到 14%。而且，海思与高通一样，会帮助晶圆代工厂开发先进技术，海思的订单对台积电提高 16 纳米及更先进工艺的成品率是非常重要的。台积电大客户的变迁情况如表 9-2 所示。

表9-2　台积电大客户的变迁

| 年份 | 台积电营业额（亿元新台币） | 大客户A | | | 大客户B | | | 前十大客户销售额占比 |
|------|------|------|------|------|------|------|------|------|
| | | 名称 | 销售额（亿元新台币） | 销售额占比 | 名称 | 销售额（亿元新台币） | 销售额占比 | |
| 1993 | 123 | 飞利浦 | 12 | 10% | | | | — |
| 1994 | 193 | 飞利浦 | 22 | 11% | 凌云 | 17 | 9% | — |

续表

| 年份 | 台积电营业额（亿元新台币） | 大客户A | | | 大客户B | | | 前十大客户销售额占比 |
| --- | --- | --- | --- | --- | --- | --- | --- | --- |
| | | 名称 | 销售额（亿元新台币） | 销售额占比 | 名称 | 销售额（亿元新台币） | 销售额占比 | |
| 1995 | 288 | 飞利浦 | 29 | 10% | 凌云 | 32 | 11% | — |
| 1996 | 394 | 飞利浦 | 26 | 7% | 凌云 | 33 | 8% | — |
| 1997 | 439 | | | | | | | — |
| 1998 | 502 | | | | | | | — |
| 1999 | 731 | | | | | | | — |
| 2000 | 1662 | 英伟达 | 103 | 6% | | | | — |
| 2001 | 1259 | 英伟达 | 218 | 17% | | | | — |
| 2002 | 1610 | 英伟达 | 328 | 20% | | | | — |
| 2003 | 2019 | 英伟达 | 312 | 15% | | | | — |
| 2004 | 2560 | 英伟达 | 219 | 9% | 冶天 | 253 | 10% | 49% |
| 2005 | 2646 | 英伟达 | 247 | 9% | 冶天 | 293 | 11% | 52% |
| 2006 | 3174 | 英伟达 | 340 | 11% | 冶天 | 252 | 8% | 53% |
| 2007 | 3226 | 英伟达 | 374 | 12% | | | | 51% |
| 2008 | 3332 | 英伟达 | 456 | 14% | 高通 | 297 | 9% | 53% |
| 2009 | 2957 | 英伟达 | 303 | 10% | 高通 | 302 | 10% | 53% |
| 2010 | 4195 | 英伟达 | 386 | 9% | 高通 | 372 | 9% | 54% |
| 2011 | 4271 | | | | 高通 | 592 | 14% | 56% |
| 2012 | 5063 | | | | 高通 | 854 | 17% | 59% |
| 2013 | 5970 | | | | 高通 | 1306 | 22% | 62% |
| 2014 | 7628 | 苹果 | 712 | 9% | 高通 | 1576 | 21% | 63% |
| 2015 | 8435 | 苹果 | 1341 | 16% | 高通 | 1342 | 16% | 63% |
| 2016 | 9479 | 苹果 | 1572 | 17% | 高通 | 1075 | 11% | 69% |
| 2017 | 9775 | 苹果 | 2142 | 22% | 高通 | 641 | 7% | 67% |
| 2018 | 10315 | 苹果 | 2247 | 22% | 华为 | 839 | 8% | 68% |
| 2019 | 10700 | 苹果 | 2472 | 23% | 华为 | 1529 | 14% | 71% |
| 2020 | 13393 | 苹果 | 3368 | 25% | 华为 | 1674 | 12% | 74% |
| 2021 | 15874 | 苹果 | 4054 | 26% | 联发科① | 1537 | 10% | 71% |

注：空白处指不存在其他销售额占比曾经超过10%的大客户；"—"指台积电这些年的年报未披露前十大客户销售额占比。

（数据来源：台积电历年财报）

---

① 台积电财报只披露了第二大客户的营收占比为10%，未披露客户名称。后彭博社曝光联发科居第二位。据联发科年报数据可知，联发科2021年在最大供应商处的采购金额为1427亿元新台币，该数字占台积电营收的9%。

## ⚙ 夜莺计划

苹果很快就为它在选择晶圆代工厂上的朝秦暮楚付出了代价。2015年9月9日，在能容纳7000人的旧金山比尔格拉汉姆公民大会堂，库克主持了隆重的新品发布会，iPhone 6s及iPhone 6s Plus压轴登场。这两款新机型采用了全新的A9芯片，CPU性能提升了70%，GPU性能提升了90%。三星电子拿走了大概三分之二的A9订单，台积电仅分得了三分之一。可是，在iPhone 6s和iPhone 6s Plus上市后，细心的消费者发现，两家代工厂用16/14纳米工艺制造的A9芯片，在能耗和机身温度方面有差别。三星电子代工的iPhone 6s续航时间比台积电代工的少了两个小时，机身温度却上升了10%。这一消息引发了轩然大波，部分用户要求退换货。甚至有网络课程教用户怎么识别三星代工产品，以尽早退货。

苹果手机的"芯片门"事件证明了台积电的产品质量胜于竞争对手，台积电顺理成章拿下2016年的苹果iPhone SE的A9芯片及iPhone 7系列的A10芯片的全部订单。苹果的A10芯片值得重点回顾。A10芯片用于苹果的首款手机四核处理器，性能表现卓越，堪称"小火箭"。按照苹果的说法，A10芯片的性能达到了电脑主机的级别，它的速度已经快过同时期的MacBook的CPU。为了与其强大的性能相匹配，苹果专门给它起了一个比较特别的名字"Fusion"，这个词的意思是"核聚变"。有人预言：当iPhone的整体性能可以与MacBook相提并论时，也许就是苹果电脑抛弃英特尔的时候。2016年9月19日，台积电股价大涨5.47%，创下该年最大单日涨幅，此时，iPhone 7系列手机发布不到两周。台积电市值跃至4.75万亿元新台币（约1500亿美元），一举超过蓝色巨人IBM，同时也超过了思科、德州仪器等一众著名的美国IT企业。

10纳米主导了下一场重要战事。半导体业界在评断技术实力时，看的是晶体管效能、芯片金属层联结及芯片栅密度。后两者台积电在20纳米上就已超越英特尔。至于晶体管效能，一旦台积电在两年内追上英特尔，就可以实现对英特尔的超越，身居全球芯片工艺领先地位。在过去，台积电总是追在英特尔后面跑，这时候，连一向温和、谦冲的蒋尚义都

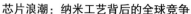

公开对英特尔下战书，声称台积电要在 10 纳米节点上实现赶超。

为了赶超三星电子和英特尔，张忠谋亲自在公司内部启动"夜莺计划"，力图攻克 10 纳米的技术难关。10 纳米被台积电视为"最关键一役""非赢不可的一战"。在"底薪加 30%、分红加 50%"重赏政策的刺激下，有 400 位研发人员加入该计划，按照 24 小时三班倒的节奏连续进行工艺研发。在此之前，只有生产线需要轮夜班，如今"夜莺计划"算是开了研发线轮夜班的先例。由于熬夜伤肝，"夜莺计划"也被称为"爆肝"模式，当时台积电内部流传着"肝越硬，钱越多"的戏谑说法。

张忠谋其实并不赞同加班，他始终认为："我不相信只有工作的人生，会是快乐的人生！"他觉得，人生除了工作还有生活，如果没有生活。人生就没有太大乐趣了。2010 年，张忠谋在台积电推行"减少工时"的改革。他公开表示："不希望员工（周）工作超过 50 个小时。"退休前，张忠谋在台积电每周工作不超过 50 个小时，其余的时间全属于生活。每天下午，当分针跳过"12"、时针停留在"6"时，张忠谋会缓缓起身，牵着他的夫人张淑芬的手说："我现在要回家了！"除了准时下班，张忠谋一般不在周末加班，也不应酬。张忠谋提倡提高工作效率、缩短工作时间的工作方法。"别人工作 50 个小时，你比他多做 20%，工作时长变成 60 个小时，但他的效率比你高 30%，成果还是比你好。"他要求台积电各部门对所有工作流程进行全面"体检"，重新思考这些流程是不是合理，"不能习以为常"，要找出在更短的时间内达到同样效率的方法。"夜莺计划"本意上其实是为了将研发人员的工作时间从十几个小时减少到 8 个小时。当然，对半导体行业而言，一寸光阴一寸金，订单多的时候不加班是不可能的，做研发的加班更是常态。"虽然台积电规定晚上 7 点就要关灯，但是工程师还是会带台灯去加班。"

因为要在技术冲刺的同时不断扩大产能，台积电的资本开支连年增长，2016 年首次超过 100 亿美元。这笔开支主要用于开发晶圆十二厂和晶圆十五厂下一年 40 万片 10 纳米晶圆的月产能。

2017 年 4 月，台积电的 10 纳米芯片实现量产，比三星电子要晚半年多。高通早在上一年的 12 月就宣布，已将三星电子打造的全球首颗 10 纳米服务器芯片送交客户。凭借较高的成品率，台积电仍然赢得苹果A11芯片的独家代工订单，并且拿下联发科、海思等重要客户，第一年即量产了40万片12英寸晶圆。10纳米的成功，对台积电来说是里程碑式的胜利，此后台积电一直独享苹果手机SoC芯片的订单，如表9-3所示。

表9-3　苹果手机SoC系列芯片供应概览

| 苹果手机SoC芯片 | 首次应用该芯片的苹果手机型号 | 该型号苹果手机发布时间 | 工艺节点 | 晶圆代工商 |
|---|---|---|---|---|
| 三星S5L8900 | iPhone | 2007年1月9日 | 90纳米 | 三星电子 |
| 三星S5L8900 | iPhone 3G | 2008年6月9日 | 90纳米 | 三星电子 |
| 三星S5PC100 | iPhone 3GS | 2009年6月8日 | 65纳米 | 三星电子 |
| A4 | iPhone 4 | 2010年6月8日 | 45纳米 | 三星电子 |
| A5 | iPhone 4s | 2011年10月5日 | 45纳米 | 三星电子 |
| A6 | iPhone 5 | 2012年9月21日 | 32纳米 | 三星电子 |
| A7 | iPhone 5s | 2013年9月11日 | 28纳米 | 三星电子 |
| A8 | iPhone 6/6 Plus | 2014年9月10日 | 20纳米 | 台积电 |
| A9 | iPhone 6s/6s Plus | 2015年9月9日 | 16/14纳米 | 台积电、三星电子 |
| A10 Fusion | iPhone 7/7 Plus | 2016年9月7日 | 16纳米 | 台积电 |
| A11 Bionic | iPhone 8/8 Plus/X | 2017年9月12日 | 10纳米 | 台积电 |
| A12 Bionic | iPhone XS/XS Max/XR | 2018年9月13日 | 7纳米 | 台积电 |
| A13 Bionic | iPhone 11/11 Pro/11 Pro Max | 2019年9月11日 | 7纳米+ | 台积电 |
| A14 Bionic | iPhone 12/12 mini/12 Pro/12 Pro Max | 2020年10月13日 | 5纳米 | 台积电 |
| A15 Bionic | iPhone 13/13 mini/13 Pro/13 Pro Max | 2021年9月15日 | 5纳米+（N5P） | 台积电 |
|  | iPhone 14/14 Plus | 2022年9月8日 |  | 台积电 |
| A16 Bionic | iPhone 14 Pro/14 Pro Max | 2022年9月8日 | 4纳米 | 台积电 |

## ⊞ "这是很了不起的一个组织"

大概是有意保持平衡，在苹果把订单从三星电子转给台积电的同时，高通将订单从台积电转给三星电子。三星电子给高通下了一个骁龙830

芯片的大订单，将之用在三星旗舰机 Galaxy S8 上。高通于是将 10 纳米的手机 SoC 芯片全数交给三星电子生产。2016 年，三星电子晶圆代工营收同比增长 61%，达到 43 亿美元，基本恢复到丢失苹果订单之前的最高水准。高通给三星电子的晶圆代工业务贡献了高达 40% 的营收。不过，三星电子的晶圆代工业务也仅有高通这么一个大客户（不考虑三星电子的内部订单）。一直到 2017 年，三星电子晶圆代工业务营收的全球排名都在台积电、格罗方德和联华电子的后面。

虽然张忠谋虎口夺食，成功从三星电子口中抢下苹果订单，但他仍然对三星电子这个竞争对手深表敬佩，这与他对英特尔的轻蔑态度形成了鲜明的对比。他表示自己在 5 年以前就已经预测到三星将会是很强大的竞争对手，但在 10 年前可没想到三星有一天会这么强。他还认为，三星的长处是非常有决心、非常有毅力，一旦最高层决定要做什么事，整个公司会拼命执行。这是很了不起的一个组织，高层一旦下令，全体就会凝聚在一起把目标达成，三星已经多次证明自己的这一特质。业界都知道，三星电子是一家只要锁定一个领域就要力争做到第一的企业，在它那里没有所谓的"老二哲学"。这一点让很多竞争对手都不由胆寒。

三星电子也反思了晶圆代工业务落后的成因。庞大的三星电子可分成三大部门：掌管手机业务的 IM（IT & Mobile）部门、掌管家电业务的 CE（Consumer Electronics）部门与掌管半导体零组件业务的 DS（Device Solutions）部门，三大部门的主管领导同时也是三星电子的三位联席 CEO。三个部门中，家电部门的利润率不到 10%，手机部门有 10%，而半导体部门高达 20%，可见半导体部门是三星电子最赚钱的部门。半导体部门又分为两大事业部：存储器事业部与系统整合芯片（System LSI，其实就是 SoC）事业部。2015 年，存储器事业部利润率高达 35%，系统整合芯片事业部的利润率却仅有 3%，和家电部门相差无几。2016 年初，三星集团未来战略办公室对系统整合芯片事业部进行经营诊断，认为该部门的盈利状况受苹果这一客户的影响太大。系统整合芯片事业部在 2011 年、2012 年"独吃"苹果订单时利润突破 1 兆韩元（约 8.8 亿美元）；2013

年苹果开始转单，该部门利润下滑至 6000 亿韩元；2014 年该部门竟因为没有苹果订单而产生近 1 兆韩元的亏损；2015 年该部门与台积电"合吃"苹果 A9 订单，再加上高通骁龙 820 的订单，才让利润回升至 5500 亿韩元。结论是，晶圆代工部门不独立就不好拿到外部订单，因为苹果、高通和英伟达这些晶圆代工客户同时也是三星电子 SoC 设计部门的竞争对手。

于是，2017 年 5 月 12 日，三星电子正式宣布将晶圆代工部门独立出来，成立了一家纯晶圆代工企业，并计划在未来 5 年内取得晶圆代工市场 25% 的份额。在此之前，市场调查机构给出的三星电子的晶圆代工营收数据一直是偏低的（见表 9-4），因为三星电子的内部订单没有被算进去（主要是 Exynos 手机芯片）。业务独立后，三星电子内部订单也算三星晶圆代工部门的营收。据 IC Insight 的统计，在 2018 年全球代工厂商的营收排名中，此前长期排第四名的三星电子一举超过格罗方德和联华电子，从此一直稳居第二名。

表9-4　三星电子历年晶圆代工营收

| 年份 | 收入 | 增速 | 与台积电比较 | 全球排名 | 大事记 |
|---|---|---|---|---|---|
| 2007 | 3.6 | — | 4% | 10 | |
| 2008 | 3.7 | 4% | 4% | 8 | |
| 2009 | 3.3 | -12% | 4% | 9 | |
| 2010 | 12.1 | 271% | 10% | 5 | 为苹果代工A4芯片 |
| 2011 | 21.9 | 82% | 16% | 4 | 为苹果代工A5芯片 |
| 2012 | 43.3 | 98% | 27% | 3 | 为苹果代工A6芯片 |
| 2013 | 34.5 | -20% | 18% | 4 | 苹果部分转单台积电 |
| 2014 | 25.9 | -25% | 11% | 4 | 台积电独家代工苹果A8芯片 |
| 2015 | 26.7 | 3% | 11% | 4 | 与台积电分享苹果A9芯片 |
| 2016 | 42.9 | 61% | 15% | 4 | 高通转单 |
| 2017 | 44.0 | 2% | 15% | 4 | 分拆晶圆代工业务 |
| 2018 | 99.5 | 126% | 33% | 2 | 自家手机芯片订单计入营收 |
| 2019 | 122.7 | 23% | 41% | 2 | 英伟达转单 |
| 2020 | 145.2 | 18% | 36% | 2 | |
| 2021 | 188.0 | 29% | 37% | 2 | |

（数据来源：IC Insights 2007 年—2017 年、集邦咨询 2018 年—2021 年）

除了拿外部订单，三星电子分拆晶圆代工业务的另外一个目的是解

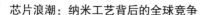

决内部利益冲突。比如，DS 部门为了拿高通订单，要求 IM 部门采购高通芯片，这影响到了 IM 部门的利益。IM 部门认为自己"家底薄"，卖一部手机赚不了多少钱，没理由还要大力帮扶 DS 部门这样的"富亲戚"。现在好了，大家干脆"分家"，"亲兄弟"明算账，凡事由市场说了算。当然，分家以后也就会出现让人尴尬的局面：三星电子的一个部门宣称要在芯片制造领域挑战台积电，另一个部门又誓言要在移动芯片领域挑战高通，全然不顾高通将晶圆代工订单转给台积电的可能性。

三星电子在将晶圆代工业务独立出去的同时，也加大了对这一业务的资本投入。三星电子原本有 3 个晶圆代工厂，分别是韩国器兴的 S1 厂、美国德州奥斯汀的 S2 厂和韩国华城的 S3 厂。其中 S3 厂于 2018 年底才启用，生产 10/7 纳米芯片。2018 年 2 月，三星电子投资 60 亿美元，在华城新建 EUV 专线，该专线于 2020 年正式投产，生产 7 纳米及以下工艺的芯片。三星电子在 2021 年的资本开支约为 370 亿美元，同比增长 20%，创历史新高。看似三星电子的投资总金额超过了台积电，可其中三分之二需投向存储芯片，因此，三星电子在对晶圆代工业务的投资力度上明显处于劣势。

为了跑满产能、扩大营收、缩小和台积电的差距，三星电子在晶圆代工业务上还有一个重要的变化，那就是不再仅仅专注于 10 纳米以下的先进工艺芯片市场，也开始关注 14 纳米 ~ 28 纳米芯片的"蛋糕"，从格罗方德、联华电子和中芯国际等二线竞争对手那里抢生意。在过去很长一段时间内，三星电子只接受利润丰厚的高端芯片的代工订单，盯着台积电追赶。然而，随着物联网时代的来临，中低端芯片市场变得越来越庞大，于是三星电子改变策略，拿出一条 8 英寸线专门代工成熟工艺芯片，扩大晶圆代工业务范围，以争取更多的市场份额。三星电子的晶圆代工业务在 2017 年仅有 35 个客户，如今已上升到 100 多个。

随着芯片越做越小，EUV 光刻日益受到关注。因为要生产 5 纳米及以下工艺的芯片，就不能不用到 EUV 光刻技术。对 EUV 光刻技术的掌握程度，成为决定台积电、英特尔和三星电子未来竞争力的关键因素。

第四篇

海到无边 山登绝顶

# 第十章　超越摩尔定律

## 🔲 解决 EUV 光源难题

随着芯片工艺向纳米时代挺进，半导体行业开始屡屡传出摩尔定律即将走向终结的说法。晶体管的尺寸越做越小，各种技术瓶颈问题相继出现。在浸没式光刻突破波长极限、3D 晶体管解决漏电问题后，下一个需要攻克的重大技术难关就是 EUV 光刻。

在电磁波谱中，EUV 光是紫外区能量最高的部分。它的波长范围为 10 纳米到 100 纳米，介于 X 射线（<10 纳米）和深紫外线（100 纳米～200 纳米）之间。地球上不存在天然的 EUV 光源，太阳产生的 EUV 光无法通过大气和臭氧层到达地球。要用人工的方法制造强大而稳定的 EUV 光非常艰难。

早在 20 世纪 90 年代末，在台积电企业规模还不大的时候，它就开始跟踪 EUV 光刻技术的进展。2000 年左右，台积电参与了"下世代微影技术联盟"（NGL）和"157 纳米联盟"两大全球半导体组织，积极参与 0.1 微米以下微影技术及工艺技术的研究。2002 年，英特尔牵头组建"极紫外线联盟"（EUV LLC），台积电也想加入，结果未被接纳，于是台积电只好转向浸没式光刻技术的研究。讽刺的是，当年参与 EUV LLC 联盟的 6 家芯片制造企业，除了英特尔和美光还在琢磨怎么用 EUV 光刻机，其余 4 家——超威、IBM、摩托罗拉和英飞凌，都已和 EUV 无缘了。

2006 年，阿斯麦将两台内部测试和演示性质的样机交给 IBM 的纽约奥尔巴尼纳米中心和欧洲微电子中心（IMEC）试用，这标志着 EUV 光刻开始走出实验室。台积电也派人赴 IMEC，与阿斯麦共同开发该项技术。一开始状况很不乐观，实验机台有大部分时间都处于故障状态，两年时间只寄回台湾地区 20 片晶圆，"但是绘制的线图非常漂亮"。①

2010 年，第一台概念性的 EUV 光刻样机 NXE 3100 在 IMEC 的洁净厂房内问世。阿斯麦一共造了 6 台 NXE 3100。在蒋尚义的主导下，台积电也买了 1 台用于试用和研究。其他 5 台样机分别被运往三星电子、IMEC、英特尔、东芝和 SK 海力士。NXE 3100 的镜头产自德国蔡司，数值孔径② 是和上一代样机一样的 0.25，但分辨率有了很大的提高。NXE 3100 第一次采用激光等离子体技术制造波长为 13.5 纳米的 EUV 光，甚至可以在芯片上曝光出 10 纳米工艺所需要的图案。美国西盟（Cymer）为 NXE 3100 供应的 EUV 光源还非常弱，最佳状态时只能输出 10 瓦的功率，仅达到量产要求功率的二十五分之一，而且可靠性也低，经常发生故障。

西盟已经在实验室里做出了下一代光源，该光源可以瞬间将功率提高数倍。前方出现了一线曙光，但每年 10 亿欧元的研发投入已经让阿斯麦吃不消了。阿斯麦更担心的是市场风险。EUV 光刻机的市场很小，即使造出来也很可能收不回研发成本。为了降低风险和筹措充足的研发费用，阿斯麦向 EUV 光刻机最可能的购买者推出了"利益捆绑"的合作模式。芯片三大巨头的英特尔、台积电和三星电子如果想要第一时间拿到 EUV 光刻机，每家都必须购买阿斯麦 5% 的股份，并支持一定的研发费用。这

---

① 相关内容可参考严涛南于 2019 年 11 月 22 日在智通财经网发表的《解密台积电称霸晶圆代工市场的杀手锏》一文。

② 数值孔径（Numerical Aperture，NA），表示光线的入射角度。NA 的大小等于物方折射率与物方最大孔径角的正弦值的乘积，一般小于 1。

种做法说好听点可以叫做风险投资。

别看英特尔、台积电和三星电子称雄全球芯片市场，却谁都不敢得罪阿斯麦。这 3 家企业对迟迟不见问世的 EUV 光刻机其实都有点心里打鼓。尼康就放弃了 EUV 光刻机的研发，其社长认为："EUV 是不会成功的，阿斯麦会蚀掉所有的开发成本。"持有这样观点的人是相当多的。再说了，DUV 光刻看样子还够用好些年，企业对 EUV 光刻的需要也并非那么急迫。但在阿斯麦的"威逼"之下，几家巨头多少还是要"表示"一下。英特尔首先拍胸脯说"我"拿 41 亿美元买 15% 的股份，其实其中有三分之二被押在英特尔更看好的 18 英寸晶圆光刻机的投资上。台积电老老实实交了 8.4 亿欧元换取了阿斯麦 5% 的股权。三星就比较"鸡贼"，讨价还价后最终只愿意拿出 5 亿欧元购买阿斯麦 3% 的股权。

掏出巨款后的张忠谋，心里并不踏实。2012 年年底，张忠谋问纳米制像技术发展处长严涛南博士："你觉得 EUV 成功的概率有多少？"严涛南回答："80%。"张忠谋说："那你很乐观噢！某人说只有 50%。"严涛南被称为台积电唯一一个每天穿无尘衣进无尘室的处长，他每天都会去看"我的机器"，了解状况，以决定是让它接着曝光实验晶圆，还是把它拉下来做机器本身的调校。

正是因为主流意见对 EUV 光刻机没有信心，两年半的锁定期一到，大家都急急忙忙地把所持有的阿斯麦股份卖掉了。其中台积电因出售阿斯麦股票所获得的收益达到 221 亿元新台币，不仅没亏钱，还有大约 50% 的赚头。当然，三大巨头本来可以赚得更多。在它们共同注资的时候，阿斯麦的市值还不到 300 亿美元。如果它们不减持的话，到今天会有 10 倍左右的增值。到本书截稿的 2023 年 1 月，阿斯麦的市值高达 2635 亿美元。此前阿斯麦市值最高时曾达到 3500 亿美元。

阿斯麦推出的第二代 EUV 光刻机型 NXE 3300B 拥有 0.33 的数值孔径，正常可曝光 13 纳米，并且有能力达到 9 纳米的精度。镜头已不是问题，问题主要还是如何提高光源的输出功率。在蒋尚义的全力支持下，台积电订购了两台 NXE 3300B。蒋尚义说过："我一生中做过许多技术方面的决定。我决定的方向可能在当时来说不是最好的，但是我一旦决定了，就会投入所有的资源，让它成功。另一个方向或许是当时更好的方向，不过它已经无关紧要了，因为它已经出局了。"

2013 年 10 月底，台积电的第一台 NXE 3300B 开始曝光。在刚开始的好长一段时间里，光源的功率都无法超越 10 瓦。通过不断地做实验，到了 2014 年第二季度，功率才爬到了 40 瓦左右，然后又是一段较长的停滞期。一方面，高于 40 瓦的输出功率的稳定性欠佳；另一方面，需要解决反光镜不被雾化的问题。液态锡滴经过激光每秒 5 万次的轰击后，会在瞬间气化成高热的等离子体，同时产生出来的 EUV 光通过一个直径为 0.65 米的椭球形反光镜被送进光刻机台。与此同时，被激光轰击后气化的锡会在腔内扩散并沉积在镜面上。这就需要在反光镜周围输入氢气，EUV 光能把氢分子分离为氢原子，而氢原子又能与锡结合成气态的氢化锡，最后被抽出腔体。为了不让反光镜雾化，关键之一是要把激光的功率、氢气的流量和氢气的压力调到最佳组合状态，这需要通过反复做实验来寻找最佳组合参数。整个夏天，台积电和阿斯麦组成的联合攻关团队都在三地不停地做实验。

2014 年 10 月的一个晚上，转折点出现了。台积电和阿斯麦全球首次在 NXE 3300B 的光源上稳定输出了 90 瓦的功率。实现了 90 瓦后，再到 250 瓦就不难了。因为从 10 瓦走到 90 瓦要实现 9 倍的提升，而从 90 瓦到 250 瓦则相差不到 3 倍。严涛南回忆："我立即意识到，EUV 光刻技术的量产应该会成功。顿时一股暖流涌上心头，我一生都会记得那一个晚上。"[1]

## EUV 光刻量产

接下来就要解决量产的问题。按照负责先进工艺量产的罗唯仁的要

---

[1] 相关内容可参考严涛南于 2021 年 2 月 15 日在《科技新报》（中国台湾）发表的《挽救摩尔定律：EUV 光刻机 20 年量产历程》一文。

求，光刻机台必须连续一个月平均每天曝光 500 片晶圆。为了完成这个更加艰巨的任务，联合攻关团队需要在不降低光源输出功率的前提下，把锡滴的体积减半，以减少锡滴管的消耗和椭球反光镜的污染，从而降低它们的更换频率。如果需要更换，那么其间光刻机台只能停工，且每次更换都需要浪费几十个小时。2014 年 10 月，台积电实现了 EUV 光刻机 24 小时内连续曝光 600 片晶圆，仅比英特尔晚了两个多月。2015 年 2 月，台积电首次突破一天曝光千片晶圆的大关，其进度已经大大领先于英特尔。后来，EUV 光刻机所用的锡滴缩小到只有细菌大小。

量产阶段不能仅仅考虑光刻机台本身的改进，还需要考虑为 EUV 光刻技术开发一个专门的生态系统。这个生态系统中最重要的是光阻与光罩。那时候，193 纳米光阻已是成熟的技术，主要被掌握在日本供应商的手中。EUV 光刻要实现量产不是一两年的事，一般光阻供应商都不愿意在 EUV 光阻上投入太多资源。唯有日本合成橡胶（JSR）株式会社的小柴社长有战略眼光。JSR 和阿斯麦、台积电进行了长期的不间断合作，为 EUV 光刻开发专用的光阻，确保了 EUV 光刻机有光阻可用。

EUV 光罩的开发比 EUV 光阻更加困难。市场上仅有的两家光罩基材的供应商都是日本公司。一开始，日本豪雅（HOYA）株式会社做出来的 EUV 光罩基材有很多缺陷，但由于 HOYA 的检测设备分辨率没有台积电的高，它没法全然知道自己的缺陷。台积电和美国科磊（KLA）公司合作，把一台普通光罩检测机改良为 EUV 光罩基材缺陷检测机，台积电把检测结果一次次地反馈给豪雅，豪雅的工程师们调整参数并把新的光罩基材又一次次地送给台积电做检测。为了保证豪雅能够通过量产来改进工艺，台积电每个月都保持了固定的采购量，以便让豪雅能够维持它的 EUV 光罩基材生产线。到了 2016 年，EUV 光罩基材的缺陷数已经从刚开始的 100 降到十几，最终降到个位数。最后做出来的 EUV 光罩基材是一片 6 英寸大小的明亮圆镜，上面有 80 层由硅和钼交替放置的多层膜反射层，其造价达数百万元新台币。

此外，不能不提的是美国半导体制造技术战略联盟（SEMATECH）和

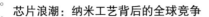

日本半导体联盟（EIDEC），这两个组织都为 EUV 光刻生态系统的开发做出了重要贡献，蔡司的 EUV AIMS 光罩影像机和日本 Lasertec 株式会社的 EUV 光罩基材检测机就是在这些联盟的资助下完成开发的。Lasertec 用了 6 年时间才完成 EUV 光罩基材检测机的开发，多年默默的辛苦耕耘给它带来了丰厚的回报。Lasertec 成为该领域的垄断者，它的股价在两年内翻了三番。

2014 年，阿斯麦推出第三代 EUV 光刻机 NXE 3350B，该机型主要为 7 纳米设计。这款机型还不能达到三大芯片制造巨头的期望，毕竟 DUV 光刻也能搞得定 7 纳米，而且技术还更加成熟。台积电订购了两台 NXE 3350B，并且将原有的两台 NXE 3300B 升级为 NXE 3350B。

2016 年，第四代 EUV 光刻机也是第一批能搞定 5 纳米及以下工艺的 NXE 3400B 正式发售。NXE 3400B 的光学和机电系统在技术上均有突破，EUV 光源的波长缩短至 13 纳米。EUV 光刻机每小时可处理晶圆 125 片，连续 4 周的平均生产成品率可达 80%，兼具高精度和高生产率。NXE 3400B 的售价高达 1.2 亿美元一台，阿斯麦仍然收到大量订单，有的晶圆厂需要排队好几年等待交货。

一台 EUV 光刻机的零件超过 10 万个，重达 180 吨，需要用 40 个集装箱来运输，光刻机的安装调试都要超过一年时间。阿斯麦在刚开始时只能年产二三十台 EUV 光刻机，到目前也不过增加到四五十台。

从 2016 年到 2020 年，阿斯麦一共出货了 100 台 EUV 光刻机，其每年生产的 EUV 光刻机都优先提供给 3 家大客户。台积电拿走其中的一半，其余大部分被三星电子和英特尔买走。到了 2021 年年初，SK 海力士与阿斯麦签订了一个超级大单，计划未来 5 年内将斥资约 43 亿美元购买 30 多台 EUV 光刻机，这意味着继逻辑芯片厂商之后，存储芯片厂商也开始入场。2021 年第一季度，阿斯麦总共收到 47 亿欧元订单，其中 EUV 光刻机就占了一半。

EUV 光刻至少给摩尔定律续上 10 年的命。不过，业界都清楚，晶体管尺寸的缩小已逼近物理极限。为了协调全球半导体产业的发展，从 20 世纪 90 年代起，国际半导体产业界开始筹划技术路线图，包括美、欧、日、韩及中国台湾等半导体产业发达的国家和地区都参与其中。从 1998 年开始，国际半导体技术路线图（ITRS）每两年发布一次。2016 年发布的新路线图首次不再强调摩尔定律，而是提出了超越摩尔的战略，指出从晶体管结构、晶体管材料、高功率密度的芯片设计、异构封装和软硬件结合等多个角度推动摩尔定律继续往前走。总的来说，各种方法都是朝着更高的计算密度、更大的存储密度和更密的连接密度这 3 个方向持续推进，以实现"单位面积芯片在每瓦每单位成本的基础上实现更高计算能力"的目标。

先进封装技术，是超越摩尔战略的重要组成部分。

## ⬚ 系统级封装

自芯片诞生以来，在长达几十年的发展历程中，芯片制造技术的演进一直受摩尔定律的引领，不断朝更先进的工艺冲锋。相对来说，芯片封装技术本就受到轻视，已经许久没有重大技术突破，它的发展重点也被放在降低成本上。例如，封装业界主流的高端技术"覆晶"（Flip Chip），就是一个已经沿用了几十年的技术。到了摩尔定律已经放缓的今天，从整个微电子系统的层面上来看，封装技术还有很大的改进空间。晶圆级封装被认为是先进封装技术之一。传统封装技术通常是将晶圆切割成单个芯片再进行封装，晶圆级封装则是先对晶圆上的众多芯片进行封装和测试，最后再切割成单颗产品。需要注意的是，传统封装和先进封装只是相对的概念，现在的先进封装技术在未来可能会被视作传统封装技术。目前，先进封装还有 2.5D 和 3D 封装之分。

要谈 2.5D 封装和 3D 封装，就得先聊聊"系统级封装"（System in Package，SiP）技术。

现在的许多电子产品，不管电视、电脑还是手机，打开外壳，里面都是一块电路板。一块电路板上会有很多芯片，每一颗芯片都有特定的功能，几颗芯片串联起来，彼此沟通，就形成一个小系统。系统性能的优劣，不能单看某一颗芯片的表现，而是要看系统中所有芯片一起运作的整体性能表现。

　　在芯片的内部，每个晶体管之间的信号传输距离是以纳米为尺度来计算的，芯片运作速度自然很快。但电路板上的芯片，彼此之间的距离都是以毫米乃至厘米计算的，传输速度当然快不起来。芯片的金属导线密度超过电路板专属导线密度的 100 万倍，从这一惊人的量级差上不难看出技术瓶颈所在。即使用最先进的工艺打造某一颗芯片，但放在整个系统里，如果各芯片之间的信号传递时间太长，系统展现出来的整体速度仍然会比较慢，而且会浪费功耗。芯片间的通信会消耗掉整个系统三分之一左右的电力。

　　要让整个系统的速度快起来，最简单的办法是尽量缩短系统中几颗关键芯片之间的距离。电路板上每颗芯片的功能和对外沟通频率都不一样，有些芯片偶尔对外沟通一次，沟通速度慢一点没关系，有些芯片之间则需要频繁联系，提高沟通速度就相当重要。例如，处理单元计算完的数据需要随时存储，所以各种处理器芯片都要和存储器芯片进行密切沟通。一个 CPU 在运算的时候，需要不断到 DRAM 中去抓取数据，当 CPU 和 DRAM 两颗芯片之间的距离过大，整个系统的速度一定会慢下来，还会造成功耗增加。

　　为了解决这个问题，半导体厂开始从封装方法上动脑筋。如果拿制造芯片的技术来做电路板，不就可以把电路板上的芯片之间的距离拉近吗？首先，可以把存储器和处理器封装在一块，然后再把其他芯片也装进去，直到最后，只要一块小小的电路板就能够完成一台电脑或一部手机的所有工作。这就是系统级封装的概念。

　　我们还需要清楚系统级封装（SiP）和系统芯片（SoC）的不同。系统级封装是将多块功能不同的芯片（包括处理器、存储器等）以并排（2D）或叠加（3D）的方式集成在一个封装内，从而实现一个基本完整的功能。系统级封装能够异质集成，不同材料的零部件可以被集成到一起，集成度更高而研发周期却相对较短。系统级芯片则是高度集成的一块芯片，复杂度高、研发周期长，而且不能异质集成，所有零部件都得被集成在一块硅单晶芯片上。系统级芯片要将处理器和存储器集成到一起的难度很大、成本很高。

在台积电之前，三星电子之所以能够独吞苹果手机 SoC 芯片的代工订单，在一定程度上要归功于三星电子拥有的系统级封装技术。由于三星电子是业内绝无仅有的既量产处理器和存储器芯片，又做晶圆代工，同时还拥有自家封测厂的厂商，它能够将 DRAM 和 CPU 一块儿封装。比如 2013 年量产、被用于 iPhone 5S 的 A7 芯片，三星电子采用的是超薄的"封装体叠层"（Package on Package，PoP）技术，用黑色树脂直接将一颗 1GB 容量的 DRAM 与 CPU 叠在一起封装，这样能减少电路板的厚度，还能给电池或其他零件腾出宝贵的手机空间。三星电子在"一个屋顶"下整合完成了整个 A7 芯片的生产，从而在整个系统的成本、性能和体积上取得了巨大的优势。因此，尽管三星 Galaxy 手机带给苹果的威胁越来越大，但在与台积电合作之前，苹果一直无法在晶圆代工上摆脱对劲敌的依赖。

三星电子和英特尔都是 IDM 厂商，能够一条龙完成从芯片设计、芯片制造到芯片封测的全部工序，因此都在封装技术上拥有不少的技术积累。台积电专注晶圆代工，在封装技术上基本是空白。2006 年，台积电低调地投资封测厂精材科技。张忠谋回到台积电并请蒋尚义重新掌舵研发，将领导先进封装技术发展的重任交付给了他。蒋尚义又将这项任务安排到了余振华身上。

## ⌗ 余振华"豁出去了"

余振华算是台积电的第一批海外归台学者，加入台积电的时间比蒋尚义还早。他在台湾清华大学念完硕士之后留美，从佐治亚理工学院拿到材料科学博士学位后，去著名的贝尔实验室做半导体研究，20 世纪 90 年代初期回台加入台积电，曾任先进微缩技术处处长、先进模组技术处处长等职务。

台积电做封装，一开始无人看好。一位出身台积电、担任某封装厂

主管的前辈曾当面对余振华直言："你们台积电根本不可能成功！"

首先，从成本上来看，台积电没法与封测厂竞争。因为台积电的人力成本很高，因此要求产品毛利率要达到50%，而日月光、矽品这样的封测厂只要求20%的毛利率。芯片封测通常易被贴上"人力密集"、"技术含量低"和"利润率低"的标签，处于价值曲线的底部，遵循成本领先的战略，这些标签都与注重高技术含量和高毛利率发展战略的台积电格格不入。

而且，台积电在封装上刚刚入门，没有多少经验与技术积累。比如先进封装要用到的"晶圆级封装"（Wafer Level Package，WLP）技术，该技术可以实现直接在晶圆上完成大多数或是全部的封装测试程序，之后再进行切割并进一步制成单颗芯片，由此可以大幅缩小体积、提高性能。英特尔和三星电子在"扇出型晶圆级封装"专利数上分别名列全球第二、第三，台积电却连前十名都排不进去。伯恩斯坦证券分析师马克·李在研究报告上写着："InFO（Integrated Fan-Out，整合型扇出）会让台积电相对于英特尔与三星更有竞争力吗？不，我们不这样认为。"

可是，余振华已无退路。半导体技术更新很快，知识很容易"过期"。台积电的老员工，如果做管理，比如曾繁城和蔡力行，就容易得到升迁；如果一直做技术，像余振华和梁孟松这样，就很难升得上去。刘德音也是从技术转到管理，才能把官越做越大，否则不知道还在哪个角落里窝着。刚到台积电的时候，余振华还走在台积电技术的最前端。由于台积电的技术长时间都落后于美国，所以台积电喜欢从美国特别是英特尔、IBM或贝尔实验室引进人才。长江后浪推前浪，随着一个又一个技术牛人从美国来到台积电，余振华不得不一再让位。比如他曾负责的先进模组技术处就被交到了梁孟松的手中。当接到先进封装的研发任务时，这已经是芯片技术的最后端，再无可退之路了。用余振华自己的话来说就是："就豁出去了，I have nothing to lose（我再也没有什么可以失去了）。"

张忠谋给了余振华400个工程师，其中很多人都是从日月光、矽品和力成等封测厂挖角过来的。处在人生低谷的余振华，领导新成立的"整合连结与封装"部门，破釜沉舟，终于不负众望，用两年时间顺利开发出第一代 CoWoS 技术。CoWoS 可以将多个处理器（第一代和第二代）、混搭处理器和存储器（第三代以后）连接至硅中介转接层（Chip on Wafer，CoW），该中介转接层利用硅通孔（Through-silicon Vias，TSV）技术连接其上、下表面的金属布线，然后再将 CoW 芯片封装在一块基板上（on Substrate）。这种工艺能够缩小产品体积，将系统效能提升 3 倍到 6 倍，明显改善芯片之间的传输带宽，从而降低功耗。这个技术的名字 CoWoS 就是由余振华自己命名的。

## 🔲 动了封测界的奶酪

在 2011 年第三季度的台积电新闻发布会上，张忠谋突然宣布：台积电要进军封装领域。他说："靠着这个技术，我们的商业模式将是提供全套服务，我们打算做整颗芯片！"

这个消息马上轰动了全球半导体界。在此前 20 多年的时间里，半导体产业链的设计、制造和封测这 3 个环节基本都是井水不犯河水。这回晶圆代工龙头宣布跨足下游，市场顿时对独立封测厂的前景打上问号。而且 CoWoS 技术必须靠芯片制造前后段工艺无缝整合才能实现，台积电进军封装领域势必对独立封装厂产生很大的冲击。台积电的新闻发布会结束后的第三天，恰好是全球封测排名老大的日月光的新闻发布会。日月光财务长一再被逼问如何看待台积电进军封装领域，他先是无奈地确认了事情属实，然后再话锋一转，表示这种技术只会被用在极少数的特定高端产品上，影响有限。

梳着西装头、外表看起来像个公务员的余振华则毫不客气地在记者面前回应："以后所有的高端产品都会用到，市场很大。"他还声称："封测厂已经跟不上晶圆代工的脚步了，摩尔定律都开始告急了，我们与其在里面干着急，不如做到外面去。"

台积电动了封测界的奶酪，封测界的不满情绪逐渐累积，终于在一

场技术研讨会上爆发。矽品的研发副总裁在余振华演讲后发难："你的意思是说我们以后都没饭吃了，不用做事了？"现场气氛瞬间冻结，大会主持人赶紧出来打圆场。

事实似乎证明封测界的判断是对的。到 CoWoS 开始量产的时候，真正下单的重要客户只有赛灵思一家。引入 CoWoS 技术，理论上可让 SoC 芯片减掉多达 70% 的厚度，但要用到大型硅基板，生产成本很高，客户不感兴趣。有个大客户的研发副总告诉蒋尚义，这类技术要被接受，价格不能超过每平方毫米 1 美分，而 CoWoS 的价格是这个数字的 5 倍以上。赛灵思的高端 FPGA 芯片追求性能，销售单价高，所以愿意采用这项技术。其他客户更在乎的是性价比。

此时，连蒋尚义都感受到了压力："（好像）某人夸下海口，要了大量资源，做了个没什么用的东西。"[1]

台积电当即决定，要开发一个成本控制在每平方毫米 1 美分的先进封装技术，性能可以比 CoWoS 差一些。

于是，余振华尽量简化 CoWoS 的结构，最后做出一个精简版的设计。余振华马上向蒋尚义报告，在白板上画图给他说明。没等他把几句话讲完，蒋尚义已经不管他了，当即跑去告诉张忠谋，余振华"挖到一个大金矿"。

这就是首度用在 iPhone 7 系列上的 InFO 封装技术。InFO 不需要用到基板，从而可以将手机 SoC 芯片的厚度减少 30%。虽然不如 CoWoS，但也相当可观了。过去手机 SoC 芯片封装后的厚度可达 1.3 ~ 1.4 毫米，台积电第一代 InFO 就做到了小于 1 毫米。而且，InFO 的速度效能较传统的覆晶技术要高 10%。InFO 技术成为台积电能够独拿 A10 芯片订单的关键点之一。苹果也是台积电 InFO 技术的首个客户。在 InFO 技术的加持下，苹果后续的一代代新品，包括 iPhone X 等，都由台积电通吃。InFO 与传统封装技术最大的不同在于，以往的封装属于小型印刷电路板工艺，InFO 则已完全采用芯片工艺，是封装技术发展上的重大突破。

---

[1] 相关内容可参考 2018 年 4 月 27 日《天下杂志》（中国台湾版）中的《台积电力压三星英特尔，余振华才是关键人物》一文。

三星电子"大意失荆州"，当台积电提出 InFO 概念的时候，封装经验较台积电丰富的三星电子却发生误判，以为只要将既有的 PoP 技术稍微改良，就可达到苹果要求的厚度水准。三星电子因此错失先机，要想再冲刺己方版本的相似技术已经来不及了。三星电子缺乏 10 纳米以下的封测技术，这大大影响了它的竞争力。在这里，似乎可以揣测一下：三星电子的误判或许与喜欢追求先进工艺技术的梁孟松瞧不上封装技术有关？这也许是梁孟松不久后离开三星电子的原因之一。

在 InFO 收获苹果订单的同时，专注高端客户的 CoWoS 也看到了曙光。余振华当年的预测成为现实：因为 CoWoS 可让芯片的效能提升 3 到 6 倍，最新、最高端的追求高效能运算的芯片，都非得用到 CoWoS 不可。CoWoS 的客户开始大量出现。比如英伟达推出其第一款采用 CoWoS 封装的图形芯片 GP100，为下一波人工智能（AI）热潮拉开序幕。阿尔法狗（AlphaGo）打败世界围棋冠军，其背后的谷歌人工智能芯片 TPU 2.0 也是用 CoWoS 封装的。甚至英特尔要挑战英伟达在人工智能领域的垄断地位，与脸书合作推出的 Nervana 类神经网络处理器也需要用 CoWoS 封装。这些高性能、高造价的人工智能芯片，对封装成本并不在乎。没有 CoWoS，人工智能就不可能在最近这短短的几年时间里变得如此炙手可热。

InFO 与 CoWoS 都属于 2.5D 的"晶圆级封装"技术，台积电成为全球第一家量产晶圆级封装的半导体大厂。经过将近 10 年的发展，台积电已是高阶、高密度扇出型晶圆级封装的主要领导者之一。因为开发出 CoWoS 和 InFO 技术，余振华不仅由资深处长晋升为副总经理，获得台积电卓越院士称号，还于 2017 年获得台湾当局颁发的科学奖。这个奖项是台湾地区科学领域的最高荣耀，两年才颁发一次，过去的得奖者多是"中研院"的院士。余振华上台领奖的时候，张忠谋坐在台下给他热烈鼓掌。

先进封装技术成为台积电在后摩尔定律时代的一大竞争利器。近些年，台积电一直在布局先进封测厂。目前，台积电旗下已拥有 4 座先进封测厂，第 5 座将被放在苗栗竹南，预计投资 3000 亿元新台币，以 3D

IC（three-dimensional integrated circuit，三维芯片）的封装及测试为主。目前来看，台积电7纳米芯片封测工作已经实现自给自足，5纳米的封测产线在不断扩充之中，面向3纳米的封测产线也已开始建设。最近几年来，台积电每年的资本支出为两三百亿美元，其中先进封装的投入能占到10%的比重，这维持了台积电在先进封装市场上的领先地位。

台积电在先进封装领域的大力投入也意味着先进封装技术的重心正在慢慢从后端封装厂移到前端晶圆厂。在台积电的手中，先进封装已经不再是传统的人力密集型产业，而是与芯片制造工艺紧密配合、能够提升芯片性能和降低芯片功耗的技术密集型产业。台积电这样的晶圆厂做先进封装业务，在工艺协调性和成本优化方面要比独立封测公司更具优势。先进封装俨然已经成为晶圆代工厂的一项主要业务。

从台积电的营收构成来看，2017年是一个明显的转折点，台积电的封装服务正是从这一年开始发力的。此前几年，晶圆收入在台积电的营收占比高达95%左右，此后骤降到88%左右。台积电的非晶圆收入主要包括封测服务、光罩制作、设计服务和权利金几项收入，封测服务被排到了最前面。2019年，台积电先进封装服务给营收贡献了约30亿美元，如果把这个规模放到封测行业去排名，足以进入全球前五名。随着7纳米乃至更先进的5纳米工艺应用规模扩大，台积电先进封装平台的规模也同步快速成长，将挑战百亿美元的年营收大关。挺进先进封装领域，让台积电实现了从纯粹的晶圆代工厂向复杂的集成系统模块供应商的转变。

## "价值10亿美元"的商业机密

2.5D封装其实还是在平面上进行封装，基本都是在后段的封装阶段进行；而3D IC封装则可把一个芯片放在另一个芯片上，在前段工艺上就用堆叠的方式进行立面封装。堆叠技术执行起来其实非常不容易，一是要让上、下两颗芯片里面的几十亿个晶体管都能有效连接，二是要解决散热问题。相对来说，存储芯片要做堆叠就容易得多，因为存储芯片都是标准化规格，每颗长得都一样，所以堆叠技术早已在 3D NAND 型闪存芯片中实现。逻辑芯片各不相同，比如一部手机就要用到应用处理器、基带处理器、图形处理器和人工智能处理器等多种逻辑芯片，逻辑芯片要应用 3D IC 封装技术的难度就要高很多。

2019 年 4 月 22 日，台积电完成全球首颗芯片的 3D IC 封装，从而推出了自己的 3D IC 技术——"集成芯片系统"（System On Intergrated Chip，SoIC）。SoIC 就是一种创新的多芯片堆叠封装技术。

要谈 SoIC，还得先聊聊 SoC，因为 SoIC 明显是从 SoC 演变而来的。SoC 最大的优势是体积小，这对电视或电脑来说影响不太大，毕竟电视或电脑的屏幕越来越大，也就不太在乎主机板的尺寸。SoC 对轻薄短小的手机则有革命性的影响，SoC 技术的出现，才让智能手机的问世成为可能。反过来说，智能手机产业的兴旺，又带动了 SoC 技术的发展，促进了芯片设计业的发展。日本和欧洲就是智能手机做得不好，SoC 芯片设计也发展缓慢。中国在智能手机上发力，以 SoC 为核心的芯片设计业也跟着发展起来。

随着芯片工艺由 5 纳米向 3 纳米挺进，更多芯片持续被整合进 SoC，SoC 承载的功能越多、性能越强，设计也就越复杂、工艺挑战越大，设计和流片的成本直线上升，行业门槛大大提高。手机 SoC 芯片是将 CPU、GPU、DSP、RAM、Modem 和 GPS 等多种芯片整合成一块芯片的系统化解决方案，然而，能够设计最先进的 5G 手机 SoC 芯片的无晶圆厂和能够制作 5G 手机 SoC 芯片的晶圆厂都减少到了个位数。SoC 已经不堪重负，SoIC 该登场了。

SoIC 的技术原理就像搭乐高积木一样，把预先生产好的可实现特定功能的芯片裸片（die）以 3D 堆叠的形式集成封装在一起，然后就可以把 SoIC 当作一块芯片来使用。这个技术解决方案也被称作芯粒（chiplet）技术。使用更可靠和更便宜的技术可以制造裸片，功能单一的裸片本身也不太容易产生制造缺陷。无晶圆厂可以通过在多个产品中重复使用相同的裸片来减少设计时间和流片费用。各种芯片采用的工艺不尽相同，比如逻辑芯片最先进的工艺已推进到 5 纳米，而存储器还在 13 纳米左右。将各种芯片用同一工艺勉强整合到一块 SoC 中，技术复杂，成本较高，成品率也会降低。而 SoIC 所用的各种裸片不需要采用同样的工艺，不同工艺生产出来的裸片可以通过封装有机地结合在一起。

例如，超威的第二代霄龙（EPYC）服务器 CPU——代号"罗马"（ROME），采用芯粒技术，将台积电 7 纳米的 CPU 模块与格罗方德 14 纳米的输入 / 输出（I/O）模块组合，7 纳米可大幅缩减芯片面积并满足高算力的需求，14 纳米则有助于提升成品率和降低成本。虽然封装和测试的成本较高，但裸片的成本较低，芯粒的总成本还是有不小的降幅。而且，工艺节点越先进，芯粒越有成本优势。

SoIC 比 SoC 更具性价比。可以将 SoC 和 SoIC 比喻成雕版印刷和活字印刷，前者需要雕刻好一整块版才能印刷，后者则是把已雕刻好的每个字拼凑在一块印刷。如果错一个字，整块雕版都得废掉，活字印刷则只需要换一个字模。与之相似，由裸片组装起来的 SoIC 要比一次整块做好的 SoC 的成本低很多。

台积电的 SoIC 包括"晶圆堆叠晶圆"（Wafer on Wafer，WoW）和"晶圆上芯片"（Chip on Wafer，CoW）两种解决方案。

WoW 透过硅通孔互连的 10 微米孔彼此接触，达到无凸点（bump）的键合结构，可以将多层处理器以立体方式堆叠在一起，实现高速度、低延迟的互连性能。虽然硅通孔互连早就运用在 3D NAND 存储器的生产技术上，但是在处理器的堆叠上，硅通孔互连的应用却才刚刚开始。WoW 其实就是在用做 3D NAND 的方式堆叠处理器，比如将两个 GPU 以堆叠的方式封装到一张显卡上，而不是使用两张显卡进行双系统的运算，如此可以让两个 GPU 之间的通信延迟大大降低，做到体积更小、效能更佳而且节约功耗。WoW 技术的关键在于将晶圆进行接合的材料，这种材料能直接透过微小的孔隙沟通多层的芯片，达到体积不变、性能倍增的效果。该材料被余振华称为"价值 10 亿美元"的商业机密。WoW 的缺点是成品率较低，因为只要有一个裸片坏了，即使其他裸片没问题，封装出来的也是不良品，所以只能在具有高成品率的节点上使用。

台积电的 7 纳米 CoW 和 WoW 先进封装技术已于 2022 年 6 月投入量产，预计 5 纳米先进封装技术也将于 2023 年完成研发。台积电的 SoIC 技术率先应用在高性能运算领域，谷歌和超威会是其首批客户。SoIC 技术在大热的人工智能领域也将会有广阔的发展前景。

## ⚙ 芯粒时代的来临

2020 年，台积电将数十种封装技术结合在一起，整合为 3D IC 技术平台 "3DFabric"。3DFabric 分为两个部分：一部分是后段的先进封装技术，包括 InFO 和 CoWoS；另一部分是前段的芯片堆叠技术 SoIC。台积电可以通过 3DFabric 给客户提供 3D IC 硅知识产权使用服务。8 月份，台积电宣布实现了 12 层堆叠的 SoIC，这是先进封装领域的一个重要里程碑。铿腾（Cadence）和明导（Mentor）等电子设计自动化大厂皆已相继推出支持台积电 SoIC 的解决方案，并已通过台积电认证。SoIC 时代即将来临。

目前，台积电的先进封装技术全球领先，英特尔紧随其后，三星电子则落后较多。其实，3D IC 的第一波浪潮是由三星电子引领的。早在 2012 年，三星电子就发布了基于其 3D IC 技术的内存，震撼业界。然而，直到 2022 年，三星电子 3D IC 技术的发展还差强人意，其应用并没有得到一开始所预期的规模。其中一个瓶颈就是三星电子的传统 3D IC 技术的连线密度受到凸点尺寸的限制，从而限制了集成总线的带宽并提高了互联成本。而台积电 SoIC 技术的一个关键创新就是无须凸点，只要将两块要堆叠的芯片的铜互连部分裸露并对准，之后即可通过热处理工艺完成两块芯片的电路连接。这样一来，两块堆叠芯片之间的走线密度及信号传输功耗都可以得到改善。此外，三星电子或英特尔这样的 IDM 厂要做先进封装，会碰上生态的问题。无晶圆厂都希望晶圆代工厂在先进封装技术上保持中立和公平的立场，将相关技术和工艺无保留地开放，这在 IDM 厂是很难做到的，比如英特尔就不太可能将技术开放给超威。所以，

IDM 厂即便最初能够拥有领先的技术，迟早也会因为市场的问题而慢慢落后。

如今，随着芯片先进工艺逐渐逼近物理极限，"如何把芯片造得更小"在向"如何把芯片封得更小"转变。同构集成的先进工艺已经难以为继，异构集成的先进封装才刚刚起步，先进封装可以替代先进工艺来持续提升芯片功能密度，未来摩尔定律将越来越依赖先进封装来延续。超威的 ROME 处理器用 9 个裸片集成了 400 亿个晶体管，这样的晶体管密度在单块 SoC 芯片中是很难做到的。英特尔找台积电代工的最新款 GPU 甚至用 5 个不同工艺节点的 47 个裸片集成了 1000 亿个晶体管。芯粒其实并不是一个新技术，只是在芯片市场的先进工艺节点越来越贵、竞争越来越激烈的今天，又重新派上了用场。随着芯粒的优势逐渐显露，它正被各种高度集成的先进半导体器件采用。超威、华为、英伟达都在与台积电联手进行芯粒架构处理器的研发及量产。随着越来越多的公司加入芯粒技术的开发阵营，芯粒技术的成本不断下降，其市场也在快速发展。依据市场研究机构 Omdia 的报告，2018 年芯粒市场规模为 6 亿美元，预计 2024 年会达到 58 亿美元，2035 年则将超过 570 亿美元。

相对来说，芯粒技术对芯片先进工艺的要求没那么高。因此，先进封装对中国大陆芯片制造企业的意义尤为重大。在美国的技术封锁下，中国大陆拿不到最先进的 EUV 光刻机，就做不出 5 纳米及以下最先进工艺的芯片。但中国大陆的芯片制造企业可以在先进封装上多下功夫，尽量提升集成芯片的整体性能，以弥补单个芯片性能不足的短板，这有助于中国大陆突破美国的技术封锁。蒋尚义认为："研发先进封装和电路板技术才是后摩尔时代的趋势，最终合成集成芯片，可以使芯片之间连接的紧密度和整体系统性能类似于单一芯片。"正是因为看好芯粒技术的发展前景，蒋尚义后来在中国大陆力推以芯粒为主的先进封装技术。

台积电在封装领域异军突起已让人相当意外，存储器或许是下一个台积电可能跨界的领域。

## ⬡ 进军存储领域？

韩系厂家在 DRAM、NAND Flash 等主流存储器市场上的地位牢不可撼，但存储器市场开始出现了一些新的变化。一方面，存储技术出现了一些新赛道。近年来，在人工智能、5G 等新兴产业的推动下，以磁性随机存储器（MRAM）、铁电随机存储器（FRAM）、相变随机存储器（PRAM）和阻变式随机存储器（RRAM）为代表的新兴存储技术逐渐成为市场热点。在各种新兴存储技术中，最受期待的是 MRAM。MRAM 属于非易失性存储技术，断电时也不会丢失数据，且耗能较低，读写速度比闪存快百倍，在存储容量方面能替代 DRAM，且数据保存时间长，适合高性能运算的应用。早在 2002 年，台积电就与"工研院"签订了 MRAM 合作发展计划，近几年来已经获得了数项里程碑式的重要进展。

另一方面，存算一体化的趋势逐渐显现。在传统的计算机架构中，存储器与处理器是两个完全分离的单元，处理器根据指令从存储器中读取数据、完成运算，再将计算结果存回存储器。两者之间数据交换通路窄以及由此引发的高能耗这两大难题，在存储与运算之间筑起了一道"存储墙"。在计算量越来越大的人工智能时代，数据在存储器和处理器之间的频繁交换会浪费大量的时间和能耗，这是不可容忍的。解决方案就是所谓的存算一体化，即将计算机中的运算从处理器转入存储器，这样可以大幅降低数据交换时间和计算过程中的数据存取能耗。

存算一体化有两条技术路线：要么是"片外存储"（near-memory computing），通过在存储器中植入计算芯片或者逻辑计算单元来提高读写速度；要么是"片内存储"（in-memory computing），通过在存储器中嵌入算法权重，使存储器具备算法功能，实现真正意义上的存储和计算完全结合。这两条技术路线都需要厂商同时拥有很强的存储器和处理器技术。由于存储器的发展整体上是落后于处理器的，仅有存储器业务的厂商做存算一体化就会有很大的麻烦，而英特尔、三星电子和台积电这些同时拥有逻辑芯片和存储芯片生产能力的厂商就更具先天优势。也许台积电到了正式进军存储领域、补强记忆芯片短板的时候了。

在东芝出售和重组存储业务的时候，台积电就曾经考虑过与富士康一块参与竞购。做代工出身的富士康是台湾销售规模最大及市值第二大的企业，这些年一直试图通过并购进入半导体产业。不过，台积电最后还是放弃了，可能是觉得做 DRAM 的企业比做 NAND Flash 的企业更适合自己的方向。数月后，台积电新任董事长刘德音放出风声——台积电"不排除收购一家内存芯片公司"，引起业内不小的震动。据猜测，南亚科可能是它的主要目标。大概因为 2018 年 DRAM 市场走势强劲，内存厂的估值偏高，台积电最终并没能成功收购哪家内存厂。台积电要是在未来哪一天与哪家内存厂（比如美光）达成紧密的战略合作，甚至是突然出手收购（比如南亚科），都不会让人感到意外。

收购内存厂可不是一件小事，刘德音首度表明这一意图时，张忠谋正式退休仅 3 个月。这似乎也说明新一任台积电领导人确实挑起了大梁。我们再回过头来聊聊台积电交接班的事情。

# 第十一章　交接班三部曲

## ⚙ 从三个联席 COO 到两个联席 CEO

2012 年 3 月，张忠谋再次布局接班人才团队。张忠谋这次没有指定单一的接班人，而是将蒋尚义、刘德音和魏哲家这 3 位资深副总一块提升为联席 COO，并分别用 6 个月的时间将他们轮调到最重要的研发、生产及客户 3 个部门。表面上的说法是用轮岗的方式来培养未来 CEO 的视野及高度，最终再视情况决定 CEO 人选。或许，更重要的轮岗目的是消弭派系、打破割据。

2013 年 7 月 18 日，台积电新闻发布会后，张忠谋循例与记者会谈。当被问及 CEO 一职交棒计划是否如常时，他不仅立刻回答"没有改变"，而且还打趣说，2009 年宣布时说的是"三至五年内交棒"，到现在已经是第四年了，所以要改成"四至五年内交棒"。张忠谋神情一派轻松，他的心思似乎已经飞到即将参加的北欧邮轮之旅上。

不料，接下来的两个交易日，台积电市值一口气蒸发掉 2200 亿元新台币，还拖累台湾的电子股全面走低。随口透露出的一个简单信息，竟

然引发这么大的蝴蝶效应，连张忠谋本人也吓了一大跳。①

形势更易。当年张忠谋回台的时候，外界更多的是对老帅恋栈的疑虑。"廉颇老矣，尚能饭否？"张忠谋用实力证明了自己回台的正确性，率领台积电再上一个台阶。于是，外界的看法变了，今天反而是张忠谋想退休，投资人害怕了起来。张忠谋在新闻发布会上还骄傲地宣称："I am always right！（我总是对的）"但接班人能否像他一样"always right"呢？万一接班人不行，是不是还得 80 多岁的老帅再度上任？

2013 年 11 月 12 日，台积电董事会宣布刘德音和魏哲家接替张忠谋担任联席 CEO。张忠谋仍然继续担任台积电的董事长，并直管财务和法务两个部门。张忠谋宣布卸任 CEO 的第二天，台积电的股价就大幅下跌了 7%。张忠谋不得不对外界表示："（台积电）现在还是只有一个太阳。"交棒时间"急不来"，或将长达 10 年。

张忠谋认为，台积电人都是工厂出身，从工程师到 CEO，必须从专业领域培养出"器大、识深"的素质。所谓"器大、识深"，就是定策略要深，要有世界观，用人心胸要大，做到"器识在先，工程其从"。

张忠谋还强调，由于 CEO 权力来自董事长，无论董事长分多少权力给 CEO，最后还是要负成败责任，所以董事长交棒是最重要的。台积电 CEO 的培养大概还需要三到五年时间才能完成。"现在二任联席 CEO 只有三成比重是 CEO，七八成还是工程师，要做到九成 CEO、一成工程师，才算跨过这个鸿沟；假如不能，我的棒子就不会交出去。"

不管是联席 COO，还是联席 CEO，都没有蔡力行的位置。他已于 2011 年 8 月转任台积电的两家子公司台积太阳能股份有限公司与台积固态照明股份有限公司的董事长兼 CEO，这两家公司分别由台积电两项独立出去的新事业——太阳能与固态照明项目团队改组而成。

2014 年 1 月，台积电退出 LED 市场，这项运作 3 年多的业务累计营收不到 4 亿元新台币，亏损竟有 50 亿元新台币。台积电以累计损失 7.3

---

① 相关内容可参考王毓雯于 2013 年 8 月 6 日在《商业周刊》（中国台湾版）发表的《交棒！张忠谋 right？》一文。

亿元新台币的代价出清固态照明业务股权，这也是台积电首次认赔出售子公司。太阳能事业也仅仅多坚持了一年半的时间。台积电经营太阳能的累计营收不过 10 多亿新台币，累计亏损却达到 120 亿新台币之巨。当然，因为晶圆代工市场发展之好远超预期，张忠谋也没心思去折腾这些新事业。

蔡力行眼见他负责的 LED 和太阳能项目失败，张忠谋也另定接班人选，自己能够再次上位的可能性基本为零，尽管张忠谋对他"相当不舍"，他还是最终决定要离开台积电。蔡力行同时辞去台积电董事、台积太阳能董事长和台积固态照明董事长等职位，转投台湾"中华电信"担任董事长兼 CEO。

台积电太阳能的总经理赵应诚也实在是时运不佳。他离开上海的第二年，上海厂就开始连年大赚，仅用三年时间就把此前七年的亏损全部都赚了回来。台积电有着很严厉的问责制度，失败项目的负责人多半都会比较惨。反过来说，对失败的不宽容也让台积电缺乏创业人才，张忠谋自己也一向鼓励在企业内部进取，而不是每个人都要去创业，结果，台积电与晶圆代工无关的新创项目几乎全数以失败告终。台积电是个缺乏创业基因的公司。对比一下，离开中芯国际的张汝京，几乎与台积电在同一时间进入 LED 行业，张汝京的 LED 事业却是赚钱的。

另外，我们也要看到，退出 LED 行业和太阳能行业对台积电来说应该是件好事。如今，全球排名前列的半导体公司全部是以单一公司的形式存在，没有谁搞集团公司、综合经营。自半导体行业诞生以来，我们可以看到无数拆分、并购和重组的案例，都是在朝聚焦主业、做专做强的方向发展。半导体行业竞争残酷、赢者通吃，对技术和人才的要求很高，讲究的是"偏执狂才能生存""大象也能跳舞"，时时警惕、心无旁骛地将主业做到极致才能基业长青。

在提拔刘德音和魏哲家的同时，台积电董事会通过了一条规则："员工年满 67 岁即应退休。"

67 这个数字规定得很奇怪，似乎是为蒋尚义量身定做的，因为这一年他正好 67 岁。蒋尚义虽然与刘德音、魏哲家 3 人共同担任台积电的 COO，但排名在其他二者之前。由于资历太老，他竞争 CEO 宝座如失败似乎会比较尴尬，因此赶在刘德音和魏哲家升职的前 11 天退休。

第二次退休后，蒋尚义留在台积电担任了两年董事长顾问，然后前往大陆发展，到中芯国际担任独立董事。蒋尚义是先征得了张忠谋的同意才去中芯国际的，这似乎是台积电在向祖国大陆示好的信号，也是落实张忠谋曾说过的一句话："台积电应能胜任全中国半导体产业扶植计划中的协助角色。"在晶圆代工领域，台积电"未来 10 年看不到对手"，不必担心中芯国际的威胁。对台积电来说，无论是从生产还是市场的角度，都非常需要与大陆维持良好的关系。

## 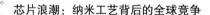 "双首长制"交棒

虽说张忠谋曾声称不排除交棒给国外人才，但大家都知道没有这个可能性。台积电有很强的企业文化，企业文化强的公司倾向于内部提拔。蔡力行与蒋尚义离开台积电，让刘德音、魏哲家的上位不再有任何障碍。那么，在刘德音和魏哲家两人当中，该选谁担当重任呢？

一位台积电的独立董事曾经给了张忠谋一个忠告，他说："你到最后，也就是几乎要死的时候回忆一生，不会想到你已经把台积电做这么大，而是会想到你交棒的那个人是不是符合你的期望。"张忠谋不能不对此予以极为慎重的考虑。

"业绩"自是硬道理。张忠谋认为："CEO 最重要的责任之一，就是跟客户高层联络。"于是，他"就把这责任交给他们了"。张忠谋将客户进行公平分配，魏哲家负责以"A，B，C，D，E"几个英文字母为名字开头的客户，刘德音则负责"F，G，H，I，J"，再依次轮替下去。这样的安排是经过细心考量的。因为台积电最重要的两个客户——苹果和高通，分别落到魏哲家和刘德音的手中，没有集中在一人之手。

2017 年 1 月 31 日，86 岁的张忠谋在夏威夷摔了一跤，即使毫无大碍，这一摔也摔出了台湾的"地震"，惊动了台湾各界。原因很简单，台积电市值为 5 万多亿元新台币（约合人民币 1.3 万亿元），是台湾唯一挤进全球百大市值的企业，占台湾股市总市值的 17%，市值是第二名的近 3 倍。

台积电股价每下跌 1%，台湾大盘就下跌 16 点。张忠谋的退休问题不能再拖下去了。

10 月 2 日，张忠谋召开记者会，抛出了"双首长制"的最终交棒计划。原本许多人更看好刘德音，认为他将兼任台积电的董事长和 CEO。张忠谋是个重感情的人，特别是对待老部下。刘德音比魏哲家早 5 年加入台积电，当时台积电甚至还没有上市。结果却是刘德音担任董事长、魏哲家担任 CEO，刘德音拿到的是地位，魏哲家拿到的是实权。在对两位联席 CEO 的 4 年考察期内，台积电顺利抢下了苹果 A10 芯片的订单，高通的 14 纳米和 10 纳米手机芯片订单却被三星电子抢走。于是，天平向魏哲家倾斜。

据说张忠谋不喜欢"CEO"这个头衔，魏哲家的职务被改成"总裁"。刘德音将领导董事会，作为台积电对外的最高代表和决策的最后把关者。总裁魏哲家则是在董事会的监督下，负责策略经营。公司向总裁报告，而总裁向董事长及董事会报告。

这样的职务安排也更适合他们两人的个性。刘德音温文儒雅、为人稳重，适合在后方坐镇。魏哲家作风海派、干练果断，更擅长在前方"打打杀杀"。"他们两位有很强的互补作用，一加一大于二。"张忠谋也这样说。依照台湾的所谓"公司法"，董事长的权力比较大。张忠谋就自称是个"管事的"董事长。在蔡力行担任 CEO 的时候，张忠谋还直管财务部门、人事部门和法务部门。刘德音虽然是董事长，却只有负责内控的部门和两个基金会要向他汇报，其他部门都向魏哲家汇报。理论上，刘德音拥有撤换魏哲家的权力，就像当年张忠谋能撤换蔡力行一样（当然也要经过董事会的同意），但刘德音明显不具备张忠谋那样的权威。他们两人这样的职务安排更可能体现出一种微妙的平衡。从台积电年报中的公司领导人照片上也可以看到：张忠谋退休前要么单独出现，要么处于团队的核心；张忠谋退休后，刘德音和魏哲家就一直是并肩而立。"一个太阳"演变成了"双头格局"。

还有一个因素不容忽视，刘德音和魏哲家分别是美籍和中国台湾籍。相对来说，刘德音更适合同外界打交道，比如和美国政府、美国投资者

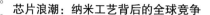

等"打太极"，魏哲家更适合对内，把台湾地区的这些工厂管好。

在旁人看来，"刘比较洋派，都找常春藤的班底，魏比较土派，找（台湾）清华、（台湾）交大等这批人，两个打法完全不同"。记者因此询问"双首长"之间的工作默契怎样，发生争议时如何解决？这时候，刘德音侧了一下身子，问坐在身边的魏哲家："CC（魏哲家英文名缩写），我们合作有几年了？"刘德音接着说："应该有15到20年了。"在世界知名的公司中，"双首长"合作超过15年的非常少见，记者的问题似乎可以不必回答。万一董事长对总裁不满意，也必须通过董事会才能撤换总裁。按照张忠谋的期望，台积电董事会里的独立董事将要占到多数。一个更加独立的董事会能够在董事长和总裁之间起到更好的平衡作用。

张忠谋开玩笑说，假如人可以长生不老的话，他会继续做下去。但再怎么不舍，"天下无不散之宴席"。张忠谋宣布，他将于2018年6月的股东大会上正式退休。双首长制接班团队的制度形成，是他给台积电的最后一份礼物。

产业界对张忠谋的放手表示欢迎："产业界最怕的是他身体突然不好了，交接的工作还没有做好，现在他制定的这个交接班逐步走的策略其实对台积电是好事，有准备总比没准备好。"我们来看一下张忠谋回台8年的成绩单。从2009年到2017年，台积电营业收入从90亿美元上升到321亿美元，研发投入从6.6亿美元提高到26.5亿美元，资本支出从26.7亿美元增加到109亿美元，后一个数字分别是前一个数字的3.6倍、4倍和4.1倍。

2017年是台积电成立30周年。这一年，台积电在专业晶圆代工市场的份额为59%（源自IC Insights数据，不含英特尔和三星电子），台积电一个企业的营收就超过了世界上其他所有专业晶圆代工厂的营收之和。排名第二至第四的格罗方德、联华电子和中芯国际的营收分别只有54亿、49亿和31亿美元。如果看利润，台积电更是遥遥领先。2017年，台积电的利润为113亿美元，而格罗方德亏损，联华电子的利润只有3亿美元，中芯国际更是仅有区区4770万美元。在先进工艺上，台积电的16纳米和10纳米贡献的营收占比高达31%，面世好几年的28纳米仍然占了营收的23%。

## ⚙ 张忠谋裸退

2018 年 6 月 5 日，在台积电的年度股东大会上，张忠谋宣布正式退休。从三位联席 COO 到两位联席 CEO 再到交出董事长职位，张忠谋用 6 年多时间完成了交棒"三部曲"。张忠谋这回是裸退，他表示："本人将不续任下届董事，亦不参与任何经营管理部门工作。"出于对张忠谋的感激之情，自该日起，张忠谋被台积电尊称为公司"创办人"。曾繁城在张忠谋退休后还在台积电做了一年董事，然后也从台积电退休。

为什么张忠谋这回可以放心地裸退？我们可以复盘一下他选定的接班人刘德音是如何思考与行动的。智能手机之后的下一个大概念（Big Thing）是什么？高性能运算。台积电怎样才能打败英特尔？在处理器设计上发力，直击英特尔最核心的业务。台湾缺电怎么办？布局风力和太阳能发电，同时在台中加大投入，让台积电在台北、台中和台南各分布三分之一的产能，以平衡风险。芯片技术的最新动向是什么？存算一体化，提前布局存储技术。中美大国角力怎么面对？在中国大陆和美国都进行投资，同时布局日本和德国，分散风险。硅被逼到物理极限了怎么办？找全球特别是美国顶尖的科学家或团队来研发碳纳米管等新材料。埃[①]（1Å=0.1nm）时代走到头以后的芯片新赛道是什么？量子电脑……是的，刘德音一直在深度思考，他确实符合张忠谋心目中对台积电最高领导人所要求的标准。

被《商业周刊》（中国台湾版）誉为"将台湾推向世界屋顶"的张忠谋，生活简单、不事奢华，个人兴趣爱好不多，业余生活就是打打高尔夫球、听听音乐和看书。对于退休后的打算，张忠谋表示，退休后会做三件事：旅游、打桥牌、写自传。

张忠谋并不看重个人财富，他认为，只要能够舒服地生活就足够了。如果以此为标准，他 40 岁时就位列美国前 10% 高收入人群，已经达到了这个目标。张忠谋笑称他的生活开支总是落后于他的收入，鞋子往往也

---

[①]　埃米，符号为 Å，是晶体学、原子物理、超显微结构等常用的长度单位。1Å 等于 $10^{-10}$m，即 1 纳米的十分之一。

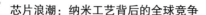

是穿了十几年才换，台积电许多副总开的车都比他的高级。张忠谋在台积电给自己开的工资并不算高。他在台积电最后一个完整年度获得的董事长酬金包括：2301 万元新台币报酬、51 万元新台币退休金、2.82 亿元新台币董事酬劳和 408 万元新台币业务执行费用，合计 3.1 亿元新台币，共占 2017 年台积电税后净利的 0.09%。应该说，台积电给自己的最高管理层开的工资都不算高。刘德音和魏哲家 2021 年度的酬金占公司税后净利的比例也都仅有 0.07%。

自 2010 年以来，台积电就不再给员工发放股票、股利。张忠谋、刘德音和魏哲家也一样都只拿现金薪酬。张忠谋认为这些年来美国公司的高层不如早年有节、有守，若能解决股票股权的问题，那么美国公司治理的问题会少一半。

张忠谋的主要财产就是他早年所持有的 0.48% 的台积电股份（截至 2021 年年底，刘德音和魏哲家则分别持股 0.05% 和 0.02%）。在台积电的最后 5 年时间里，他持有的台积电股份数量一直是 1.25 亿股，没有变化。台积电鼓励员工长期持有股票，如此能让员工个人酬劳与股东利益一致。张忠谋以身作则，除了 2005 年退居二线那回，他从来没有减持过台积电的股票。

最近几年，由于台积电的市值大涨，张忠谋的个人财富也水涨船高。刚退休时其持有的台积电股份价值 10 亿美元，到 2021 年公布的福布斯全球亿万富豪榜上，张忠谋上榜身价涨到了 28 亿美元，排名第 1111 位。即便增加了几倍，他的个人财富仍然远远不能与其拥有的影响力匹配。可以比较一下，黄仁勋是全球半导体产业最大的富豪，其个人身价为 118 亿美元，在福布斯富豪榜上高居第 186 位。

## 张忠谋的对手与朋友

在张忠谋正式退休后仅 16 天，台积电的老对手英特尔的第六任 CEO 科再奇因婚外情被曝光而宣布辞职。这个看似不幸的消息对科再奇来说却是一个解脱。英特尔许多年来都是全球芯片制造业的标杆企业，它于 2007

年提出 Tick-Tock 模式，Tick-Tock 是时钟的"嘀嗒"声，意指英特尔在 Tick 年（工艺年）更新制作工艺，Tock 年（架构年）更新微架构，按照两年一代的节奏推动摩尔定律前进。Tick-Tock 模式顺利运作了 10 年，在 14 纳米制程（相当于台积电的 10 纳米制程）上稍微"跌了个跟头"，比计划延迟了一年，到 2015 年才量产。英特尔的 10 纳米级芯片（相当于台积电的 7 纳米级芯片）直到科再奇下台都还没有问世，而台积电的 10 纳米级芯片于 2018 年第二季度就已量产。这意味着英特尔的 Tick-Tock 模式彻底崩塌。摩尔定律在科再奇手中中断了。

张忠谋与英特尔的创始人是同一年代的人，他一口气熬掉了英特尔 6 任 CEO。不能不说，这是一个奇迹。在高科技企业，"经理人每天都在折旧"，张忠谋必须每天至少花两个小时在"有目标、有纪律、有计划"的学习上，了解行业最前沿的技术动态，才能够连续几十年都一直站在时代的潮头上。"知识以很快的速度前进，不与时俱进，就只有等着失业的份，更不用谈获得什么成就。"张忠谋有过人的精力，才能够像年轻人一样勤奋工作，领导一家拥有 4 万多名员工的大企业。张忠谋的心脏足够强大，足以经得起行业波动的大风大浪，使他勇于做出大胆的决策。最后，张忠谋还拥有宠辱不惊的心态，才能够在经历人生几番起落后以 87 岁的高龄平静地退休。

台积电的另一个老对手是三星电子，其掌门人李在镕在张忠谋正式退休 4 个月前刚刚躲过牢狱之灾。自 2014 年心脏病发作后，李健熙长期住院养病，李在镕已成为三星帝国的实际控制人。除了掌控三星集团最重要的企业三星电子，李在镕还担任了三星生命公益财团理事长。李在镕只需要继承其父拥有的三星电子和三星生命这两家核心企业的股份，就可以全盘掌握三星集团。因为向韩国前总统朴槿惠及其亲信崔顺实行贿，2018 年 2 月 5 日，李在镕二审被判处有期徒刑两年零六个月。不能不说明的是，三星集团是在军人独裁者朴正熙治下发迹的，三星集团第一代掌门人李秉喆得到了朴正熙的大力扶持，而让李在镕犯案的朴槿惠正是朴正熙的女儿。因为可以缓刑 4 年，李在镕被当庭释放。

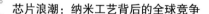

但李在镕没能高兴多久。2020 年 10 月 25 日，三星集团前掌门人李健熙去世，其家族表示将为李健熙的遗产按最高税率 60% 缴纳 12 万亿韩元（约 700 亿元人民币）的遗产税。为了不减少在三星集团持有的股份，李氏家族考虑用贷款和股息来缴纳这笔全世界迄今为止最大的遗产税。李氏家族花了钱也没能成功消灾。2021 年 1 月 18 日，"亲信干政"案重审，李在镕当庭被捕，直到 8 月 13 日才获得假释，得以出狱。李在镕的遭遇表明，财阀在韩国不再能够随便凌驾于法律之上，李氏家族对三星集团的掌控也受到了很大的削弱。

在张忠谋退休之际，黄仁勋将他与张忠谋合作的这几十年经历画成漫画送给了张忠谋。对黄仁勋而言，没有台积电就没有今天的英伟达。在泪眼汪汪地表达完感激之情后，黄仁勋转身就把英伟达的新一代 7 纳米 GPU 订单给了三星电子。自从成为苹果的供应商后，台积电每年都将其产能优先提供给苹果，不要说高通，连英伟达对此都很有意见。而且英伟达对台积电"移情别恋"傍上它的最大竞争对手超威很不满，认为这会让它失去对超威的工艺优势，所以也想借移单三星电子来对台积电施压。张忠谋在台上的时候，或许黄仁勋还不好意思撕开脸面。隐忍已久，今天黄仁勋终于可以放开手脚。

在离开台积电之际，张忠谋表达了自己对企业未来的信心："我相信，没有我，台积电还会再一次创造奇迹。"然而，在他裸退之后，台积电不仅在客情上出现了变数，还在厂务管理上出了大漏子。

## ⬢ "病毒门"事件

2018 年 8 月 3 日傍晚约五六点的时候，台积电新竹园区晶圆十二厂的机台出现异常。刚开始故障范围不大，现场工作人员以为只是机台有问题。晚上 10 点半，情况变得愈来愈严重，不只是生产用的机台，连晶圆自动搬运系统和附近的龙潭封测厂都出了毛病。所有人都意识到，是网络出问题了。没多久，台中的晶圆十五厂、台南的晶圆十四厂也都传来不好的消息，控制机台的中控电脑纷纷出现无限次自动重新启动或宕机的状况。台积电遭到了电脑病毒入侵！而且中招的是技术先进的全部 3 座 12 英寸大厂，从 16 纳米、10 纳米到 7 纳米，台积电的先进工艺产品生产均受到影响。

刘德音和魏哲家在第一时间了解情况，要求全力防堵"疫情"。台积电数百位相关人员亦停休回岗，全线"排毒"。负责信息系统的副总经理林锦坤坐镇晶圆十二厂，带着所有人漏夜开会、评估影响，提出问题解决方案，许多台积电员工工作到第二天凌晨才下班。8 月 4 日早上 8 点，各部门主管打电话把设备工程师全部召回厂内。其他部门也支援人力，按照前一天定下的应变计划，对数千台电脑全部进行扫毒，唯恐漏掉任何一台。这并不容易，因为台积电部分旧有生产线的机台是历史悠久的老设备，这些老设备用的电脑旧到不能装防毒软件，而生产这些设备的厂商可能已被并购或已经不再继续营运，台积电无法随便换设备，只能先扫毒，确定没病毒之后再想办法保护电脑。

8 月 4 日，台积电公告证实部分机台因"人为疏失"受到病毒感染，并非外传遭黑客攻击，并表示"问题已被及时遏制"，部分停机的设备开始进行系统重装，受影响的生产线逐步恢复生产。事实上，台积电的办公网络和用于厂区现场控制的产线网络是完全封闭式的，并未与互联网直接相连，所以也不可能受到黑客的攻击。到 8 月 6 日下午，魏哲家宣称生产线已全部恢复正常，"没内贼没外鬼，纯粹是内部操作失误"。

此次攻击台积电的病毒是"蠕虫式"勒索病毒 WannaCry（想哭）的变种，针对的是未打补丁的 Windows 7 操作系统。美国国家安全局曾经针对微软 Windows 操作系统的漏洞开发了一款名为"EternalBlue"（永恒之蓝）的网络武器，后被黑客窃取和利用，制作成勒索病毒。该"蠕虫"感染计算机后会植入勒索病毒，导致电脑大量文件被加密。受害者电脑被病毒锁死后，病毒会提示支付价值相当于 300 美元的比特币才可解锁。WannaCry 自 2017 年 5 月开始肆虐，全球至少 150 个国家和地区、30 万名用户中招，造成损失达 80 亿美元。微软一年多前已就此漏洞发布了补丁，

但台积电在这么长的时间里居然并未将补丁装上。

台积电的晶圆制造与测试机台都是从外部采购的，由供应商预装好软件系统。机台被送进厂房安装后，在运行前须按标准流程扫毒。此次病毒事件的发生，应是支持厂商或台积电员工未按照标准程序进行操作。新机台在安装过程中，没有先被隔离并确认无病毒后再联网，导致新机台里面的病毒在连接到公司内部电脑网络后快速传播，影响到3家大型工厂的所有生产线。病毒攻击影响生产线，这在台积电还是首次发生。作为全球最大的晶圆代工厂，台积电向来高度重视信息安全问题。因为它不仅关系着台积电自身的数据安全，还关系到全球400多家客户的信息安全。半导体大厂拥有许多关键技术和商业机密，是黑客攻击的重灾区，台积电每天遭受的病毒和黑客攻击不下千次。台积电建设有多层防护系统严阵以待。首先，通过各种防护软件将很多恶意攻击程序或钓鱼邮件挡在企业网络之外，万一防护有漏洞，有黑客进入公司内部，再做层层分区防护，把黑客限制在某个区域且无法做任何动作。台积电内部开发了一套监测软件，只要黑客一有动作，很快就会被抓到。台积电的信息安全工作一向被外界认为"滴水不漏"，此次居然百密一疏，犯下低级错误，遭到一个普通病毒如此大规模的攻击，实属罕见。这让台积电颇有些尴尬。

幸运的是，台积电这回感染的病毒不具备加密能力。有赖于高效的应急预案，经历这么大规模的病毒感染事件，台积电只用了不到3天时间就恢复正常。由于存放生产数据库和客户数据库的电脑系统均未受到感染，事件造成的损失有限，只有不到1亿美元（2018第三季度财报列出电脑病毒感染相关损失为26亿元新台币）。

## ⬚ 智能制造的隐患

此次病毒事件之所以能造成这么大范围的破坏，客观原因是台积电已全面实施的智能制造系统。台积电将"卓越制造"视作企业三大竞争能力之一，而智能化是台积电卓越制造的重要组成部分，台积电在这一领域一向走在行业的最前列。

自20世纪90年代以来，台积电开始在8英寸晶圆厂引入电脑化生产。台积电于2000年建第一家12英寸超大晶圆厂时开始实施自动化——生产线上一次要运送的25片12英寸晶圆重达9千克，人力不易搬运，所以自动化是很现实的需求。而且，一座超大晶圆厂往往要同时为上百家客户批量生产上千种大小不一的产品。从客户、产品到工艺，台积电有许多种生产安排组合，导致生产流程非常复杂，同时生产管理要兼顾质量和效率，非常不容易，不采用智能化生产是不可能的。"每一批货，都知道它下一站要去哪里；每一个机台，都知道要来的下一批货是什么。整个流程运作除顺畅以外，重点是必须紧凑。"2011年，台积电揭开智能化的序幕，陆续引入大数据分析、机器学习等人工智能技术。时至今日，台积电已将智能制造技术广泛应用在排程与派工、工艺与机台控制、质量问题检测等方面，从而有效提升了质量和产能，实现了企业效益最大化。

芯片制造是一门高度复杂的工艺，有上千个工艺步骤，每个步骤都必须精准控制。台积电的每一片晶圆都来自上百万个感测点的数据，每座晶圆厂都有数千个机台，每个机台一天可收集数百万到数千万笔数据。这些数据蕴含着芯片制造过程中的所有细节，充分掌握数据才有机会优化工艺参数，从而提升成品率。每座晶圆厂的工艺数据分析工程师却可能只有不到1000位，要分析如此海量的数据，已远超现有工程师的能力所及。

为了发展符合需要的专用大数据分析工具，实时监控并及时准确地调整工艺参数，台积电投入了1000位信息化工程师、300位人工智能和机器学习工程师，开发出精准缺陷侦测分类、智能机台或工艺控制、精准机台腔体匹配和成品率分析等工具，从而发展出一套独家的生产控制系统。这套系统堪称台积电近年来持续将全球竞争者拉开差距的终极武器。

如今，台积电的芯片制造已经可以全程智能运行。工程师或技术员们可以免更换无尘衣，也不用经过空气浴尘室，以日常穿着就可以进入生产指挥中心，并排坐在办公桌前盯着电脑屏幕操作。智能制造不需要

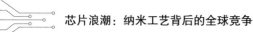

那么多的低端生产人员。在台积电的 5 万多名员工里，博士和硕士的比例已超过了一半。

台积电的智能制造有多厉害呢？

以缩短交货周期为例。随着智能手机等消费电子产品的迭代日趋紧凑，对无晶圆厂而言，相较成品率、价格，它们更看重的是交货周期。在快速交货方面，台积电堪称业内最强。台积电拥有极其精细的生产排程、实时派工与物料自动搬运系统，并且它还在不断改善和简化生产流程，以期能在最短时间内用最有效的方式服务客户。生产速度快，再加上先进的供应链管理系统，就能做到准时交货。2009 年，台积电在预估交货期当天准时交货的比率就已达到 98%。

在 0.18 微米时代，一颗芯片内部约有 25 层，生产一层约花两天的时间。在时隔 15 年的 10 纳米时代，以手机 SoC 芯片为例，内部已达 80 层，如果一层的生产周期还是两天，一个产品就要将近半年才做得出来，没有客户会等这么长的时间。据台积电自己的评估："从台积电推动智能制造并应用大数据和机器学习后，压缩生产周期的能力最少进步 50%。"

生产工艺流程的动态优化也是重要的体现。由于芯片制造过程太过精密，对一般的晶圆厂来说，一个芯片的生产流程在进入量产后就不敢再动了。但在台积电，对生产工艺流程进行优化却是家常便饭。智能制造让生产设备也能够具有自我检测、工艺参数智能调校、自动复原等能力。借着自我学习进化，生产设备可以变得愈来愈智能，流程优化在提升成品率、保证质量、侦测差错与缩短生产周期方面均有卓著成效。如果一座工厂在生产过程中调校出更好的工艺参数和成品率表现，或引入更有成本效益的机台，其他工厂也会跟着复制。

台积电的智能制造已经发展到工业互联网的阶段。在过去，机台本身就安装有控制程序，无须连上云端就能独立运转，被病毒感染后不会将病毒传染给其他机台。自 2017 年初，台积电开始在内部推动云端自动化系统。机台在生产前，先由中控电脑把控制机台生产的程序放进机台里，生产完之后就删掉该程序，"这样能做到数据不落地"。好处是能减少人为错误、提高效率，只要电脑下指令，所有机台都会安装一致的程序，而且保密性更高，有心人无法从机台里偷走重要资料。坏处则是，对于那些有问题的中控电脑送到机台的程序，没人能保证它们是对的程序。如果病毒进入网络，一感染就会"放倒"一大片。

有意思的是，台积电云端自动化系统项目是在宣布南京建厂前启动的，很大目的是防止企业商业机密被泄露到岛外。南京厂只能在投产前几分钟才从新竹总部云端下载关键制造配方，使用后配方即被删除，这个信息安全系统被视为"台积电真正的核心 Knowhow"。南京厂被当成云端自动化示范点。在南京厂，要做一份跨部门工作报告，需要穿过数百道防火墙。南京厂完工后，台积电把这套系统推广到台湾各厂区，新建的工厂都采用这样的云端系统。南京厂与台湾各厂之间建有严密的防火墙，这让南京厂在病毒事故中幸免于难。

台积电的3座12英寸超大晶圆厂在这次病毒事故中全部沦陷，这并非巧合，因为这3座大厂借由超级制造平台（Super Manufacturing Platform，SMP）协调运作。SMP除了能让客户得到一致的质量与可靠度，还能为匹配客户需求提供更大的产能弹性，缩短机台学习曲线和量产时间。台积电的这3座大厂之间原本也应有防火墙使它们相互阻绝，这回却没有发生作用。这些工厂经常跨厂合作，比如：产能不足时就会把生产数据丢上云端，用其他厂的机台来帮忙生产；或是出了什么问题时就把相关数据传到其他厂，用别的机台来验证自己的生产程序哪里有错。为了让运营效率最大化，台积电的这几座大厂的生产系统全部连在一起。对各厂来说，如果有防火墙，对其他厂区的机台下指令可能要花几分钟才能得到回应；拿掉防火墙，立刻就能知道结果。贪图沟通方便的结果就是无法阻隔病毒。台积电那些老旧的厂区还没连上云端，受到的影响很有限，基本上都能维持正常运作，但已经完成云端自动化系统的三座先进大厂就损失惨重。

台积电发展云端自动化是大势所趋。因为台积电的投资金额愈来愈大，企业的运营效率也需要同步提高，方法只有提高自动化程度。这个策略不

会因为病毒事件这个意外而有所改变。病毒事件也给台积电在信息安全方面上了重要的一课。大家都认识到，即便有再好的设备和技术，只要有人贪图方便，信息安全意识松懈，防护措施就很有可能不起作用。

谁也没想到，在这一被称作台湾史上规模最大的信息安全事故过后仅仅5个月，台积电就发生了另一起造成更大损失的生产事故。

### ⊞ "光刻胶"事件

2019年1月底，台积电晶圆十四B厂发现16纳米和12纳米产品的成品率异常，经追查后发现一批光刻胶原料的规格有相当大的误差，使得光刻胶在被处理的过程中产生异质的聚合物，影响晶圆产出质量。此次光刻胶污染导致11万片晶圆报废，并且影响到的是可被称为台积电营运中流砥柱的先进工艺芯片，受影响客户包括联发科、海思、苹果、英伟达、超威和高通等。受影响最大的产品是苹果智能手表Apple Watch 4的处理器芯片，估计报废数量高达900万颗，而Apple Watch 4在2019年度的预估销量也才3300万只。一开始台积电估计该季营收将减少约5.5亿美元，在采取各种措施追回生产进度后，损失仍高达1亿多美元（2019年第一季度财报确认光刻胶事件相关损失为34亿元新台币）。

供应此批光刻胶原料的是有着多年良好供货记录的陶氏化学，但陶氏化学并不愿意为所有的损失买单，最后还是由台积电自行承担多数损失，这说明事故原因主要是台积电自身失误。光刻胶使用前后要经过多道严格的检验流程，而这次问题竟然拖了两个月才被发现。晶圆厂一次报废上千片晶圆就算是很恐怖的事故，台积电这回报废数万片晶圆在业界看来是很不可思议的事情。这样的状况发生在一向严谨的台积电，实在让人意外。

间隔这么短的时间就发生第二起严重质量事故，台积电的最高管理层恼羞成怒，两位相关高管被严厉问责。其中一位是十四厂的厂长，他被转调到质量管理部门任职；另一位是质量管理部门副总经理，被公司安排提前退休。和许多台积电的老人一样，这位副总也认为自己已经为台积电打下"最美好的一仗"，原本就申请在 2019 年退休，结果不知道是不是因为临近退休而麻痹大意，才出了这样大的事故。

据业界揣测，这次事件的发生，很可能是因为大环境不佳。晶圆代工整体市场规模在当年衰退了 2%（源自 IC Insight 数据），刚接棒的经营团队希望维持获利水准，于是试图通过增加新供应商比价来降低成本，结果成本管控过头而产生了副作用，最后才出了这样的状况。

台积电的供应商对台积电可谓是"又敬又畏"。敬的是，台积电会花很多钱将供应商的管理人员培养成该产品线的专家，能够对供应商提出专业的指导及严苛的要求。台积电人不妥协的做事风格，让供应商不敢有任何怠慢。畏的是，台积电会将进货价格压到最低。供应商一般给台积电供货是赚不到什么钱的，但都还是要抢为台积电供货的入围资格。因为一旦进入台积电的供应商名单，就相当于拿到了金字招牌，其他生意就好做了。这就和当年台积电要用低价争取英特尔订单是一个道理。以前，"供货商能给好技术、好内容，贵一点 OK，反正毛利够支撑"。这两年，台积电从技术导向演变成价格导向，并因此新增了不少供应商，以进一步压价。比如陶氏化学，虽然也是国际化工大厂，但不属于光刻胶一线厂商，原本只是台积电其他原料的供应商，属于光刻胶供应商名单中的后进者。从 2018 年下半年起，台积电加大了砍价的力度，陶氏化学才借此机会凭低价格入围。陶氏化学作为光刻胶的新晋供应商，可能对有些流程还不太熟悉，与台积电在沟通上出了差错，才酿成这起事故。

芯片制造流程精密而复杂，台积电在厂务管理上一向遵循铁一般的纪律，居然在短时间内接连栽在电脑病毒防范、光刻胶采购这些非核心生产流程的环节上，而且看来都是因为未能严格落实流程规章制度才酿下大事故。这也说明，随着芯片工艺越来越先进，复杂的流程和供应链管理成为技术开发之外的一大课题。在张忠谋正式退休不到一年的时间里，台积电接连出现两起错误低级且影响重大的事故，是否真的如外界所感叹的"没有张忠谋的台积电还是变了"？这不能不给刘德音和魏哲家这一对搭档巨大的压力。

# 第十二章　美国制造的尴尬

## 超威 + 特许 +IBM=?

格罗方德是美国本土唯一的专业晶圆代工厂。它成立于 2009 年 3 月，是从超威的芯片制造部门分拆而来的。2010 年 1 月，全球晶圆代工排行老三的格罗方德以 18 亿美元收购了新加坡的特许半导体，规模进一步扩大。该年格罗方德的营收达到 35 亿美元，逼近联华电子 39 亿美元的营收。

格罗方德来势汹汹，张忠谋却将之视作斯大林格勒战役中攻方的德军，自己是胜券在握的苏军总帅斯大林，并且很"关心"他的老友、从超威转战格罗方德并担任董事长的鲁毅智的声誉，对他隔空喊话："在死伤惨重前，赶快退休吧！"格罗方德原本牢牢把握着超威的订单，业内戏称格罗方德为"超威的女朋友"。2011 年的时候，格罗方德首次掉链子。超威 Bulldozer 架构的微处理器当时由格罗方德使用 SOI 技术的 32 纳米工艺代工，因成品率过低，超威原定该年第一季度出货的进度一路延误到第四季度，迫使超威不得不将部分订单转交给台积电。格罗方德在非常关键的 28 纳米工艺上的研发速度也慢，几次延期，量产时间比台积电晚了一年多。超威表示对格罗方德很失望，放弃了所持有的格罗方德股份，与格罗方德完全撇清关系。为了撤销在特定期限内独家采用格罗方德 28 纳米工艺生产芯片的合约，超威还不惜付出 4 亿美元的代价。对比之下，超威为改善现金流卖掉总部大楼也才拿到区区 9500 万美元。不过，格罗方德的 28 纳米量产进度仍然好于联华电子，这让它拿下了意法半导体、飞思卡尔等客户，2013 年还拿下了高通将近五分之一的 28 纳米订单。

2014 年 10 月，格罗方德从 IBM 手中接收了其微电子部门，拿下 IBM 位于纽约和佛蒙特州的两家技术过时的工厂，还揽下了 IBM 的 5000 名员工。为了换取格罗方德对 IBM 的不关厂、不裁员的承诺，IBM 不仅不要格罗方德支付一分钱，还赠送了 16000 多项专利，并答应在 3 年内给格罗方德 15 亿美元，以支持其对芯片先进工艺技术的研发，IBM 还承诺在未来 10 年内都将从格罗方德那里采购 Power 服务器的处理器芯片。格罗方德对 IBM 亏损严重的制造业务其实并不感兴趣，只是冲着 IBM 的专利、订单和巨额补贴才接下了这个包袱。

买下 IBM 让格罗方德的全球排名变好看了，其市场占有率超过联华电子，位居全球第二。但 IBM 的晶圆厂是个巨大的钱坑。收购当年，格罗方德的亏损额跃至 15 亿美元，次年再亏 13 亿美元，第三年仅上半年的亏损额就达到 13.5 亿美元。

格罗方德买下 IBM 的半导体业务，自然也继承了 IBM 的技术路线图，在 SOI 技术上死磕，结果碰得头破血流，22 纳米 SOI 工艺的量产一直不顺利。台积电则跟随英特尔的技术路线，顺利取得 3D 晶体管技术的突破，一路沿 16 纳米、10 纳米往下走。三星电子原本也是走 SOI 路线，后来发现不对，及时改道 FinFET，在 14 纳米上取得突破。格罗方德的 14 纳米工艺折腾了两年也没成功，最后还是从三星电子手中获得 FinFET 技术的授权，才搞定了这一工艺，但先机已失。直到 2015 年年中，格罗方德才实现 14 纳米的量产，比三星电子晚了半年的时间。

原来一向是三星电子要从 IBM 获得技术授权，但继承了 IBM 衣钵的格罗方德居然要向三星电子拿技术授权，这一尴尬的现象反映出格罗方德已经失去了在行业中的技术领先地位。为摆脱对三星电子的技术依赖，格罗方德秘密进行 10 纳米工艺的研发，以求能够跟三星电子、台积电竞争智能手机和平板电脑 CPU 芯片的市场，但最终没有成功。而且 10 纳米工艺不够成熟，性能提升有限，只能算半个节点，许多客户都对其不感兴趣。格罗方德又放弃研发 10 纳米，转而研发 7 纳米，希望自己在未来不落后于其他晶圆厂。

然而，巨大的资本开支让格罗方德望而生畏。3D 晶体管相对 2D 晶体管是一次技术的飞跃，研发难度高、资本开支大，一条 28 纳米生产线的投资额约 50 亿美元，16/14 纳米生产线投资额竟高达 100 亿美元，销售额做不到 100 亿美元以上的厂商无力负担如此高昂的建厂成本。在 3D 晶体管的门槛前站着的仅剩存储器三巨头、英特尔，以及台积电、联华电子和格罗方德 3 家专业晶圆代工厂（后来增加了中芯国际），先进工艺赛道上的玩家已经相当稀缺。

再往后，连二线晶圆代工厂也承受不了先进工艺投资的"军备竞赛"。更先进工艺的"印钞"能力固然令人艳羡，但残酷的投资成本与经营风险问题亦摆在眼前。与其在越来越艰险且狭窄的先进工艺赛道上投入巨资，不如注重投资回报率，在宽广的成熟工艺上精耕细作。2018 年 8 月，联华电子宣布停止 12 纳米以下级别先进工艺的研发。没过多久，格罗方德也正式宣布无限期停止 7 纳米及更先进工艺的研发，专注于现有工艺。格罗方德恳切地表示，只有 IBM 额外支付 15 亿美元，自己才可能会进行7 纳米技术的开发。IBM 对此很是不满，要求格罗方德返还它已投入的15 亿美元研发费用。这个要求理所当然地被格罗方德坚定地拒绝了。

宣布停止 7 纳米研发后，在先进工艺芯片上，联华电子丢掉了联发科的订单，格罗方德也相继失去了超威、IBM 等大客户。苏姿丰居然开心地表示，格罗方德搁置 7 纳米以下先进工艺，对超威来说并非一桩坏事（not a bad thing）。超威的 7 纳米电脑 CPU 订单转向台积电，IBM 的7 纳米服务器 CPU 则转交给三星电子代工。

## ⬡ 格罗方德改做减法

停止先进工艺研发后，格罗方德的主要竞争对手不再是台积电和三星电子，而是联华电子和中芯国际，成本控制成为企业竞争力的最重要因素。而格罗方德偏偏最不擅长的就是成本控制。

格罗方德的工厂多半是收购得来的，这些工厂广泛分布在美国、德国和新加坡等发达国家，根本就不具备成本竞争力。当然，如果有竞争力，特许半导体、超威和IBM也就不会卖这些工厂了。更要命的是，格罗方德各厂的技术路线不同，在"工厂一致性"（fab matching）上有很大的问题。一颗新设计的芯片要量产，通常会先经研发试产，待工艺参数等诸多生产因子调到最佳后，才外放到各晶圆厂大量生产。比如，台积电都是由母厂负责新工艺的试产，成品率稳定后再到各子厂投片量产。对芯片制造者来说，一大考验就是如何把试产时的成品率表现精准移植到量产阶段。业内最著名的是英特尔的"精确复制"（Copy Exactly）模式，亦即英特尔在全球每座晶圆厂内的每条生产线不仅采用相同的生产设备，连厂内管路的配置、尺寸、长度甚至弯角都一模一样，以此确保从研发产线到量产产线的表现能够一致。格罗方德的工厂就很难做到这一点。而且，格罗方德最多时拥有10家工厂，各工厂的地理分布太过分散，要互相整合资源或是援助产能都很困难，衍生的人力、交通与物流成本都太过昂贵，供应商也不可能就近服务每一家厂。对比一下，台积电的多数产能都集中在一座小小的台湾岛上。

如果格罗方德要建新的晶圆代工厂，中国大陆是最佳的地点。但格罗方德对于在中国大陆建厂事宜一再犹豫。2016年，格罗方德欲与重庆市政府成立合资企业，后来谈判破裂，又将合作方换成了成都市政府。

2017年5月，格罗方德和成都市政府签约，计划分两期共投资超过100亿美元建厂。到了2018年3月，格罗方德换帅，才干了4年CEO的桑杰·贾去职。汤姆·考菲尔德新官上任3个月就宣布全球大裁员，成都厂也就陷入停摆状态。格罗方德成为全球前六大晶圆代工商中唯一没

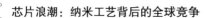

有在中国大陆建厂的，这既不利于它在中国大陆这个全球最大的半导体市场上拿订单，同时又不能享受中国大陆的低成本优势，这些因素大大限制了它的竞争力。

审视格罗方德过去的营运状况，自创建以来，它的利润率长期是负数，2016年上半年更是跌落谷底，达到−54%。这么大的亏损率加上持续新增的巨额资本开支和研发投入，让格罗方德举步维艰。未来若没人输血，则所有前期投资尽弃；而继续投资则又像是面对一个无底的黑洞。格罗方德陷入了一个负现金流与持续亏损的恶性循环。

格罗方德连年巨亏且看不到盈利的希望，虽说其金主阿联酋阿布扎比政府的全资投资机构穆巴达拉（Mubadala）发展公司是全球最大的主权投资基金之一，但也禁不起这样烧钱。大概是因为当时石油价格一再下跌，阿联酋囊中羞涩，"地主家里也没有余粮了"，格罗方德不得不开始低价大甩卖。2019年1月，格罗方德将新加坡的一座8英寸晶圆厂卖给世界先进公司，4月将纽约东菲什基尔厂卖给安森美，5月将旗下的芯片设计公司Avera卖给了美满，8月将德国德累斯顿的光罩厂卖给日本凸版印刷公司（Toppan）。

美国政府一向对海外资金收购本土高科技企业有很多限制，看看东芝收购美国核电龙头西屋、软银收购美国第三大电信公司斯普林特时如何吃尽苦头就知道了。对于芯片制造这样具有战略意义的产业，美国政府也给了阿拉伯"土豪"很多限制性条款，这些都会大大减少格罗方德腾挪的空间。

格罗方德在市场上竞争不过台积电，就先后向欧盟委员会和中国国家发改委控告台积电违反反垄断法。格罗方德主张，台积电多年来通过不公平竞争方式，包括忠诚性折扣、排他条款、捆绑折扣，甚至罚款等，防止客户跟其他晶圆厂合作，进而影响格罗方德的竞争力。长此以往，拥有50%以上市场份额的台积电很可能会将市场"整碗捧去"。

2019年8月，格罗方德在美国和德国同时提起侵权诉讼，起诉台积电侵犯了它的16项芯片制造专利，还将台积电的19家合作伙伴列入诉状，其中包括芯片设计客户苹果、博通、联发科、英伟达、高通和赛灵思，系统客户华硕、思科、谷歌、海信、联想、摩托罗拉、TCL、一加等，甚至还有一些分销商。名单中不包括超威，想必格罗方德不敢得罪自己最重要的客户。格罗方德还要求美国贸易机构颁布进口禁令，禁令涉及应用在苹果 iPhone 等产品中的关键零部件的进口。台积电迅速做出强烈反应，9 月即针对格罗方德在美国、德国及新加坡的制造活动提起 25 项专利侵权反诉，比格罗方德还多了 9 项，同时也申请禁令要求格罗方德停止制造和销售侵权芯片。双方很快就达成和解协议，撤销两个公司之间以及牵涉任何客户的所有诉讼，并进行了长达 10 年的广泛专利交叉授权。台积电可能为此支付了 3000 万到 1 亿美元的费用。这场专利侵权诉讼案前后不过两个月时间就结束了。

格罗方德进退两难，超威却已涅槃重生。

## ◉ 超威背后站着的女人

2006 年，超威花费 54 亿美元的高价收购了正处于巅峰期的冶天。此前两年，冶天超越英伟达成为台积电的第一大客户，可见冶天当时在业内的地位。收购冶天时超威只有 30 亿美元现金，收购后连续 3 年陷入财务困境。英伟达适时推出"通用图形处理器"（GPGPU）的概念，将原本做图形处理的 GPU 用于通用计算，极大地拓展了 GPU 的市场。超威竞争不过英伟达的 GPGPU，加上全球金融危机造成的经营困难，不得不将制造部门拆分出去，以 84 亿美元的价格将拆分出来的格罗方德的大多数股权卖给穆巴达拉旗下的先进技术投资公司（ATIC），自己转型成了一家无晶圆厂。中东石油迟早会被开采殆尽，这些中东产油国又不拥有发展高科技产业的能力，就在全球范围内对高科技产业进行投资，希望以此方式来让各自的主权财富基金增值。张忠谋当年对超威将 CPU 制造外包的预见至此成为现实。因为冶天是台积电的死忠客户，收购冶天也让超威接触到台积电的优质代工服务，这是超威在晶圆代工上一步步倒向台积电的开始。

超威将芯片制造部门卖给穆巴达拉的同时也接受了穆巴达拉的投资。穆巴达拉为了保证格罗方德的订单，在收购协议中要求超威此后至少 5 年必须由格罗方德为其晶圆芯片做代工。格罗方德在芯片的各代工艺技术上一直落后于英特尔，这拖累了超威的发展。那几年里，从 32 纳米到 28 纳米，超威在同样工艺上的芯片产品总是要比英特尔晚一年发布，而且产品性能要差很多。

2014 年 6 月，苏姿丰成为超威新任 CEO，她也是超威在近 6 年内的第四任掌门人。超威股价跌至 2 美元以下，处于退市和破产的边缘，无人再对这家公司拥有信心。苏姿丰把超威的未来押在了高效能运算上。"我们扩大了在高效能运算上的投资，因为我当时判断，不管当下还是未来 5 年，不管是在云计算、机器学习、人工智能抑或个人电脑市场，高效能运算都会是 CPU、GPU 最重要的诉求。"

高效能运算也称高性能计算，这一概念过去主要用在能够执行大数据量运算与高速运算的超级电脑上。超级电脑的基本组件与个人电脑无太大差异，只是配置与性能要强大许多，主要用来解决科学研究的大规模计算和海量数据处理需求。到了苏姿丰接掌超威的时候，高效能运算平台已经从过去主要应用于政府、科研机构和大企业使用的高算力电脑中，拓展到应用于与消费者生活密切相关的个人电脑、平板电脑、游戏机、服务器和通信基站中。特别是网络游戏市场，迫切需要用高效能运算来处理越来越逼真的画面和越来越复杂的软件。高效能运算需要高性能和高功效的 CPU、GPU、网络处理器、人工智能加速器及相关特殊应用芯片。超威在 CPU 和 GPU 这两大市场上都排名第二，却也是业内唯一同时做 CPU 和 GPU 的公司，在整合这两种处理器、应对高效能运算市场的竞争中是有优势的。

格罗方德无法给超威供应足够强大的芯片，超威需要寻找新的晶圆代工厂商，台积电自然是不二选择。2016 年 5 月，刘德音在台积电技术论坛上指出，未来台积电将致力发展 4 个新产品平台，包括移动设备、高效能运算、汽车电子和物联网平台。"这是台积电看到的未来成长最快的市场区间。"刘德音明确指出，高效能运算的需求到 2020 年就会爆发。换言之，到时应用在电脑和服务器上的高效能运算对最先进工艺芯片的需求仅次于甚至超过智能手机。在智能手机兴起之前，电脑芯片本来就是台积电擅长的领域。刘德音看好高效能运算，这意味着台积电又要从手机市场杀回电脑市场，把电脑芯片作为主战场了。

刘德音端出高效能运算平台后，台积电派了一组人与超威一起设计处理器。有了台积电的撑腰，超威开始向英特尔发起挑战。

## ⚙ 超威的绝地反击

年销售量维持在 2 亿多台电脑的 CPU 市场是个高度垄断的市场，因为偌大的市场仅有英特尔和超威两个玩家。英特尔长期占有 80% 的市场份额，而且基本垄断了包括苹果电脑 CPU 在内的高端市场。2016 年第一季度，超威开始从最低谷往上爬。10% 的市场份额损失对英特尔来说不算什么，对超威来说却是 50% 的大幅增长（从 20% 增加到 30%）。超威的市值表现更是生猛，从苏姿丰上台前的 20 亿美元上升到 2021 年 5 月的 900 多亿美元，6 年时间上涨了 45 倍，超威股票成为超级牛股。

让英特尔紧张的是，超威不是凭借其惯用的低价来抢市场，而是用上了两项先进的芯片技术。

一是 7 纳米芯片。英特尔在 10 纳米芯片（相当于台积电的 7 纳米芯片）上卡壳，成品率迟迟无法提高，耽误了新产品的上市，让超威抢先推出了应用台积电 7 纳米芯片的 ZEN 2 架构的锐龙 4000 处理器。数年来，超威首次在芯片先进工艺的竞争中领先英特尔。

二是多核设计。2005 年以后，芯片遇到了"功率墙"的问题，微处理器的频率被限制在了 4GHz 左右，再也无法提高，微处理器架构需要朝多核的方向发展。在过去，设计多核处理器是非常复杂的技术，超威一直止步于单核和双核，其处理器性能始终无法超越英特尔处理器。台积电团队利用先进封装技术做出一种全新设计，让芯片间的数据交换速度

能得到极大的提高，而且这个设计只送不卖！有了这个设计，超威可以在短时间内把 CPU 核心从 4 核发展成 8 核甚至更多核。超威 12 核、16 核的锐龙 9 处理器成为高端游戏玩家的首选，一时间炙手可热。

长期以来，英特尔在电脑 CPU 领域一家独大，独享 20% 左右的净利率，把大多数电脑品牌厂商的净利率压缩到 1% 以下。在台积电晶圆代工的支持下，超威的 CPU 性能赶超英特尔，对英特尔积怨已久的电脑品牌厂商们纷纷支持超威，使得超威"生龙活虎"了起来。台积电也从超威的订单中受益匪浅。要知道，这是台积电多年来第一次有机会进入 X86 架构的电脑 CPU 的代工市场，这个市场可是英特尔帝国的基石。

个人电脑市场不能满足超威的胃口，超威在服务器市场上也对英特尔发起了挑战。此前，超威在服务器市场上被英特尔打得很惨，基本退出了这一市场。超威选择云服务商作为市场的突破口，这还是属于高效能运算的领域。

5G 时代来临，随着物联网和人工智能的发展，需要处理的数据呈指数级增加，对算力的要求随之提高，作为基础设施的数据中心变得越来越庞大，机器学习和其他人工智能相关的计算量占到了数据中心总计算量的 25% ~ 30%。作为算力和数据的承载单元，服务器是数据中心的核心硬件，服务器 CPU 则是核心中的核心。服务器市场对处理器和存储器的需求数量之大，不仅超过了个人电脑，甚至将超过智能手机。

CPU 能解决视频、网购、搜索之类的应用需求，然而，大数据处理就得用到 GPU，因为 GPU 的算力大大强过 CPU，更适用于高效能运算。超威擅长 GPU 和 CPU 的结合，这在数据中心市场上有很大的优势。超威首先在微软、百度和腾讯等云服务商那里取得进展，然后再向普通企业用户拓展。超威的霄龙服务器 CPU 早就用上了台积电的 7 纳米芯片，并且拥有更多核的设计。2017 年，超威成为第一家引入台积电芯粒架构的无晶圆大厂，它的初代霄龙服务器处理器"那不勒斯"（Naples）通过封装 4 个 CPU 裸片做到了 32 核，第二代的 ROME 通过封装 8 个 CPU 裸片做到了 64 核（同期英特尔的至强处理器仅有 28 核）。英特尔的服务器

CPU 则情况不妙。因为先进工艺研发及量产进度落后，新品上市时间一再延误，面对超威的进攻，英特尔显得手无足措。

超威挑战英特尔的两项关键技术都离不开台积电的支持。超威的钱比英特尔少很多，但只要有台积电在后面支持，它就可以跟英特尔竞争。超威与英特尔同属 CISC 路线的 X86 阵营，觊觎 CPU 市场的还有 RISC 路线的 ARM 阵营，给 ARM 阵营撑腰的，仍然是台积电。

## ▣ ARM 架构的威胁

以往，ARM 芯片只在低功耗和高密度上有优势，在性能上不如 X86 芯片。但台积电用 5 纳米工艺打造的 ARM 架构的苹果 A14 手机 SoC 芯片，性能已经足以与部分笔记本电脑 CPU 媲美。2020 年底，苹果宣布，将在两年的过渡期后，在新款 MacBook 笔记本电脑上使用自主设计的基于 ARM 架构的"苹果硅"（Apple Silicon）芯片，从而终止与英特尔在电脑 CPU 上将近 15 年的合作关系。这意味着 ARM 架构在电脑产品上的性能表现终于超越了 X86 架构。苹果用自己设计的电脑 CPU 取代英特尔的产品，不但成本更低，还能用同一套操作系统和服务通吃电脑和手机两个市场。苹果电脑又可以回归乔布斯最爱的独立封闭系统路线。对台积电来说，苹果电脑 CPU 又将是一张 10 亿美元级别的超级大订单，而英特尔将痛心地看到苹果从大客户变成强劲的竞争对手。

原本盘踞在超级电脑 Top500 排行榜上的性能"怪兽"绝大多数都采用 X86 架构。2020 年，日本的富岳电脑用 ARM 芯片拿下全球超级电脑运算力第一的宝座。这又是一个 ARM 架构在性能上超越 X86 架构的标志性事件。英伟达也声称，与 GPU 搭配应用于机器学习时，基于 ARM 架构的 CPU 可以提供与基于 X86 的 CPU 几乎相同的性能。连超威都表示，随时准备开发 ARM 架构的 CPU 芯片。

ARM 架构觊觎的可不仅仅是个人电脑和商用电脑市场，还有服务器市场。

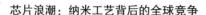

数据中心的耗电量大得惊人，ARM 架构的功耗远比 X86 架构要低，有很大的节能优势。在移动市场取得龙头地位后，安谋进军服务器市场。安谋摇旗呐喊，门下应者众多。自 2011 年以来，先后有高通、博通、三星电子、英伟达等多家芯片开发商投身到 ARM 服务器芯片的开发中。其中最具威胁的是英伟达，黄仁勋表示要在 GPU 上集成 ARM 架构 CPU，从而彻底摆脱对 X86 架构 CPU 的依赖。2015 年 3 月，安谋夸口称，ARM 架构的市场份额计划要从现在不到 1% 的占比扩展到 5 年后的 20%。没过多久，自我感觉良好的安谋觉得不能太过保守，又改口将市场份额目标提高到 25%。然而，几年过去了，ARM 阵营服务器的开发几乎全军覆没。由于软件生态缺失及芯片性能较弱，ARM 架构在服务器市场上的发展远不如预期。

2018 年，安谋重磅推出了专门针对服务器市场的新品牌 Neoverse，并承诺在未来 3 年内每年都会有 30% 的性能提升。包括高通、华为、美满旗下的凯为（Cavium）、英伟达在内的许多公司想与安谋一道重整旗鼓，它们不再试图在英特尔的传统强势领域与其竞争，而是和超威一样，盯上了高效能运算这个新赛道。比如，英伟达推出以 ARM 架构打造的超算处理器 Grace，同时表明未来会更着重将 ARM 架构与 GPU 架构结合，进而更好地发挥人工智能运算的性能优势。为了达到这个目的，英伟达甚至提出要以 400 亿美元的价格收购安谋，可惜未能达成目的。华为也推出了用于泰山服务器的 ARM 架构服务器芯片，并取了个很有气魄的名字——"鲲鹏"。华为谦恭地表示鲲鹏不是被用来取代英特尔的芯片的，它主要应用在移动 APP 和物联网平台，华为仍然是英特尔亲密无间的战略合作伙伴。

还有那批云计算的"野蛮人"，如亚马逊、谷歌、微软、阿里巴巴、腾讯和脸书等。它们原本是英特尔云服务器的大买家，需要采购大量的云服务器来建设规模庞大的数据中心。云服务器成为继商用电脑、个人电脑和智能手机之后处理器竞争的一个新赛道，市场有了重新洗牌的机会。为了提高算力和降低能耗，云计算巨头们相继进入芯片设计领域，自行开发应用于人工智能的处理器芯片，如 DPU（算力芯片）。这些云计算巨头不会容忍仰英特尔的鼻息而生存，它们都希望在新赛道上打破 X86 架构对服务器市场的绝对垄断地位，都倾向基于 ARM 架构设计处理器芯片。

不管是 X86 阵营的超威，还是 ARM 阵营的云计算巨头们，只要有谁能从英特尔手中切走服务器市场的蛋糕，就意味着台积电的订单在增加。因为超威和云计算巨头们都不可能自己去建晶圆厂，它们设计出来的服务器芯片必须去找晶圆代工商。

讽刺的是，英特尔当年通过开放战略——"英特尔 CPU+ 微软 Windows 操作系统 + 电脑厂商组装"的分工合作模式打败了 IBM，夺得个人电脑和服务器的处理器市场。如今，另外两组更开放的分工合作模式——"超威的处理器设计 + 台积电晶圆代工"和"ARM 架构 + 各无晶圆厂的处理器设计 + 台积电晶圆代工"，正大举入侵英特尔电脑和服务器的 CPU 市场。电脑和服务器的 CPU 业务给英特尔贡献了绝大部分的营收和利润，IDM 行业最坚固的堡垒看似前景不妙。

不仅仅是在电脑和服务器领域，英特尔几乎在包括移动 CPU、GPU、FPGA、基带芯片等所有领域都遇到了麻烦。事实上，在台积电 7 纳米芯片的首批 30 个客户中，有一半都在做高效能运算芯片，而它们或多或少地都在同英特尔竞争。英特尔面对的竞争对手是一个由知识产权公司、无晶圆厂和专业晶圆代工厂组成的庞大生态系统，英特尔再强大也不可能以一个公司的力量与一个生态系统抗衡。英特尔可以与其中任何一家企业竞争，却无法同时与所有企业竞争。英特尔的研发投入远远超过台积电等半导体企业，但不可能比得过这些无晶圆厂与台积电的研发投入的总和。英特尔的所有重量级竞争对手几乎都依赖台积电的晶圆代工服务。作为这个生态系统的最重要的支撑者，台积电的市值于 2017 年 3 月 17 日冲到 1681 亿美元，比英特尔高出 20 亿美元。这是台积电首次超过英特尔，成为全球市值第一的半导体企业。这绝对不是 30 年前给台积电做代工认证、给了台积电重要支持的英特尔所能预料得到的。

## 7 纳米之战

高效能运算竞争的背后是芯片先进工艺的竞争。只有使用拥有更强 PPA（performance，性能；power，功耗；area，尺寸）的更先进工艺芯片，才能在高效能运算市场上占得先机。10 纳米工艺性能提升有限，与 20 纳米工艺一样只是个过渡工艺。台积电的 10 纳米工艺主要用于移动设备，超威和英伟达都没有开发 10 纳米的产品。前后仅仅 3 年，台积电的 10 纳米芯片项目就下马了，创下台积电单一工艺拥有最少客户的纪录。10 纳米的下一代是 7 纳米。与 16FF+ 相比，在晶体管数量相同的情况下，台积电的 7 纳米工艺可使芯片体积缩小 70%、功耗降低 60%、性能提升 30%。7 纳米对于半导体制造工艺来说是个非常重要的里程碑。

随着芯片先进工艺挺进到 7 纳米及以下，EUV 光刻技术开始成为影响芯片制造竞争力的一个重要因素。在部分关键工艺上，DUV 需要用 4 个光掩膜曝光 4 次，改用 EUV 后就只需要用 1 个光掩膜曝光 1 次，因此 EUV 可以大大缩短生产周期，达到经济规模后更可降低生产成本。台积电考虑采用 EUV 生产 7 纳米芯片时，研发副总米玉杰表示反对，他担心 EUV 光刻机的出货速度会影响台积电的生产进度，于是台积电用的还是成熟的 DUV 光刻技术，并且取得巨大成功。三星电子的技术比台积电落后，迫切希望通过引进新技术来赶超台积电。于是三星电子在 EUV 光刻的应用上就比较激进，打算率先在 7 纳米上应用 EUV。

2018 年 1 月，台积电和三星电子的 7 纳米之战还没正式开打，张忠谋竟然就已宣布胜利："台积电已经拿到了 7 纳米芯片代工 100% 的市场份额。"台积电在量产 10 纳米芯片的同时，亦缩短了 7 纳米工艺的学习曲线，将 7 纳米芯片的量产提前至 2018 年 4 月，与 10 纳米芯片量产仅相隔了一年，进度大大超越三星电子。台积电的 7 纳米工艺首先被用在海思于 8 月发布的麒麟 980 芯片和苹果于 9 月发布的 A12 芯片上，落地第一年已有 100 多款芯片陆续流片，为台积电贡献了超过 30 亿美元的营收。以产品种类来看，与人工智能相关的高性能运算芯片远多于手机。几乎所有的芯片大厂都采纳了台积电的 7 纳米工艺，除了海思、英伟达、赛灵思、联发科这些忠实的老客户，苹果计划将下一代的 A13 芯片再次全包给台积电，超威将其最先进的 CPU 和 GPU 订单全给了台积电，挖矿芯片大厂比特大陆因为比特币大热而给台积电下了不少急单，谷歌等人工智能芯片大厂在台积电门口排成长队，连高通也重投台积电的怀抱。自"火龙"事件后，高通将 10 纳米的骁龙 835 和骁龙 845 等芯片转交三星电子代工。由于三星电子的 7 纳米技术迟迟不过关，高通只好将骁龙 855 也转到台积电。讽刺的是，三星 Galaxy S10 系列部分采用骁龙 855 做 CPU，这意味着台积电的 7 纳米工艺也被间接用在三星电子的产品上。

三星电子一开始宣称将在 2018 年年底用 EUV 技术量产 7 纳米芯片，初代产品将被用在 2019 年年初上市的三星旗舰机 Galaxy S10 上，韩国媒体也对此进行大幅报道。当时台积电的 7 纳米产能吃紧，于是，"很多人跑到三星去看，去找备胎"。但三星电子的 7 纳米成品率上不去，Galaxy S10 推出时，搭配的处理器仅是临时在 10 纳米基础上小改的 8 纳米产品，让三星旗舰机的处理器在近一年的时间内都处于落后 iPhone 一代工艺的不利局面。"所以大家看了之后，又回来台积电排队。"

直到 2019 年 8 月，三星电子才推出它的首款 7 纳米芯片——被用在自家的三星 Note 10 手机上的 Exynos 9825 中，这也是全球首款采用 EUV 工艺打造的处理器。三星电子的 7 纳米芯片不仅比台积电晚了一年上市，而且性能也有所不及。为了从台积电手中抢回高通订单，三星电子报出仅为台积电价格的六成的诚意低价，而且下了大单，采购了大批下一代的骁龙芯片，将其用在最新的三星 Galaxy S20 手机上，但这没能成功挽回高通的心。高通仍将 7 纳米的骁龙 865 交给台积电打造，仅将中低端的骁龙芯片订单给了三星电子。三星电子只撬走了英伟达，因为三星电子给英伟达报出了一个据说是"不答应还真是脑袋坏掉"的超低价格。这也是三星电子首次在 7 纳米产品上撬走台积电的大客户订单。IBM 的 POWER 10 处理器是三星电子 7 纳米生产线的下一个大订单。

##  夺走英特尔的王冠

三星电子仅仅比台积电早了一个多月的时间商用 EUV 光刻技术。2019 年 10 月 7 日，台积电宣布其首款应用 EUV 技术的"7 纳米 +"工艺的产品已经大批量供应给客户，这款产品就是华为 Mate30 里的麒麟 990 芯片。海思已多次领先苹果，成为台积电最先进工艺的首个客户。华为也于 2019 年跃升为全球仅次于三星的第二大手机品牌。除了手机 SoC 芯片，GPU 和加密货币挖矿芯片都对"7 纳米 +"工艺很感兴趣。"7 纳米 +"是台积电史上量产最快的工艺之一。

"7 纳米 +"在性能上的改进其实并不多，仅比 7 纳米提升 15% ~ 20% 的晶体管密度，降低了 10% 的功耗，缩小了百分之十几的面积。相比 10 纳米，台积电 7 纳米的节电能力提升和体积缩小的比率都超过 30%。这主要是因为 EUV 光刻机还没能达到最佳参数。比如光源日均功率仅为 145 瓦，还未达到正常量产所需的 250 瓦；薄膜只能传输 83% 的 EUV 光线，还没达到 90% 的目标值。但台积电"7 纳米 +"的量产仍有重要意义，它意味着台积电成功逾越了 EUV 光刻的技术门槛，为后续几代的芯片先进工艺竞争开辟了长远的道路。更重要的是，这是台积电第一次率先制造全世界最先进的芯片，它标志着台积电的技术水平超越了三星电子甚至英特尔。

鉴于市场对 7 纳米芯片的需求非常强劲，而且 5 纳米芯片客户已经开始排队抢产能，台积电遂打算将其 2019 年的资本支出从年初计划的 100 亿美元上调到 140 亿 ~ 150 亿美元。在新增的资本支出中，15 亿美元用于 7 纳米芯片产能，25 亿美元用于 5 纳米芯片产能。一开始，台积电内部规划部门对天文数字的超资本支出计划持反对意见，而且一路将反对意见呈到公司的最高领导层，但最后刘德音、魏哲家还是决定大踩油门。因为 EUV 的技术门槛远远比 28 纳米 HKMG 要高。而且，除了高端智能手机，在 5G 的大规模部署以及与高效能运算相关的应用的推动下，市场对 7 纳米技术的需求将持续下去，台积电看好 5 纳米技术的前景。从花钱的魄力来看，张忠谋还真是没选错接班人。台积电 2019 年度的实际资本开支竟达 154 亿美元。

2019 年 10 月 9 日，台积电公布其第三季度营收数据为 95.6 亿美元，同比增长 22%，超越原定的增长 18% 的目标，创单季度历史新高。台积电的营收增长与苹果 iPhone 11 的热卖直接相关。iPhone 11 推出后深受市场欢迎，以至于苹果临时增加了 10% 的生产订单，总销量达到 7500 万部。iPhone 11 的 A13 芯片采用的就是台积电 7 纳米工艺，内置了 85 亿个晶体管。这一天，美股收盘时台积电市值突破 2500 亿美元，再次超过英特尔。英国《金融时报》评论："这标志着英特尔长期领导地位的结束。"国际权威金融杂志《巴伦》更在 10 月 18 日刊出头条新闻《台积电夺走英特尔的王冠》，文章一开头就称："台积电开足马力，这对英特尔而言是个坏消息。"

台积电和三星电子在 7 纳米上打得热闹，英特尔却只有旁观的份。2016 年 4 月，英特尔宣布全球裁员 12000 人（与此同时台积电因为拿下苹果订单，市值快速逼近英特尔），并停止了某些移动芯片的升级和更新，这意味着英特尔终于承认 X86 架构在移动领域的彻底失败。让英特尔尴尬的是，它称霸的个人电脑市场并不需要用到最先进的芯片工艺，为了给自己的先进工艺产能找出路，英特尔就不能不去做代工。而且，英特尔自己不做移动芯片后，就与苹果、高通、联发科等厂商不再有竞争关系，有可能获取它们的代工订单。8 月，英特尔在年度开发者大会上宣布获得安谋 ARM 架构知识产权的授权，并表态其可为第三方定制的 ARM 架构移动芯片代工。代表 CISC 阵营的英特尔居然与 RISC 阵营的安谋合作，这真是一个历史性事件。英特尔的首批 ARM 架构的代工订单使用的是 14 纳米工艺（相当于台积电的 10 纳米工艺），彼时英特尔为 LG 和展讯生产移动终端产品芯片。英特尔进入手机 SoC 芯片的代工市场，也让苹果在台积电和三星电子之外多了个代工厂商的选择。后悔莫及的英特尔希望苹果能够再给它一次机会，让它从苹果几十亿美元的手机 SoC 芯片代

工订单中分一杯羹。不过，下一代由台积电代工的苹果 A11 芯片已在路上，英特尔赶不上了。苹果手机 SoC 芯片是地球上最复杂、最精密的芯片之一，这个订单不是想拿就能拿的，台积电也是用了 3 年时间才分得一杯羹。英特尔只能寄希望于下一代的 10 纳米芯片（相当于台积电的 7 纳米芯片），彼时预计在至少两三年的努力后拿到苹果的 A 系列芯片订单。

然而，英特尔的 10 纳米直到 2019 年才问世，彼时预计还需两年时间才能超过上一代 14 纳米的产能，这个进度大大落后于台积电。英特尔最终还是与苹果无缘。

## 英特尔的技术为什么会落后

当被美国电视台的新闻主持人问到"英特尔的技术为什么会落后"的时候，刘德音老老实实地回答："我们也很惊讶。"英特尔当然也不会说原因，于是江湖中流传着各种各样的说法。不少人都认为英特尔给自己定的目标太过激进。逻辑芯片进入 3D 晶体管时代，芯片制造难度加大，摩尔定律放缓已成定局，英特尔最核心的工艺部门（Technology Manufacturing Group，TMG）却仍然痴迷于按原来的速度提升晶体管密度，用上多种新技术和新材料，结果都没办法把成品率提升上去。而 CPU 设计部门敢怒不敢言，只能拼命想办法解决 TMG 提出来的要求，进度一再放慢，"Tick-Tock"变成了"Tick-Tock-Tock-Tock-Tock"，以至于现在已经没人再提"Tick-Tock"，只知道 TikTok（抖音国际版）了。欧德宁曾经表示"英特尔的文化不受 CEO 的左右"，这似乎可以解读为即便是 CEO 也拿 TMG 没有办法。

不仅仅英特尔，业界在评论三星电子时，也常常会提到类似"技术激进"或"技术冒险"这样的字眼。而这样的评论几乎从来没有落到台积电头上。而且，在芯片制造工艺向前演进的历程中，行业曾经有过多次重大的技术路线抉择，台积电每一次都走对了方向，拥有无懈可击的常胜纪录，这不能简单地归结为运气好。胡正明认为，大型专业晶圆代工厂有几百个客户，应鼓励代工厂取得更小的进步，因为总有一个客户会对此感兴趣。"当你拥有大量代工客户时，这些客户的产品周期并不都是同步的。几乎任何时候，只要你拥有一项新技术，就会有一些客户愿意为其付费。当你取得更大的进步时，比取得更多的小进步反倒更有可能滑倒。"半导体制造的成功在很大程度上依赖于规模，更多的销量意味着有更多完善工艺流程的机会，而完善的工艺流程有助于晶圆代工厂进入下一个工艺节点。因为客户数量众多，台积电拥有更多的试错机会，更容易应用新技术，然后将一个个微小的改善措施累积成巨大的进步。这是专业晶圆代工厂相对 IDM 厂的一大竞争优势。胡正明最后指出，如果不涉足代工业务，英特尔就无法保持技术领先。

另外，对于晶圆代工厂来说，一个先进工艺开发 5 年后，该工艺的设备也已完成折旧，就可以转去做成熟工艺产品，赚到的钱都是纯利润。但英特尔不做晶圆代工，没有成熟工艺产品可做，这些已完成折旧的老设备就形成了资源浪费。在企业处于高速增长阶段（比如电脑时代）时，这点浪费还可容忍。一旦企业处于低速增长阶段（比如智能手机时代），这样的浪费未免让人心疼。所以英特尔尽量延长这些老设备的使用寿命，这样做的结果是延缓新设备的采用和技术更新。消费者经常诟病英特尔"挤牙膏"，这其实是英特尔不做晶圆代工、坚持 IDM 路线的商业模式必然会导致的结果。时间一长，英特尔的技术就慢慢落后了。

当然，台积电能够赶超英特尔，台湾较低的研发成本是其中一个因素，用人海战术和长时间加班进行高强度、大压力的人力和时间投入，也是一个重要因素。"夜莺计划"就是一个典型案例。华为也是用同样的人海战术实现对西方国家信息通信技术的赶超。

英特尔的 7 纳米（相当于台积电的 5 纳米）产品的上市日程一再延期。2020 年 7 月 24 日，英特尔 CEO 罗伯特·斯旺表示，由于工艺中存在"缺陷"，其 7 纳米（相当于台积电的 5 纳米）芯片将推迟 6 个月上市，到2021 年才能上市。为了维持"英特尔产品在市场上的领导地位，将会在自家晶圆厂之外，采用其他晶圆代工厂产能生产先进产品"。英特尔一

向将部分低端芯片委托外部晶圆代工厂生产，专业晶圆代工厂生产了英特尔约 20% 的芯片。然而，将其最先进的芯片交给专业晶圆代工厂生产对英特尔来说着实是件破天荒的事情。有分析师称"安迪·格鲁夫可能会在坟墓里坐立不安"。还有分析师热心地建议斯旺要像格鲁夫当年抛弃内存业务一样放弃芯片制造，将英特尔转型为无晶圆厂，这种壮士断臂的事情最适合斯旺这样没有历史包袱的"空降兵"来干。

英特尔从 7 纳米（相当于台积电的 5 纳米）启用 EUV 生产工艺，很多工序都要改变，这让英特尔没能顺利地跨过 7 纳米芯片的门槛。芯片制造车间对洁净程度的要求超过外科手术室，而 EUV 光刻车间的洁净程度要求又上了一个台阶——每曝光 1 万片晶圆，只能掉 1 颗纳米级的灰尘。因为只要有一颗尘粒掉到光罩上，都可能导致整批芯片报废，对芯片成品率造成巨大影响。所以，防尘竟成为 EUV 光刻的关键技术。在光罩上需要用一片薄如蝉翼、厚度只有 50 纳米（相当于头发直径的千分之一）的透明薄膜来隔绝细微的尘粒。光罩护膜极易破碎，当 EUV 光照射时，局部温度瞬间会上升到数百摄氏度。只要有轻微的震动，光罩护膜就会破裂。光罩护膜一旦破碎，瞬间飘出的细微碎屑会污染生产机台。这时候就得将整个生产线停工，花上 7 天时间进行污染清理。据说三星电子跟英特尔都卡在光罩护膜这关，导致 EUV 光刻生产效率很低。台积电另辟蹊径，很早就投入光罩盒特殊防尘设计的研发，从而不靠光罩护膜就能达到需要的成品率。英特尔迟迟没能搞定 7 纳米（相当于台积电的 5 纳米），很大一部分原因在于 EUV 光刻技术的磨合很不顺利。

虽然斯旺没明说，但大家都知道他所谓的"其他晶圆代工厂"指的就是台积电。一颗处理器从设计到生产需要一年半左右的时间，所以，在 2020 年，已有部分英特尔晶圆项目在台积电展开测试，包括 6 纳米 GPU 和 5 纳米 Atom 移动处理器等，只是外界并不知晓。斯旺公布的这条消息确认了英特尔在芯片先进工艺竞争上的落后地位，并基本肯定了它将寻求台积电的代工服务。斯旺话音刚落，台积电的股价就如触电般狂跳，迅速从每股 386 元新台币跳上 424 元新台币，直接涨停。2020 年 7 月 28 日，台积电台股总市值突破 12 万亿元新台币（合 4111 亿美元），美股市值更高达 4317 亿美元，冲到美股第八名。到了 2020 年 10 月底，斯旺再次确认英特尔的 7 纳米（相当于台积电的 5 纳米）芯片的上市时间延迟到 2022 年下半年至 2023 年年初（到本书完稿时仍未上市），加上 2020 年第三季度报表数据不好看，英特尔市值暴跌，跌幅超过 10%，仅剩 2200 亿美元，差不多只有台积电的一半。

英特尔坚持认为摩尔定律并没有死亡，不过，即使真是这样，推动摩尔定律前进的也已不再是英特尔，而是台积电。在英特尔"tock"个没完没了的时候，台积电可没有歇着，继续以大致两年一代工艺的节奏向前挺进。2020 年 10 月份，苹果 iPhone 12 和华为 Mate 40 相继发布，这两款最新款手机分别搭载的 A14 处理器和麒麟 9000 处理器都由台积电 5 纳米芯片打造。这意味着英特尔的技术差不多要落后两年，这对于摩尔定律来说已经是一代工艺的差距。

# 第五篇

# 遭此颠沛　处之弥泰

# 第十三章 世界已不安宁

## ▦ 南京建厂

台湾半导体企业前往大陆投资受到严格限制，台积电无疑是被限制的重点对象。就是因为台湾当局对高科技企业到大陆投资重重设限，台积电上海厂始终无法大展拳脚。台积电上海厂成立7年后，才首次实现季度盈利。2007年3月，英特尔宣布在大连投资12英寸晶圆厂，并在两年后实现90纳米工艺芯片的生产，这个消息带给台湾晶圆厂很大的压力。当时台湾地区仅开放8英寸晶圆厂、0.18微米项目前往大陆投资。张忠谋少见地对台湾当局提出激烈批评："届时，台积电在大陆与英特尔的竞争，就如同义和团对上洋枪洋炮。"2010年2月，台企在大陆从事投资或技术合作的相关法规得到修正，限制放宽。于是，2011年3月，台积电计划将上海厂的产能增加1倍，扩大到每月11万片晶圆，实际最终仅提升至每月6万片晶圆。台积电曾经许下的8年内在上海投资100亿美元的承诺也化为泡影。

2016年2月，台积电被紧急批准可以到南京投资设立12英寸晶圆厂。张忠谋感慨："即使现在去也已经晚了三星一年，但再不登陆，未来恐

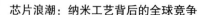

将毫无竞争力，实在是时间已晚，不得不去。"同年 3 月 29 日，台积电与南京市政府签订 12 英寸晶圆厂与设计服务中心投资协议书。受到台湾政局变动的影响，签约仪式比较低调，张忠谋亦未如预期出席。同年 11 月 22 日，张忠谋婉拒了新当局邀请他担任"资政"的提议。

据说台积电选择在南京落脚，主要是看中江苏台企多，南京与台湾的航班也多，交通往来方便，而且南京与上海距离近，有利于两厂协作。实际的决策当然没有这么简单。北至北京，南到深圳，从一线城市到二线城市，台积电对数个城市都做过考察，进而从生产成本、人力成本、环境配套等多个维度对各备选城市进行打分，最后发现南京的分数最高。台积电南京厂总经理罗镇球称："当我打电话给他们时，能在第一时间获知我的要求什么时候可以被满足。"台积电只花了 1.7 亿元就获得了 50 万平方米土地 50 年的使用权，每亩 23 万元的价格正好卡在江北新区工业用地的最低标准上，仅相当于南京工业用地平均价格的 28%。当然，南京引入台积电也是很划算的。在台积电之后，紫光、安谋、新思、中感微、华大九天、晶门科技、欣铨、创意等都来到南京。中国排名居前的无晶圆厂，已有半数来南京浦口经济开发区报到。台积电选择南京，也使得整个半导体生态系统供应链群聚于此地。

台积电南京厂斥资 30 亿美元，规划月产能为 2 万片 12 英寸晶圆，由台积电百分之百控股。台积电南京厂以生产 16 纳米工艺产品为主，它也是大陆芯片工艺最先进的工厂之一。值得注意的是，也许是为了规避美国对先进半导体设备出口到大陆的管制措施，以及加快工厂投产，南京厂所使用的 16 纳米工艺生产设备主要是从南科厂搬移过来的。南京厂还设有一个设计服务中心，这也是台积电在岛外设立的第一个研发中心。

南京厂是台积电环境最优美的晶圆厂，也创下了建厂最快、上线最快等多项台积电纪录。南京厂仅用 14 个月就完成建厂，工厂建好不到半年就开始生产，量产不到 1 年便出现了单季盈利（拜挖矿芯片这个"天上掉下来的礼物"所赐）。2019 年南京厂营收 183 亿元新台币，获利 13 亿元新台币，2020 年实现满产。台积电原计划将南京厂的工艺升级到 7

纳米。7 纳米工艺在台积电内部已经是落后两代的技术，满足台湾当局所谓用在大陆的技术要比台湾本地落后一代的要求。但英特尔的技术实在太落后，美国芯片工艺研发水平已明显落伍，7 纳米工艺竟无法满足落后美国技术两代的要求，台积电只好将该计划搁置。

## ▣　"最大的问题是缺才"

台湾企业来大陆发展是大势所趋，所有人都心知肚明。2015 年 7 月 23 日，台湾地区三大工商团体龙头"工业总会"发表的《2015 年工总白皮书》指出，台湾整体投资环境正走向崩坏，即将面临"缺水、缺电、缺工、缺地、缺人才"的"五缺"窘境。台湾的企业家们则也对岛内缺水、缺电、缺人以及环境评估的不确定性颇多抱怨，因此纷纷走出台湾。芯片制造厂在美国被认为是高污染的产业，一般都设在沙漠或森林地区。台湾岛相当狭小，民众环保意识又在不断提高，晶圆厂的落地在环评上遇到的麻烦越来越多。台湾半导体企业来大陆建厂，已经不是来不来的问题，而是快还是慢、多还是少的问题。三星电子、SK 海力士和英特尔等国外公司在大陆享受着非常优惠的条件，可以大规模投资建厂，这也给台湾半导体企业带来很大的竞争压力。

台积电在南京的投资赶上了中国芯片市场的大爆发。大陆是台积电全球成长最快的市场，也是台积电仅次于美国的全球第二大市场。晶圆代工市场中最重要的产品无疑是手机 SoC 芯片，华为、小米、OPPO、vivo 等手机品牌最先进的 SoC 芯片都由台积电代工。大陆无晶圆厂的数量从 2015 年的 736 个快速增长到 2017 年的 1380 个，同期芯片设计产值从 1325 亿元增长到 2050 亿元。海思和比特大陆是台积电 2018 年最大的两个大陆客户。世界排名前三的数字货币矿机生产商均在中国，而全球比特币矿机芯片约九成以上都由台积电生产。台积电是大陆晶圆代工市场高速成长最大的受益者，其在大陆的市场份额快速从 2016 年的 9% 上升到 2018 年的 19%。

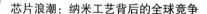

大陆不仅能够给台积电提供市场，还能够给台积电提供发展所需的充足人力资源。中国是全球工程师最多的国家。大陆每年的大学理工科毕业生就有超过 300 万人，是美国的 5 倍。[1] 大陆每年的工学类普通本科毕业生超过 140 万人 [2]，工程师红利已取代人口红利成为推动经济高质量发展的重要力量。

台湾半导体产业的兴旺很大程度上也仰仗于工程师红利。台湾好像是为半导体而生的，台湾每年有近 20 万大学毕业生，50% 以上都是工科学生，且以电子制造和半导体专业为主。近年来，这一红利却在迅速减少。刘德音早在 2019 年就忧心地说道："台湾半导体行业最大的问题是缺才。"台积电员工平均年薪为 237 万新台币（2020 年度），但还是招不够人，其他半导体企业的人力问题只会更严重。台湾半导体行业平均每月的人才缺口达 2.8 万人，其中包括 1.5 万名工程师，而台湾每届半导体相关专业毕业生不到 1.2 万人。[3] 晶圆代工本质上还是属于制造业，百分之八九十的人都是"产线仔"。在工厂做事就免不了重复和疲惫，尤其是在台积电这样的大厂，分工细到极致，人人都是螺丝钉。上班期间，员工与世隔绝，不能用手机，也不能上外网。很多人会觉得，在这里上班跟坐牢差不多。台湾半导体企业普遍实行"做二休二"，员工需要连续工作 12 个小时，因更换无尘衣不便而长时间憋尿成疾的人不在少数，待遇又不能和芯片设计、人工智能、移动互联网相关岗位相比，而且几乎没有创业的机会，年轻人慢慢开始不愿意进半导体企业工作。同时，台湾也出现了少子化的趋势，2020 年人口正式进入负增长。

然而台湾半导体产业正在蓬勃发展，未来几年都需要大规模扩产。工厂建好以后，在台湾能找到足够多的工程师和操作员吗？高阶人才更是紧缺，如今，台积电的研发已几近无人可用的地步，由于每年都要新招上百名博士"拓荒"，几年后全台湾培养出来的半导体博士可能都不够台积电一家企业用，未来先进工艺研发还将怎么持续下去？难道只能

---

① 参考新华社发布的《瑞银中国报告认为：中国"工程师红利"将弥补人口红利缺口》一文。

② 参考新华社发布的《世界工程日：中国将为世界工程发展注入新的驱动力》一文，作者温亮华。

③ 来自台湾 104 人力银行《2021 年半导体人才白皮书》公布的数据。

依靠从马来西亚和印度引入工程师吗？也不知道台湾当局禁止大陆员工在岛内半导体企业工作的政策还能走多远。

其实，不只人才短缺问题让台湾头疼，现在恐怕连水电供应的问题，台湾都没法解决。

## 饮水蛟龙

仅仅一个小小的台湾岛就集中了全球晶圆代工近三分之二的产能，台积电一家企业就集中了全球绝大部分最先进工艺芯片的产能，这让全球芯片供应陷入了不可预测的潜在风险之中。比如，台湾是一个多地震、多台风的地区，2016 年 2 月南台湾地震就给台积电带来了 24 亿元新台币的损失，这还是保险理赔金额之外的部分。但是与缺水缺电相比，地震或台风这点风险就根本不算什么了。

你可能想象不出，制造出一部手机需要用掉 10 吨水，其中 7 吨用在芯片生产上。而且，芯片制造消耗的不是一般的自来水，而是洁净程度大约是自来水 1000 倍的超纯水。1.5 吨左右的自来水才能产出 1 吨的超纯水。随着先进工艺的提高，对晶圆的洁净度要求也不断增加，清洗步骤更多，超纯水用量也会随之大增。90 纳米工艺只需要 90 次清洗步骤就可以达到较好的成品率，65 纳米工艺的清洗步骤增加到了 140 次，达到22 或 20 纳米工艺的时候，清洗步骤竟要增加到 210 次。

如果不计重复利用，台积电每年需要消耗约 160 亿吨淡水。这个数字看起来非常吓人，因为台湾第一大湖日月潭的蓄水量也只有 1.47 亿立方米，100 个日月潭的存水量也不够台积电用 1 年。当然，实际上用不了那么多水，因为台积电已经实现了 86% 的废水回收利用率（绿色厂房的废水回收利用率超过 90%），每升水都可以重复利用许多次。台积电 2021 年总用水量达到 8267 万吨，同比增长 7%；每片 12 英寸晶圆需要耗水 120 吨，单位用水量同比下降了 7%。台积电平均每天需要用水 22.6 万吨，但仅是台积电的四个 2 纳米新厂，建成后每日用水量就会新增 12 万吨。

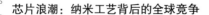

　　台湾降水丰沛，年均降雨量是全球平均水平的3倍。让人难以想象的是，台湾地区人均获水量仅为全球平均值的六分之一。这是因为台湾雨水大量集中在夏秋两季，这些雨水如果没有获得适当存储，很快就会排入大海。而且，极端气候加剧，也给台湾的用水供应增加了更多的不确定性。2020年，台湾没有台风登陆，很少下雨，竟陷入56年来最严重的干旱。中南部区域冬春季节原本就少雨，旱灾更为严重。台中市自当年4月6日起开始限制用水，企业用水量下调15%，市内部分地区的家庭1周内有两日停止供水，此外还在88个地方通过挖井来增加供水量。为了保证工厂的正常运营，台积电不得不自己派水车去水库一车车拉水，此项开支竟达8亿元新台币之巨。

　　不过，用水对台积电来说不算是个很大的问题。这几年来，晶圆厂在用水上越来越有效率。比如，英特尔预估到2030年将实现负用水量的目标，即淡水回收量会比消耗量还多。美国的一些晶圆厂都设在靠近沙漠的干旱地区，可见用水已经不是大问题。

## 吃电怪兽

　　水可通过回收重复利用，电却不行。晶圆厂不仅是饮水蛟龙，还是吃电怪兽。2019年，台积电一家企业就用掉了143亿度电！此前5年，台积电用电量的平均年增长率为12.5%，消耗掉了全台湾新增电量的三分之一。台积电未来的用电量还将大幅增长，因为EUV光刻技术的能源转换率只有0.02%，耗电量超过上一代DUV光刻技术的10倍。5纳米芯片还可以有一半用DUV光刻技术来生产，5纳米芯片的部分生产难度较高的工艺及往下更先进的工艺全都只能依靠EUV光刻技术，耗电量将大得吓人。随着5纳米工艺的大规模量产，台积电2020年的单位产品用电量同比增长了18%。在2022年下半年3纳米产线实现量产后，预计会新增70亿度的年用电量，相当于2019年台积电总用电量的一半。目前台积电要用掉整个台湾岛供电量的 6%①，预计用电量很快就要翻上一番。

一家企业就能用掉全台湾近一成电力，对于小小的台湾岛来说，这确实很难负担。2015 年年底，张忠谋就指出，"目前台湾最大的隐忧之一就是缺电"，停电对于台积电的影响之大"几乎不可估量"，并在当时就预言台湾 2017 年可能面临限电危机。事实比张忠谋预言得更严重。在 2017 年 8 月 15 日发生的全台湾岛大断电事件中，半个台湾"漆黑一片"，有 668 万个房民、40 个火车站、328 座通信基站受到严重影响，作为"台湾之光"的台积电在相关政策护卫下却丝毫未受影响。要知道，晶圆厂需要 24 小时全天候运作，一旦台积电芯片生产因断电停摆，不只立刻损失价值过亿美元的芯片产品，还会使全球芯片价格大幅上扬。现在，台积电的 3 纳米产线实现量产后，如果再出现大规模断电事故，还能保证台积电的正常供电吗？

还有一个不容忽视的问题是，台湾的能源供应高达 93% 的比例依赖化石能源，其中 100% 的石油和煤炭、99% 的天然气都要靠进口，极度依赖海上运输线。如果想要在不依赖化石能源进口的前提下解决电力供应问题，核能几乎是唯一的出路。台湾目前大部分的非化石能源也都是核能。但台湾正在实施"去核化"政策，堵死了核电的发展。

即便电力供应紧张，台积电仍然承诺要于 2030 年年底前达到"全公司生产厂房 25% 用电、非生产厂房 100% 用电使用再生能源""2050 年前 100% 用电使用再生能源"的目标。台积电的大客户也不希望供应商使用化石能源。苹果和谷歌自身已逐步实现 100% 使用绿电，也要求台积电等供应商跟进。2009 年，台积电计划投入 600 亿元新台币在台湾屏东县兴建太阳能电厂，一方面是为了响应大客户的环保要求，另一方面也是为了得到更好的供电保证。但该计划并未获批。从 2015 年到 2017 年，台积电连续 3 年响应经济事务主管部门的自愿性绿电认购制度，共认购 4 亿度绿电，成为全台最大的绿电购买者。此后虽然台湾电力公司不再出

---

① 依据台湾电力公司数据，台湾地区 2018 年全年用电量为 2191 亿度。台积电 95% 的产能在台湾，其他地区耗电所占的比例很小。

售绿电，但台积电仍积极向台湾再生能源企业者购买风电等再生能源。2020 年，台积电购买了约 12 亿度再生能源用电，可 100% 抵消海外分公司及全球办公室的电力碳排放。同年 7 月，台积电加入了全球再生能源倡议组织（RE100），成为全球第一家参加该组织的半导体企业。台积电还与丹麦能源公司奥斯特德（Orsted）达成一项长达 20 年的协议。奥斯特德正在台湾海峡建设一座 920 兆瓦的海上风电场，其生产的所有电力都将售给台积电，该交易被称为全球最大笔企业可再生能源采购。受新冠疫情影响，该风电场预计推迟至 2023 年全面投产。

不管台积电怎么努力，台湾显然都无法帮助它达成 100% 使用绿电的承诺。所以说，既要不跟民生抢水抢电，又要确保自己得到稳定的绿电供应，台积电必须考虑将生产移到水电供应尤其是绿电供应稳定的地区。

2017 年 9 月 29 日，台积电宣布，全球第一个 3 纳米新厂将落脚于台南科学园区。在此之前，这项金额高达 195 亿美元的投资，因供电不足和煤电污染等问题迟迟无法获批，台积电一度宣称要把工厂建到美国去，投资才得以获批。台积电的第一个 2 纳米超大晶圆厂将会于 2024 年在新竹科学园的宝山园区投产，第二个 2 纳米厂也已开始在台中规划，真不知道台积电届时将如何解决用电问题。

电力供应问题已不易解决，陷入大国角力漩涡则更让台积电头疼。


## 🖥 被迫断供华为


2019 年 11 月 2 日，在台积电一年一度的运动会上，张忠谋偕夫人张淑芬露面。这也是他首度于退休后参加此类盛会。张忠谋很激动，连说了两次"回家了"。

董事长刘德音宣布"加码"奖金，大方发给每位员工 1.2 万元新台币。由于员工人数比前一年有所增加，发放奖金总金额再创新高，达 4.7 亿元新台币之巨。刘德音在致辞中还表示："明年，将会是大幅成长的一年。"总裁魏哲家也补充说，台积电仍会坚持以每两年更新一代先进工艺的节奏推进，并会利用 3D 封装技术来达到客户想要的效能及架构。

在 2019 年的一次法说会上，台积电预估 2019 年第四季度营收将再创历史新高，突破 100 亿美元。外资券商也纷纷上调对台积电的获利预期，大家都在为台积电的辉煌业绩而感到兴奋。张忠谋却意味深长地说：这两年来，世界局势化很大，世界已经不再安宁。在很乱的世界里，台积电却一直是非常重要的公司，是 IT 界供应链非常重要的一环。在和平的时代，没有争论，没有危险，台积电可以安安静静地做供应链的一环。然而现在台积电变成"地缘策略家的必争之地"。

之所以这样说，是因为台积电已被卷入科技战的漩涡。

在台积电运动会半年前的 5 月 15 日，特朗普签署行政命令，宣布（美国）国家进入紧急状态，禁止使用"威胁美国国家安全"的公司制造的通信设备。同一时间，美国商务部在其官方网站上发布消息，宣布将华为列入贸易禁令的实体清单。没有美国政府的许可，企业就不能将美国技术出售或转让给华为。

在美国政府制裁华为的背后，是美国政府对中国科技崛起的恐慌。华为是中国最强大的科技企业之一，美国政府希望通过对华为的遏制来打击中国科技的进步。华为坚强地顶住了美国政府的制裁，在美国不供应芯片和操作系统的前提下，成功实现了国产芯片技术的自研，或从其他国家采购替代芯片，同时推出自主开发的鸿蒙操作系统，并且自建手机应用生态。

美国政府发现，华为最大的短板在于芯片制造。华为营收有一半来自智能手机的销售，而华为手机所使用的麒麟芯片都需要台积电代工。最初美国政府要求各企业，只要产线中的美国技术的占比达到 25%，就要对华为断供。然而台积电确定，自家产线中美国技术占比不超过 25%，仍然可以跟华为做生意。美国政府遂打算将限制的比例降至 10%，然后却发现，真正对华为有影响的是 7 纳米以下先进工艺，而台积电相关产线中美国技术占比只有 7%，因此美国依然限制不了台积电对华为的芯片供应。

于是，在第一轮制裁一年之后，美国商务部出台了针对华为的第二轮出口管制措施，重点落在了芯片设计和制造环节。美国商务部下令，任何厂商

若使用美国软件或美国设备为华为设计或制造芯片，都必须额外取得美国政府的出口许可证。这意味着如果没有许可证，三家垄断芯片电子设计自动化工具的美国企业不能为华为旗下的海思提供芯片设计的工具服务，台积电和其他晶圆厂也都不能为海思制造芯片。美国商务部的这一禁令给出了 120 天的过渡期，于 2020 年 9 月 15 日开始正式执行。此轮制裁措施不再限制美国技术所占比例，这意味着只要供应商使用了美国的软件或硬件设备，哪怕微不足道，也必须服从美国禁令，不能给华为供货。

台积电曾向美国政府递交意见书，希望能在过渡期满之后继续为华为供货，但并未得到批准。鉴于美国是台积电最先进技术与设备的来源地之一和最大的市场，台积电没有能力独自抗拒美国政府，只能在美国政府要求的截止日期前全力给华为供货。

华为原本是台积电仅次于苹果的第二大客户，2019 年给台积电带来了 50 多亿美元的营收。受美国禁令的影响，台积电被迫中断与华为的合作，但其营收却并未受到影响。因为华为手机让出的市场份额，被荣耀、小米、OPPO 和 vivo 等手机品牌占据，而这些手机品牌所需的联发科芯片，也要找台积电代工。华为自己也要向联发科采购上亿颗手机芯片，相当于间接地再次成为台积电的客户。

尽管失去华为的订单，台积电的 5 纳米工艺产能仍然紧缺，苹果、高通、超威、英伟达和联发科迅速填补了华为留下的产能缺口。其中，苹果对 5 纳米工艺芯片的需求最为强烈。2020 年第四季度，iPhone 12 足足卖掉了 8000 万部，仅 A14 芯片的订单，就足以"吃掉"台积电九成的 5 纳米工艺产能。高通为此只好把骁龙 888 芯片的 5 纳米工艺订单转去三星电子。除了 A14、A14X 芯片，用于 MacBook 的 M1 处理器也开始投片，苹果 2021 年第一季度获得台积电 4 万至 4.5 万片的 5 纳米工艺产能。台积电的芯片供货能力对苹果手机的市场供应有着举足轻重的影响，以至于业界经常会拿台积电的业绩状况来揣测苹果手机的销售预期，台积电的财报甚至会影响苹果股价的涨跌。

2020 年，7 纳米工艺产品的销售占了台积电营收的 34%，7 纳米工艺也是台积电营收占比最高的工艺，同年刚刚量产的 5 纳米工艺产品的销售也占到了 8%。因为失去高通这个大客户，三星电子 7 纳米工艺月加工量仅有 2.5 万片左右晶圆，台积电约有 14 万片；而在 5 纳米工艺方面，双方的差距更大，三星电子每月仅有可怜的 5000 片左右晶圆，台积电约有 9 万片。华城厂是三星电子技术最先进的晶圆厂，也是全球首个用 EUV 光刻机量产芯片的工厂。但该厂的成品率迟迟提不上去，据韩国商业杂志 Business Korea 2021 年 7 月披露，部分 5 纳米工艺的成品率甚至不到 50%。更可怕的是，台积电的 5 纳米工艺计划在投产的第 1~3 年分别将产能增加到原来的 2、3.5 和 4 倍，保持着对三星电子的绝对碾压。

从半导体营收来看，拜存储器价格大涨所赐，2017 年三星电子的营收首次超过英特尔（来自 IC Insights 的数据）。这也是自 1993 年以来，英特尔第一次跌落半导体营收规模最大厂商的宝座。2019 年台积电首次进入全球半导体营收三强之列。从那以后，全球半导体营收三巨头的座次之争不出英特尔、三星电子和台积电三家公司，它们分别擅长 CPU 的设计与制造、存储器的设计与制造，以及晶圆代工。2011—2021 年，台积电营收相对英特尔营收的比例翻了一番，从 29% 提高到了 62%。台积电有望于 2024 年超越英特尔和三星电子，成为全球营收规模最大的半导体公司。英特尔、三星电子和台积电 2011—2021 年的半导体营收对比如图 13-1 所示。

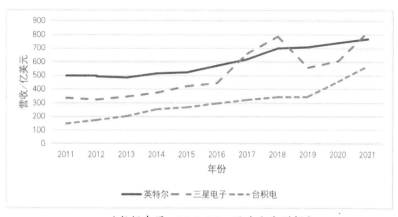

（数据来源：IC Insights 及台积电财报）

图13-1　英特尔、三星电子和台积电2011—2021年的半导体营收对比

台积电的市值于 2019 年 11 月 22 日上升到 2620 亿美元，首次超过三星电子，比三星电子高出 10 亿美元。失去华为以后，台积电的市值居然不跌反升，短短两个多月就增加了 1000 亿美元。到了 2020 年 11 月，台积电的市值突破 5000 亿美元，甚至进入全球市值十大公司之列。

在过去，芯片三巨头的市值座次，多数时间是英特尔排第一，三星电子和台积电偶尔会超越英特尔。2019 年以后，半导体全球市值"一哥"的争夺就成了台积电和三星电子之间的事情。到现在，市值排名已稳定为台积电第一、三星电子第二、英特尔第三。

## 中芯国际的难题

台积电是华为 5 纳米麒麟芯片的唯一供应商。三星电子和英特尔都不可能为华为代工。这意味着，华为自研的高端手机 SoC 芯片将被断供。华为至此真正陷入了困境，因为大陆技术最先进的芯片制造企业中芯国际，还远远达不到华为最新款麒麟芯片的工艺要求。

张汝京时代的中芯国际，将中国大陆的芯片工艺与国际先进水平的差距从落后四代缩小到落后两代。在张汝京离开中芯国际后，中芯国际在邱慈云手中扭亏为盈，但技术上与国际先进水平的差距又渐渐被拉大。当然，联华电子、格罗方德等二线晶圆代工厂在与台积电的先进工艺竞争中也一样被落下了。再次将中芯国际的芯片工艺进步提速的，又是台积电的一位老熟人：梁孟松。

2017 年 8 月，梁孟松正式离开三星电子，结束了在韩国三星集团的 8 年供职。这个时间正好是在三星电子丢掉高通 7 纳米订单之后。同年 11 月，梁孟松入职中芯国际并担任联席 CEO。之后，梁孟松有 3 年多的时间几乎从未休假，带领 2000 多名工程师尽心竭力，努力完成了中芯国际从 28 纳米到 7 纳米的跨越五代技术的开发。这一般是需要花 10 年以上时间才能完成的任务。

16/14 纳米工艺是第一代需要用到 3D 晶体管技术的工艺，被认为是晶圆代工行业主流大厂与中小厂商的分界线。中芯国际在 2019 年年底量产 14 纳米工艺，实现了工艺技术上质的飞跃。中芯国际客户原本的需求主要集中在成熟工艺上，所以 14 纳米工艺出来后，起初并没有多少客户支持。台积电、联华电子在 14 纳米工艺上更加成熟稳定，设备折旧也早已完成，性价比更高，中芯国际难以与之竞争。而一个新工艺在没有得到大规模出货验证之前，很难吸引到大客户。所幸的是，由于美国政府的制裁及对自身供应链安全的考虑，海思成为帮助中芯国际"不断试错"的 14 纳米工艺产品的大客户。海思帮助中芯国际不断提升 14 纳米工艺的成品率，该工艺于 2020 年第三季度达到了业界的量产水准，月产能也从 3000 片晶圆扩大到了 1.5 万片。

中芯国际还没有实现 7 纳米工艺芯片的生产，就目前的实际进展来看并不乐观。梁孟松认为："5 纳米和 3 纳米最关键也最艰巨的八大项技术，已经有序展开，只待 EUV 光刻机的到来，就可以进入全面开发阶段。"但问题在于，中芯国际拿不到 EUV 光刻机。EUV 光刻机全球仅有阿斯麦一家企业能够生产。中国本土最先进的光刻机供应商上海微电子，目前还只能造出生产 90 纳米工艺的光刻机。中芯国际曾经向阿斯麦订购了一台 EUV 光刻机，但因受美国政府的阻挠，迟迟不能到货。到了 2020 年 12 月 3 日，中芯国际也被特朗普政府列入了所谓的"中国军工企业"制裁清单。中芯国际采购美系设备、零部件及原材料开始受限，中芯国际发展芯片先进工艺之路进一步受阻。这也意味着中芯国际的芯片工艺存在止步于 7 纳米工艺的风险。但希望尚存，如林本坚所言，利用现有设备采取多重曝光技术也可以推进到 5 纳米工艺，但之后再继续朝前演进的技术路线，目前依旧不够清晰。

## ▣　"如同当年制造原子弹一样"

受到华为芯片断供事件的刺激，中国大陆大大地提高了对发展半导体产业的重视程度。

2021 年 3 月 5 日，中国政府在年度工作报告中强调，要打好关键核心技术攻坚战，制定出实施基础研究的 10 年行动方案，确保全社会研发经费投入年均增长 7% 以上。同年 3 月 12 日的"十四五"规划中列明，新一代信息技术等战略性新兴产业的产值增加值占 GDP 比重要超过 17%。美国彭博社称，为了应对美国政府的限制，中国政府"如同当年制造原子弹一样"赋予发展本国半导体产业这项任务以高度优先权。"十四五"期间，中国将向无线网络及人工智能等技术领域投入约 1.4 万亿美元。①

值得留意的是，2021 年 5 月 14 日，国务院时任副总理刘鹤在主持召开国家科技体制改革和创新体系建设领导小组第十八次会议时，专题讨论了面向"后摩尔时代"的芯片潜在颠覆性技术。硅晶体管的工艺已逼近物理和经济成本的极限，半导体工艺升级带来的计算性能提升不可能再像以前那么大，"后摩尔时代"即将来临，这是中国大陆半导体产业改变落后地位的重大机遇。如此高规格的技术性问题讨论，表明中国政府正在致力于快速突破美国对中国大陆半导体技术的封锁。

中国已将半导体产业提升到国家战略的高度。一个绝非偶然的现象是，在二战后成功跻身发达经济体的五个亚洲国家或地区中，除了中国香港，另外四个（韩国、中国台湾、以色列和新加坡）至今仍然是全球半导体产业"重镇"。可以这么说，在半导体产业中占有一席之地，竟成为亚洲新兴经济体进入经济发达阶段的入场券。亚洲四小虎之所以迟迟没有跃入经济发达国家（地区）之列，与它们在半导体产业上少有作为有很大的关系，它们当中仅马来西亚有较为发达的芯片封测产业。现在，轮到中国大陆脱颖而出了。中国大陆的人均 GDP 于 2019 年首次站上 1 万美元的台阶。中国能否再进一步，步入发达国家行列，实现中华民族的伟大复兴，与半导体产业带动中国经济转型和技术升级的成败有着很大的关系。半导体产业是中国必争的科技高地。

---

① 参考《环球时报》2020 年 9 月 4 日发表的《美媒：应对美国政府限制，中国拟全面支持半导体产业》一文，作者赵觉珵。

　　我们还应该看到，虽然这几年中国大陆芯片制造业发展迅速，但整体上仍然相当落后。芯片制造离不开光刻机，阿斯麦在高端光刻机市场占据垄断地位，所以阿斯麦的销售数据最能客观反映一个区域的芯片制造业的发展状况。2021 年，中国大陆市场仅占阿斯麦营收的 16%（其中约三分之一为外企和我国台企采购），远远低于中国台湾的 44% 和韩国的 35%。虽然美国的采购份额已经连续 3 年下跌，但从台积电、三星电子和英特尔都规划在美国大规模建厂来看，未来几年美国有望成为阿斯麦最大的市场之一。对最高端的 EUV 光刻机，未来几年，台积电和三星电子每年各需要约 60 台和 20 台，中国大陆半导体企业则尚无需求。中国芯片制造业的发展仍然任重而道远。

　　制裁华为对美国自身的伤害很可能会更大。中国是全球最大的芯片买家，为了规避供应链风险，在有选择的情况下，中国企业会优先考虑采购非美系的半导体相关产品。美国商会的一项研究发现，与中国脱钩将导致美国芯片公司的全球市场份额下降 8% ~ 18%，这会导致研发和资本支出大幅削减，并损失多达 12 万个工作岗位，最终削弱美国在半导体行业的全球领导地位。最大的获益者或许是中国台湾。中国台湾是全球第二大芯片设计地和第一大芯片制造地，中国大陆的许多芯片订单将从美国转向中国台湾，这给中国台湾晶圆厂的经营业绩和二级资本市场带来了很大的利好。美国政府试图将全球半导体产业"去中国化"，结果却很可能是"去美国化"。

## 打造一个台积电要花多少钱

　　如图 13-2 和表 13-1 所示，台积电从 1994 年上市至 2022 年，营收年复合增长率达到 18.5%，平均毛利率 50%，平均净利率 36%。台积电每销售 6 块钱的产品，毛利就有 3 块钱，净利有 2 块钱。在台积电之前，不管在哪个行业，大部分利润都来自设计和销售，而不是制造，施正荣也正是基于此提出了著名的"微笑曲线"。台积电作为一个纯代工厂在制造业上取得的成功，"在历史上几乎是反常的"。

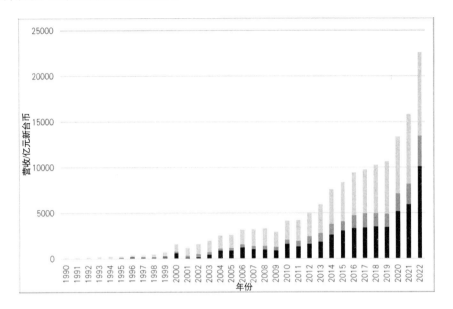

（说明：深灰部分为净利，深灰+中灰部分为毛利，深灰+中灰+浅灰部分为营收。数据来源：台积电历年财报。）

图13-2　台积电历年营收、毛利和净利

表13-1　台积电历年营收、毛利和净利

| 年　　份 | 营收<br>（亿元新台币） | 毛利<br>（亿元新台币） | 净利<br>（亿元新台币） | 收入增速 | 平均毛利率 | 平均净利率 |
|---|---|---|---|---|---|---|
| 1990 | 22 | 4 | -1 | — | 19% | -7% |
| 1991 | 45 | 14 | 5 | 103% | 31% | 12% |
| 1992 | 65 | 18 | 12 | 45% | 28% | 18% |
| 1993 | 123 | 54 | 42 | 89% | 44% | 34% |
| 1994 | 193 | 101 | 85 | 57% | 52% | 44% |
| 1995 | 288 | 161 | 151 | 49% | 56% | 52% |
| 1996 | 394 | 220 | 194 | 37% | 56% | 49% |
| 1997 | 439 | 211 | 180 | 12% | 48% | 41% |
| 1998 | 502 | 181 | 153 | 14% | 36% | 31% |
| 1999 | 731 | 315 | 246 | 46% | 43% | 34% |
| 2000 | 1662 | 786 | 652 | 127% | 47% | 39% |
| 2001 | 1259 | 337 | 145 | -24% | 27% | 12% |
| 2002 | 1610 | 523 | 216 | 28% | 32% | 13% |
| 2003 | 2019 | 749 | 473 | 25% | 37% | 23% |
| 2004 | 2560 | 1158 | 923 | 27% | 45% | 36% |
| 2005 | 2646 | 1182 | 936 | 3% | 45% | 35% |

| 年　　份 | 营收<br>（亿元新台币） | 毛利<br>（亿元新台币） | 净利<br>（亿元新台币） | 收入增速 | 平均毛利率 | 平均净利率 |
|---|---|---|---|---|---|---|
| 2006 | 3174 | 1558 | 1270 | 20% | 49% | 40% |
| 2007 | 3226 | 1424 | 1092 | 2% | 44% | 34% |
| 2008 | 3332 | 1418 | 999 | 3% | 43% | 30% |
| 2009 | 2957 | 1293 | 892 | -11% | 44% | 30% |
| 2010 | 4195 | 2071 | 1616 | 42% | 49% | 39% |
| 2011 | 4271 | 1941 | 1342 | 2% | 45% | 31% |
| 2012 | 5063 | 2441 | 1662 | 19% | 48% | 33% |
| 2013 | 5970 | 2810 | 1882 | 18% | 47% | 32% |
| 2014 | 7628 | 3777 | 2639 | 28% | 50% | 35% |
| 2015 | 8435 | 4104 | 3066 | 11% | 49% | 36% |
| 2016 | 9479 | 4748 | 3343 | 12% | 50% | 35% |
| 2017 | 9775 | 4948 | 3431 | 3% | 51% | 35% |
| 2018 | 10315 | 4979 | 3511 | 6% | 48% | 34% |
| 2019 | 10700 | 4927 | 3453 | 4% | 46% | 32% |
| 2020 | 13393 | 7111 | 5182 | 25% | 53% | 39% |
| 2021 | 15874 | 8195 | 5971 | 19% | 52% | 38% |
| 2022 | 22639 | 13481 | 10160 | 43% | 60% | 45% |
| 1994—2022 | 154729 | 77150 | 55862 | 18.5% | 50% | 36% |

（数据来源：台积电历年财报。）

尽管网络上流传着不少关于台积电员工工作压力大、工时长的段子，但不可否认的是，台积电的薪水、福利及发展空间还是大大超出了台湾企业的平均水准。台积电的员工人数仅占台湾劳动人口的千分之四，却贡献了台湾1.5%的新生儿。这被台积电认为是其优质福利制度的正面成效之一。

技术领先的背后是台积电拥有的专利数量的持续增长。台积电在全球拥有的专利总数已累计超过71000项，包括2021年取得的超过8800项全球专利，其中在美国申请的专利数量在美国申请专利企业中名列第四，这已是台积电连续第六年进入美国十大专利申请企业排行榜。台积电2021年的研发总预算约占总营收的7.9%，看似比例不算突出，但高达45亿美元的规模已相当惊人。

2021年，台积电可提供291种不同的工艺技术，为535个客户生产

12302 种不同的产品，应用范围涵盖整个电子产业。台积电在线提供了自 0.5 微米至 3 纳米工艺超过 38000 个技术文档及 2600 个工艺设计套件，客户的年下载使用量超过 10 万次。台积电的元件数据库与硅知识产权总数 2020 年已扩增超 35000 个，同比上一年增长了 35%。因为台积电拥有的工艺技术种类多，客户想实现任何一个系统产品，都可以在台积电找到合适的工艺来配合生产。

苹果牢牢占据着台积电最大客户的位置。随着高通、英伟达这两个台积电传统大客户大量转单三星电子，联发科跃升为台积电 2021 年度第二大客户。台积电的第三大客户则是最新的忠诚伙伴超威。新冠疫情下"宅"经济迎来爆发式增长，索尼和微软新款游戏机卖到缺货，给超威带来大量的订单，超威 Zen 3 架构 CPU 及 RDNA 2 架构 GPU 供不应求。超威因此大幅提高了对台积电 7 纳米工艺的投片量。随着超威推出的基于 Zen 4 架构的 CPU 采用更昂贵的 5 纳米工艺，以及对赛灵思的成功收购，超威有可能超过联发科，成为台积电的第二大客户。

芯片整体市场的行情还时有上下波动，晶圆代工市场的规模却几乎只增不减。如图 13-3 和表 13-2 所示，自 2011 年以来，晶圆代工业务在芯片整体市场中所占的份额，在 12 年时间里从 12% 增加到了 24%，平均每年上升 1%。虽然专业晶圆代工厂和无晶圆厂发展速度很快，但半导体市场仍然有超过一半的份额由 IDM 厂占据。比如，逻辑芯片领域的英特尔，垄断存储器的三星电子、SK 海力士、美光和铠侠，做汽车芯片和模拟芯片的德州仪器、英飞凌、意法半导体、恩智浦和瑞萨电子等，都是 IDM 厂。在全球排名前 15 的半导体企业中（2021 年第二季度），IDM 厂仍然占据八席，无晶圆厂占据六席，专业晶圆代工厂仅有台积电一席。欧洲和日本虽然在晶圆代工市场上的存在感很弱，分别仅有格罗方德和联华电子的一个厂，但它们的 IDM 厂很强。比如汽车芯片，日本拥有全球市场 25% 的份额，中国台湾仅拥有 2%（来自 Gartner 2020 年数据）。

网络上经常说地球上每两颗芯片中就有一颗是台积电制造的，这样的说法是不对的。准确的说法是，地球上每两颗定制芯片（或合同芯片、合约芯片）中就有一个是台积电制造的。

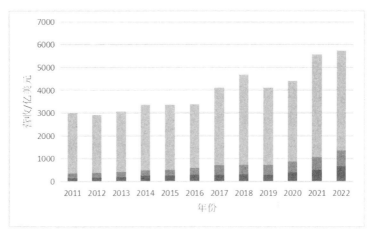

［说明：深灰部分为台积电晶圆代工营收，中灰部分为除了台积电的晶圆代工市场规模（含英特尔等IDM厂），深灰＋中灰＋浅灰部分为全球半导体市场规模。］

**图13-3　台积电在晶圆代工及芯片整体市场中的占比**

**表13-2　台积电在晶圆代工及芯片整体市场中的占比**

| 年　　份 | 台积电晶圆代工营收（亿美元） | 台积电市占率 | 晶圆代工市场规模（亿美元） | 晶圆代工市场占比 | 全球半导体市场规模（亿美元） | 全球半导体市场增速 |
|---|---|---|---|---|---|---|
| | ① | ②=①/③ | ③ | ④=③/⑤ | ⑤ | ⑥ |
| 2011 | 134 | 37% | 359 | 12% | 2995 | — |
| 2012 | 158 | 42% | 376 | 13% | 2916 | -3% |
| 2013 | 189 | 45% | 420 | 14% | 3056 | 5% |
| 2014 | 239 | 50% | 478 | 14% | 3358 | 10% |
| 2015 | 253 | 50% | 508 | 15% | 3352 | 0% |
| 2016 | 282 | 49% | 576 | 17% | 3389 | 1% |
| 2017 | 287 | 41% | 702 | 17% | 4122 | 22% |
| 2018 | 302 | 41% | 736 | 16% | 4688 | 14% |
| 2019 | 300 | 42% | 723 | 18% | 4121 | -12% |
| 2020 | 400 | 46% | 873 | 20% | 4400 | 7% |
| 2021 | 503 | 47% | 1072 | 19% | 5559 | 26% |
| 2022 | 675 | 49% | 1372 | 24% | 5735 | 3% |

（数据来源：IC Insights、SIA，晶圆代工市场规模含英特尔等IDM厂在内，本表已经过重新编排。）

　　张忠谋的成就，连联华电子都为之折服。台湾晶圆双雄对峙多年，

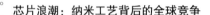

联华电子不时向张忠谋叫板，张忠谋却从来不予回应。张忠谋认为台积电的目标是成为世界级的企业，台积电应不断地向业界标杆企业学习，而不是关注作为自己追随者的联华电子。联华电子的高层公开盛赞台积电："真的很了不起，成就真的很大，连我们都深深佩服台积电能发展到今天的规模。"

当然，就像百事可乐成就了可口可乐，肯德基成就了麦当劳一样，业界普遍认为，如果没有联华电子的强势竞争，台积电也不可能获得如此高速的成长，台湾的晶圆代工产业也不一定能获得像今天这样的强势地位。台积电能够有今天，张忠谋也必须要感谢联华电子。

打造一个台积电要花多少钱？仅仅计算固定资产投入部分，如表13-3所示，截至2020年年末，台积电的累计开支就高达4.3万亿元新台币（相当于1万亿元人民币），占营收的比重高达37%。这1万亿元人民币还只是台积电过往的投资，在2020年之后的4年内，台积电还将投入另一个1万亿元人民币（2021年和2022年已分别投入约1900亿元和2400亿元人民币）。

表13-3 台积电资本、研发和人力资源投入

| 年　　份 | 营收（亿元新台币） | 购置固定资产（亿元新台币） | 购置固定资产占营收的比重 | 产能利用率 | 研发开支（亿元新台币） | 研发开支占营收的比重 | 员工人数（个） | 员工人数增减（个） | 博士占比 | 硕士占比 | 获美国专利数量（项） |
|---|---|---|---|---|---|---|---|---|---|---|---|
| 1992 | 65 | — | — | 92% | 1 | 1.8% | 1893 | 392 | 1.1% | 10.5% | — |
| 1993 | 123 | 39 | 31% | 106% | 3 | 2.5% | 2294 | 401 | 1.3% | 10.7% | 204 |
| 1994 | 193 | 74 | 38% | 103% | 6 | 2.8% | 2681 | 387 | 1.5% | 13.0% | |
| 1995 | 288 | 158 | 55% | 105% | 7 | 2.6% | 3412 | 731 | 1.6% | 15.3% | |
| 1996 | 394 | 209 | 53% | 96% | 15 | 3.8% | 4117 | 705 | 1.8% | 19.0% | |
| 1997 | 439 | 280 | 64% | 108% | 25 | 5.7% | 5593 | 1476 | 1.8% | 20.0% | |
| 1998 | 502 | 281 | 56% | 74% | 32 | 6.5% | 5908 | 315 | 2.2% | 22.2% | 220 |
| 1999 | 731 | 515 | 70% | 100% | 50 | 6.8% | 7460 | 1552 | 2.3% | 23.1% | 289 |
| 2000 | 1662 | 1038 | 62% | 106% | 72 | 4.3% | 14636 | 7176 | 2.2% | 23.7% | 523 |
| 2001 | 1259 | 702 | 56% | 51% | 106 | 8.5% | 13669 | -967 | 2.3% | 24.2% | 598 |
| 2002 | 1610 | 552 | 34% | 73% | 117 | 7.3% | 14938 | 1269 | 3.0% | 25.0% | 462 |
| 2003 | 2019 | 379 | 19% | 89% | 127 | 6.3% | 16066 | 1128 | 2.5% | 26.3% | 418 |

| 年　份 | 营收（亿元新台币） | 购置固定资产（亿元新台币） | 购置固定资产占营收的比重 | 产能利用率 | 研发开支（亿元新台币） | 研发开支占营收的比重 | 员工人数（个） | 员工人数增减（个） | 博士占比 | 硕士占比 | 获美国专利数量（项） |
|---|---|---|---|---|---|---|---|---|---|---|---|
| 2004 | 2560 | 811 | 32% | 100% | 125 | 4.9% | 18597 | 2531 | 2.4% | 26.5% | 460 |
| 2005 | 2646 | 799 | 30% | 92% | 140 | 5.3% | 19642 | 1045 | 2.4% | 27.8% | 437 |
| 2006 | 3174 | 787 | 25% | 101% | 161 | 5.1% | 20202 | 560 | 2.6% | 28.0% | 470 |
| 2007 | 3226 | 840 | 26% | 95% | 180 | 5.6% | 23020 | 2818 | 2.9% | 29.7% | 462 |
| 2008 | 3332 | 592 | 18% | 89% | 215 | 6.4% | 22843 | -177 | 3.1% | 30.6% | 365 |
| 2009 | 2957 | 878 | 30% | 76% | 216 | 7.3% | 24466 | 1623 | 3.5% | 32.8% | 308 |
| 2010 | 4195 | 1869 | 45% | 104% | 297 | 7.1% | 33232 | 8766 | 3.3% | 31.7% | 434 |
| 2011 | 4271 | 2140 | 50% | 91% | 338 | 7.9% | 33669 | 437 | 3.5% | 32.8% | 440 |
| 2012 | 5063 | 2461 | 49% | 92% | 404 | 8.0% | 37149 | 3480 | 3.6% | 35.3% | 647 |
| 2013 | 5970 | 2876 | 48% | 92% | 481 | 8.1% | 40483 | 3334 | 4.0% | 37.4% | 940 |
| 2014 | 7628 | 2885 | 38% | 100% | 568 | 7.5% | 43591 | 3108 | 4.2% | 37.9% | 1460 |
| 2015 | 8435 | 2575 | 31% | 96% | 655 | 7.8% | 45272 | 1681 | 4.4% | 39.2% | 1768 |
| 2016 | 9479 | 3280 | 35% | 95% | 712 | 7.5% | 46968 | 1696 | 4.5% | 40.3% | 2294 |
| 2017 | 9775 | 3306 | 34% | 95% | 807 | 8.3% | 48602 | 1634 | 4.6% | 41.5% | 2428 |
| 2018 | 10315 | 3156 | 31% | 90% | 859 | 8.3% | 48752 | 150 | 4.7% | 42.6% | 2448 |
| 2019 | 10700 | 4604 | 43% | 83% | 914 | 8.5% | 51297 | 2545 | 4.5% | 44.7% | 2331 |
| 2020 | 13393 | 5072 | 38% | 96% | 1095 | 8.2% | 56831 | 5534 | 4.4% | 46.7% | 2833 |
| 2021 | 15874 | 8392 | 53% | 102% | 1247 | 7.9% | 65152 | 8321 | 4.1% | 47.3% | 2798 |
| 1993—2021❶ | 132213 | 51550 | 39% | | 9974 | 7.5% | | | | | 26037 |

（数据来源：台积电历年财报。）

❶ 由于 1992 年数据不完整，2022 年年报截至本书完稿时还未披露，故合计数取 1993—2021 年数据。

　　不管要花多少钱，芯片都必须造。中国大陆已经成为全球芯片采购规模最大的市场。2021 年，中国大陆进口芯片数量再创新高，达 6355 亿个，同比增长 17%，金额高达 4397 亿美元，同比增长 15.4%。同年 6 月 9 日，在世界半导体大会上，中国工程院院士吴汉明指出：中国想要完成芯片的国产化替代，还缺八个中芯国际。芯片制造业的重要性，在最近这一轮空前的全球芯片荒中暴露无遗。

# 第十四章 全球"芯"荒

## 手机芯片供应链大考

2020 年是全世界遭逢新冠疫情重创的一年，全球经济与社会经历巨大动荡。自 Windows 98 诞生以来，全球半导体产业销售额增速基本与 GDP 保持同向变动，而且每当 GDP 增减出现较为明显的波动时，半导体产业销售额也都会出现更大幅度的同向波动。因此，看到新冠疫情愈演愈烈，全球半导体企业自然也都准备"过冬"。让人意外的是，与以往的经济萧条期不同，疫情带来的远程办公、在线教育、居家娱乐和网络购物给芯片带来了大量的新需求，半导体产业不仅没有衰退，反而兴旺了起来。按照 IC Insights 的统计，2020 年，全球芯片产值较前一年增长 21%，达到 4044 亿美元。国际数据公司（IDC）则认为全球半导体市场增长了 11%，市场规模增长到 4640 亿美元。[1]

---

[1] 虽然我们经常用半导体来指称芯片，但从严格意义上说，两者的概念是有区别的。半导体包括分立器件、集成电路器件、光电子器件和传感器。分立器件是具有单一功能的电路基本元件，如晶体管、二极管、电阻、电容等；集成电路器件是将这些电路基本元件制作在一个小型晶片上，然后封装起来形成的具有一定功能的单元，也就是我们常说的芯片。芯片又包括存储器、微处理器、逻辑芯片和模拟芯片。分立器件加传感器、光电子器件和芯片分别约占半导体整体市场的 10%、10% 和 80%。以上参考了 WSTS 的分类和统计。

芯片市场意外走向繁荣，芯片产能却无法在短期内快速提升。2020年年底，芯片就开始出现供应短缺现象。2021年年初，汽车芯片出现全球性供应短缺，众多汽车厂商都受到波及。随后，智能手机、家电等领域也传出了芯片短缺的消息。正常情况下，芯片的交货期在一两个月，如今竟延长到最少3个月、最多1年！稍微复杂一些的电子设备基本上都要用到芯片，芯片被称为现代工业的大米或后工业时代的原油，缺芯对各行各业都产生了广泛的影响。高盛的研究报告指出，全球多达169个行业在不同程度上受到芯片短缺的打击，包括钢铁产品制造、混凝土生产、空调制造、啤酒酿造，甚至肥皂生产等。

全球芯片短缺，对各手机芯片设计企业的供应链来说，都是重大考验。本质上还是IDM厂的三星电子，肯定会优先满足本公司的芯片需求。三星电子将60%的产能分配给自己的产品——这也说明其IDM业务的重要性要超过晶圆代工业务，剩余产能才被分配给客户，其中高通占了一半，英伟达、IBM和英特尔瓜分另一半。结果，倚重三星电子的高通，饱受芯片短缺之苦，高通2020年仅出货3.19亿颗手机SoC芯片，同比减少17%（来自Omdia数据，下同）。台积电作为一个晶圆代工厂，自然是尽可能地对各无晶圆厂一碗水端平。主要依靠台积电代工的联发科，芯片供应情况要比高通好得多。结果，2020年度，联发科的手机SoC芯片出货量达到了3.52亿颗，同比大增48%，市场份额上升到27%。成立23年以来，联发科首次超越高通，夺得全球智能手机SoC芯片市场份额第一。连三星电子都不得不向联发科采购了4330万颗手机SoC芯片，同比增长2.6倍，这也说明三星电子的产能真的不够用。

高通其实真心想要扶持三星电子，可三星电子的工艺技术与台积电相比还有些差距，高通好几款由三星电子代工的芯片的表现都不如预期，这给了联发科、海思等竞争对手乘虚而入的机会。高通不得不把一些订单重新交给台积电处理，在两个供应商之间摇摆的态度导致高通的供应链变得复杂，成本也有所增加。

高通把翻盘的希望寄托于2020年12月推出的骁龙888芯片。可是，基于三星电子 5 纳米工艺生产出来的这款芯片，上市后被不少用户及专业测评人士指出功耗较大。比如，对搭载骁龙 888 芯片的小米 11 进行实测后发现，在运行手游时，机身温度会明显升高。对比上一代由台积电 7 纳米工艺代工的骁龙 865 芯片，骁龙 888 芯片的单核和多核功耗分别高出 32% 和 43%。这虽然与高通对骁龙 888 芯片的架构设计较激进有关，但也有可能是因为三星电子的 5 纳米工艺不够成熟。雪上加霜的是，三星电子的奥斯汀厂在 2021 年 2 月遭遇雪灾，停产时间超过 1 个月。三星电子自身的需求都得不到满足，导致其第一季度的非存储业务出现亏损，这更是拖累了高通。2021 年 5 月初，高通不得不做出一个痛苦的决定，将大量的骁龙芯片订单紧急转给台积电。

手机 SoC 芯片出货量排在联发科和高通之后的，则是苹果、三星和华为。受美国制裁影响，华为麒麟芯片 2020 年的出货量同比下降 17%，华为丢失的市场基本上被联发科、苹果和高通"吃下"，而这几家所需的手机芯片多数是由台积电代工的。所以，失去华为这个大客户，基本上对台积电的营收没有产生影响。

##  "人们像在抢卫生纸一样"

有意思的是，芯片在各行业的短缺状况与台积电的生产重点直接相关。台积电最主要的业务是手机 SoC 芯片制造，因此手机行业的芯片短缺现象相对来说并不严重，2021 年全球智能手机销量仍有 6% 的增长（来自 DIGITIMES 的数据），达到 13 亿部。汽车芯片制造只占台积电业务极小的一部分，汽车行业在全球芯片荒中就备受煎熬。

10 年前，芯片短缺不会对汽车行业造成太大的影响，但是今天，每辆汽车里都装有数百颗芯片，没有芯片，汽车的系统就无法正常运转。继手机转变成带通话功能的电脑后，汽车也正在演变成带轮子的电脑。汽车半导体成为半导体市场中发展最快的一个分支。2020 年下半年，全球汽车产业意外复苏，对汽车芯片的需求量突然大增，汽车芯片的生产却意外地连遭厄运。2021 年 2 月 12 日，美国得克萨斯州突遭寒潮袭击，英飞凌和恩智浦的汽车芯片工厂因停电而停产。同年 3 月 19 日，日本瑞萨电子的那珂工厂发生火灾。英飞凌、恩智浦、意法半导体、德州仪器与瑞萨电子五大 IDM 厂掌握了全球逾 85% 的汽车芯片的生产，汽车芯片的供应一下子就成了大问题。大家都把眼光投向了专业晶圆代工厂。

然而，汽车企业对专业晶圆代工厂来说只是"客户的客户的客户"，不可能被列入优先列表。而且汽车芯片相对手机、游戏等消费电子芯片来说，量小利薄要求高，不受专业晶圆代工厂待见。黄崇仁感叹，仅是满足 5G、AI 等新增需求已经很难了，哪顾得上车用芯片。汽车芯片的产品研发和验证周期长，很难临时更换供应商。不少汽车芯片又属于高度专业化、市场极细分的产品，供应的灵活度很小。比如蔚来汽车，价值 1 美元的芯片短缺，就给它的供应链造成了很大的压力。受芯片短缺影响，全球各大车企普遍停产减产。全球汽车芯片封测重地马来西亚及为车企供应被动元件[①]的菲律宾因新冠疫情而频频封城，让汽车芯片短缺的问题持续发酵。许多汽车大厂都不得不越过零配件供应商，直接与专业晶圆代工厂联系，通过直接签订代工协议或合资建厂的方式来捆绑晶圆代工厂的产能。马斯克将这场抢芯大战比作"人们像在抢卫生纸一样"。日本、美国、德国等汽车强国的政府都相当不寻常地向中国台湾提出了扩大汽车芯片生产的请求。受芯片持续短缺的影响，2021 年度全球汽车减产 1131 万辆，占该年全球预期产量的 13% 左右。[②]

虽然台积电在汽车芯片市场中所占的份额极小，每年产值仅十几亿美元，占全球汽车芯片总产值 500 多亿美元的 3% 左右，但它占据的却是最尖端的部分。大多数汽车芯片厂都转型成了轻晶圆厂，仅能生产落后工艺的芯片，不能生产 40 纳米以下先进工艺的芯片。汽车所需的 5G 通信芯片和人工智能处理器芯片都需要用到 5 纳米工艺，仅有台积电一家

---

① 被动元件即无源器件，主要是电阻类、电感类和电容类器件，它们的共同特点是电路中无须加电源即可在有信号时工作。

② 据 AutoForecast Solutions 于 2021 年 12 月 21 日公布的数据。

企业能够生产。一旦台积电停止供应，自动驾驶或无人驾驶都将成为泡影。而且，台积电实力雄厚，最有能力扩大汽车芯片的产能，遂成为全球各国政府及各大车企眼中的香饽饽。台积电也表示会动态调整生产任务，优先供应汽车芯片，全力支援汽车产业，但此举引发苹果等大客户的不满，实际成效甚微。

## ⚙ 屯门芯片大劫案

2021 年第一季度，各晶圆大厂几乎都在满负荷运转，营收均创新高。由于此轮芯片荒是全面性的缺货，从处理器、存储器、摄像头到电源管理、射频和驱动芯片等，各个细分市场无论大小均供不应求，因此所有晶圆厂均能分到一杯羹。在出现这波缺货潮之前，晶圆代工厂和无晶圆厂都是一次谈完一年的订单价格与数量。芯片大短缺改变了晶圆代工厂和无晶圆厂之间的谈判力量对比。联华电子和力积电涨价最为凶猛，不仅逐季跳涨，涨幅还动辄一到三成。还有一家台湾晶圆厂，竟然以竞标的形式预售第二季度的 8 英寸线产能，竞标加价的幅度在百分之三四十。当时业界预计力积电 2021 年度的毛利率将突破 40%，其董事长黄崇仁仍公开表示："现在半导体晶圆代工价格每季度都在涨，没有回落的迹象，如果 IC 设计客户毛利率超过我们，我们一定涨价！"联华电子 28 纳米工艺芯片的报价甚至高过了台积电，其第三季度毛利率上升到了 31%，这是过去 10 年都未曾有过的佳绩。联华电子的联席总经理王石认为：对 5G 手机、笔记本电脑、车用电子等产品的需求不会只在 2021 年出现，还可能延续到 2022 年之后，要解决供不应求的问题就是要扩大产能。但从供给面来看，新建晶圆厂的前置时间拉长，设备交付周期已长达 14 ~ 18 个月，现在投资建厂还要等到 2023 年才能释放产能。

半导体行业大佬们的判断得到了劫匪的"高度赞同"。缺货就意味着商机，心动不如行动。2021 年 6 月初，深圳一个电子厂价值上千万元的芯片被窃。没过几天，香港屯门也发生了一起芯片被抢事件。三名劫匪在一处工厂大厦的升降机内打伤一名送货工人，随后劫走价值400多万元的14箱芯片。

台积电在涨价问题上比较慎重，坚持2021年全年不涨价，但最后也不得不随大流，表示计划2022年将16纳米及以上成熟工艺芯片的价格上调15%～20%，将7纳米及以下先进工艺芯片的价格上调约10%。台积电成为芯片短缺期间最后一家提高价格的晶圆代工企业，这时一些同行已经实施了两到三次提价。即使不轻易涨价，台积电仍然是此轮芯片荒的最大受益者。2021年，台积电业绩逐季连创新高。

汽车电子和物联网的发展，对微控制单元、电源管理、传感器、射频等芯片的需求持续快速增长，这些芯片都更适合8英寸线生产。与12英寸线相比，8英寸线拥有工艺更加成熟且用较低生产量就能达到合理成本效益的优势。台积电于2018年年底在台南的晶圆六厂新建了一个8英寸厂，这也是台积电继上海松江厂后15年来首次扩大8英寸线产能。结果，台积电新增的8英寸线产能在此轮全球芯片荒中派上了大用场。当然，台积电的成熟工艺产能仍然不够，因而在南京厂扩大28纳米工艺产能，在日本熊本县新建28/22纳米厂，在高雄市新建28/7纳米厂，这些产能当初预计会在2022年和2023年两年内陆续释放。

台积电在成熟工艺上的成就虽然不像先进工艺那么让世人瞩目，但其实也相当耀眼。台积电40纳米以上成熟工艺的市场占有率高达28%，全球排名第一（来自Counterpoint 2020年数据）。相比之下，三星电子对成熟工艺的重视程度不够，市场份额仅有10%，还没有联华电子和中芯国际高，因此在此轮全球芯片荒中没有占到多大便宜。

赶上这样的好年景，做晶圆代工赚了大钱的不稀奇，稀奇的是居然还有亏大钱的。从2018年到2020年，格罗方德的亏损竟达到了惊人的50亿美元，甚至在2021年的上半年还亏损了2亿美元。但这样糟糕的业绩毫不影响格罗方德对未来的乐观心态，它要充分利用此轮全球芯片荒带来的大好机遇，通过在纳斯达克上市融资来脱困。至于它的上市概念，竟然是唯一没有在中国台湾和中国大陆建厂的晶圆代工厂，这最符合美

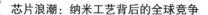

国芯片制造本土自主的国策，想必会因此而格外受到美国政府的青睐。格罗方德的上市估值约为 250 亿美元，这个估值很快就被证明过于保守，因为市场上出现了英特尔打算以 300 亿美元收购格罗方德的传言。这被认为是一个"失败加失败可能等于成功"的收购行为，阿布扎比可以获得很好的退出机会，英特尔也可以通过收购加快进入晶圆代工市场的脚步。但格罗方德显然没有同意，它更看好上市后的"钱"景。

一家公司在上市或被收购前夕比较容易被诉讼。这是因为，为了不影响上市或收购的进程，被诉讼的公司容易通过让步来换取官司的快速了结。抓住时机起诉格罗方德的居然是 IBM，IBM 认为格罗方德没有按照承诺为其提供 10 纳米和 7 纳米工艺的芯片代工服务，严重影响其服务器技术路线图的演进，并且狮子大开口，要对格罗方德索赔 25 亿美元。不知道格罗方德私下是如何摆平 IBM 的。到了 2021 年 10 月底，格罗方德正式上市，市值在 260 亿美元左右。上市仅一个多月，格罗方德的股价就增长了 50%，市值超过 350 亿美元。没买到格罗方德的英特尔随后斥资 54 亿美元买下了高塔半导体。

与以往半导体供需受行业周期的影响不同，此轮全球芯片荒是因为出现了结构性的短缺。5G 时代来临，驱动 5G 手机、自动驾驶、物联网、云计算等各方面都对芯片产生了大量的需求，芯片需求站在新的拐点出现的风口。以往的半导体行业景气周期基本上与全球 GDP 走势一致，这轮行业大爆发却明显与受新冠疫情冲击而走低的全球 GDP 相逆。IC Insights 称之为半导体产业的"黄金机遇"。

根据 IC Insights 发布的数据，2021 年度，全球半导体市场增长 25%，达到 6140 亿美元。其中芯片市场的增长更快，市场规模凭借 26% 的增速达到 5098 亿美元。全球晶圆代工市场 2021 年首次突破 1000 亿美元大关，预计到 2025 年还将突破 1500 亿美元。

目前，全球半导体产值在全球 80 多万亿美元的 GDP 总额中的占比不过千分之六，看起来比重并不高。但半导体产业是所有产业的基础，没有芯片，就没有电脑、手机、汽车乃至所有含微电子器件的电器、装置和设备。汽车芯片的短缺对全球汽车行业的严重打击即是一例。如果将半导体产业抹去，全球 GDP 将不是仅仅减少千分之六，而是将大幅下滑，甚至回归到工业社会的初级阶段。想象一下，如果真有外星人要入侵地球，他们无须鬼鬼祟祟干些偷窥或绑架的勾当，只要直截了当地把几个最先进的晶圆厂"端掉"，就可以成功地卡住地球的脖子。

## ▨ 老将基辛格回归英特尔

新冠疫情暴发后，很多人躲在家里看视频、打游戏，宅经济让原本还需要十余年才能完成的数字化转型竟然在一年内就完成了。电脑和服务器的 CPU 销量大好，英特尔的业绩也水涨船高。2020 年英特尔的营收为 779 亿美元，同比增长 8%。其中，以电脑 CPU 业务为主的客户计算事业群的营收为 401 亿美元，占了英特尔总营收的半壁江山。不过，这波电脑热以低价家庭电脑为主，电脑平均销售价格下降了 6%。各企业的日子普遍不好过，也就减少了采购高价商务电脑的预算。所以英特尔的净利润同比下降 1%，仅有 209 亿美元。

新冠疫情对芯片供应链是一场严峻的考验，芯片出现史无前例的全球持续短缺现象，自己有晶圆生产能力的 IDM 厂相对无晶圆厂有很大的优势。2020 年第四季度，英特尔居然从超威手中夺回了 1% 的电脑 CPU 市场份额，逆转了那几年被超威打得节节后退的局面。超威的出货量虽然增长得比英特尔少，收入和净利润却都大增 45%，这意味着超威在高端市场上表现更佳。在使用台积电 7 纳米工艺制造的锐龙处理器的加持下，超威的电脑 CPU 的平均售价大大高过英特尔，这对一向鄙视超威技术的英特尔是一大讽刺。

虽然英特尔的年报数据尚好，斯旺仍然于 2021 年 2 月 15 日"灰溜溜"地下台了，前后仅仅干了两年多的时间，成为英特尔历史上最"短命"的 CEO。斯旺上台之际，英特尔股价下跌约 2%；到他宣布下台时，英特尔股价却大涨了约 10%。斯旺下台前的最后一次商务旅行，是在 2020 年年

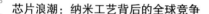

底乘坐私人飞机前往中国台湾，与台积电商谈为英特尔代工最新一代的芯片，这份订单的价值在数十亿美元。据说斯旺谈得很艰难，因为台积电认为他的报价太低，现在早就不是台积电需要低价从格鲁夫手中拿英特尔认证的年代了。与斯旺差不多同一时间顶着新冠疫情风险奔波的是李在镕，他匆匆飞往荷兰，希望能从阿斯麦那里买到更多的 EUV 光刻机，为三星电子最先进的工艺储备更多的产能。这应该也是他入狱前的最后一次重要商务旅行。

接替斯旺的是曾经在英特尔工作了 30 年的老将帕特·基辛格。与财务出身的斯旺不同，基辛格有深厚的技术背景，虽然他没有读过大学。作为一名芯片工程师，基辛格曾经为 486 芯片设计过架构。此刻，基辛格临危受命，重返英特尔，帮助老东家找到未来的发展道路。

2021 年 3 月 24 日，基辛格发表其上任以来的首次全球演讲，时间长达 1 小时。基辛格在演讲中宣布了多项重大战略决策，首先是重申英特尔将自行生产大部分产品，这也意味着英特尔仍然坚持走 IDM 路线。同时，基辛格亦提升了晶圆代工业务的战略地位，将新建一个独立业务部门"英特尔制造服务部"，为美国、欧洲客户进行芯片代工及封装服务。英特尔还计划在亚利桑那州的奥科蒂略园区投资约 200 亿美元建设两个新的晶圆厂，一个用于生产 CPU，另一个做晶圆代工。

虽然投资机构要求英特尔卖掉芯片工厂，将制造业务外包，和超威一样转型成无晶圆厂，但基辛格表示，他重返英特尔的使命并不是"肢解"公司，英特尔仍然会为在 2023 年前生产 7 纳米工艺芯片而努力。基辛格希望能带领英特尔重拾昔日世界领先芯片制造商的荣耀。他说"上帝决定了石油储备在哪里，我们可以决定晶圆厂在哪里"，这同样是美国的战略重点，期望政府能够对英特尔这样的"国家资产"进行补贴和支持。

但基辛格真的能够决定晶圆厂在哪里吗？当时，全球晶圆代工 80%的产能集中在亚洲，15% 在美洲，另有 5% 在欧洲，这样的格局，即便是英特尔这样的行业龙头也很难打破。基辛格仍将英特尔近期的资本支出集中在美国、以色列和爱尔兰三地。全球也只有这三个国家拥有英特尔的处理器芯片生产基地，其中美国占了70%。中国、新加坡等东亚国家只拥有英特尔的存储器芯片生产基地，分不到其处理器芯片的生产任务。生产成本从来不被强调走技术路线的英特尔作为企业经营的战略重点进行考量，这在做电脑和服务器的CPU时没有问题，但在做晶圆代工的时候就会出现很大的问题。

需要注意的是，表面上看，资本是逐利的；实际上，资本也有其民族性的一面。美国资本为什么愿意在以色列和爱尔兰进行高科技投入，一个很重要的原因是背后有犹太裔和爱尔兰裔在主导（格鲁夫就是犹太裔），这是以色列和爱尔兰能够从一张白纸起步，后来居上并发展成全球著名的高科技型发达国家的背景。这与美籍华人愿意回中国、美籍韩国人愿意回韩国进行技术投资如出一辙。可以说，这几个国家之所以能逾越"中等收入国家陷阱"，进入或接近发达国家俱乐部，与民族认同有着很大的关系。

基辛格声称："英特尔回来了，新的故事才刚刚拉开序幕。"不幸的是，在光鲜的序幕背后，仍然是一地鸡毛。

## ▣ 要市场还是要工厂

英特尔面临的最大的问题，是最先进工艺芯片的研发进度落后，这极大地削弱了英特尔的核心竞争力。

手机在应用最先进工艺芯片方面已经领先于电脑。英特尔不做手机处理器，这意味着它还有缓冲时间。毕竟电脑的体积比智能手机大得多，对功耗和单位面积性能的要求没有智能手机那么高。但缓冲时间非常短暂。英特尔的先进工艺芯片研发进度落后，至少影响了三代处理器的发布，让竞争对手抢得先机。英特尔的第一个7纳米（相当于台积电的5纳米）处理器Meteor Lake要推迟到2023年才能问世。在这个时间之前，台积电的3纳米工艺已经能量产，英特尔仍与台积电有一代技术的差距。超威使用台积电的5纳米工艺，在2022年推出ZEN 4架构处理器，按照超

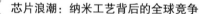

威的官方数据，同等功耗下 ZEN 4 架构的性能较 ZEN 3 架构最多可提升 49%，2023—2024 年其还将推出 3 纳米 ZEN 5 架构处理器。如果英特尔不找台积电代工，就必定会不断损失电脑和服务器的市场份额，这将是英特尔无法承受的。

超威在 X86 架构处理器市场上的份额已经连续 11 个季度增长，到 2021 年第四季度，上升到创纪录的 25.6%，上一次接近这个份额还是在足足 15 年以前。过去，都是超威在发动价格战，英特尔则表示不屑一顾，如今双方位置更易，英特尔居然要用低价策略来化解超威的攻势。基辛格声称，为了保住市场份额，英特尔将不惜采用"竞争性定价"。苏姿丰则淡定地表示，在 CPU 市场上，性能和总拥有成本才是最重要的，价格因素是次要的。2022 年年初，超威发布锐龙 7 5800X3D 处理器，声称其性能比英特尔同期旗舰处理器 i9-12900K 领先 20%，重新夺回全球最快游戏处理器称号。2021 年的全球超级计算机 500 强榜单中，超威的霄龙服务器 CPU 为其中的 49 强服务，而 2020 年只有 11 强。2022 年 2 月 15 日，因为成功收购赛灵思，超威市值上升到 1978 亿美元，一举超越英特尔。这真的是一个历史性的时刻，也可以说是半导体发展史上最富戏剧性的一幕。超威已于 2022 年 11 月推出了 96 核的服务器 CPU，按照其路线图，预计不会晚于 2023 年上市 128 核的服务器 CPU。

步步逼近英特尔的还有英国安谋（ARM）公司。由于苹果电脑从 X86 改投 ARM，到 2021 年第四季度，ARM 架构在个人电脑市场上的份额稳步提升到 9.5%，几乎是一年前 3.4% 份额的 3 倍。2020 年，ARM 架构的服务器市场还仅仅在 10 亿美元量级，仅有可怜的 2% ~ 3% 的市场份额。到了 2021 年第二季度，以 ARM 为主的非 X86 架构在服务器市场上的营收就上升到约 23 亿美元，占比也提升到 10%（来自 IDC《全球服务器季度跟踪报告》）。

如果英特尔要靠比超威更好的产品来夺回市场，就不再有时间等自己的工艺水平追上来，而是必须找台积电做代工。

对于英特尔来说，它所面对的问题几乎是无解的。要想夺回市场，就必须找台积电代工；一旦找台积电代工，自己工厂的产能就跑不满、折旧就提不完，大概率会亏损。如果想不让工厂亏损，把订单都留给自己而不给台积电，那又一定会丢掉市场……

台积电可不会坐等英特尔追上来。台积电的先进工艺夺下关键市场高占有率的速度愈来愈快。台积电持续开发出最先进的技术，并制定较高的价格，借此比其他厂商赚取更多的利润，接下来再把这些钱投入下一代技术的研发和下一轮资本开支，并继续保持领先地位，由此形成正向循环。而且，循环的速度在加快，从前，台积电花两年才把高端芯片营收比重拉高到两成，如今，5 纳米工艺芯片只花 6 个月就达到了同等占比。台积电的 45/40 纳米工艺产能占比从 0 提升到 20% 耗时 9 个季度，28 纳米工艺耗时 7 个季度，16 纳米工艺耗时 5 个季度，10/7 纳米工艺耗时 3 个季度，5 纳米工艺耗时 2 个季度。英特尔很难反超台积电。

更何况，先进工艺产线的投资金额越来越大，英特尔已经力不从心。台积电和三星电子 2021 年的资本支出分别高达 337 亿美元和 300 亿美元，而英特尔的资本支出只有 179 亿美元，差距被大幅拉开，很可能再也追不上。

能够用到最先进工艺芯片的客户数量越来越少。以台积电为例，大部分客户都停留在 7 纳米工艺上，5 纳米工艺的大客户只有苹果、联发科、高通、超威、英伟达、赛灵思、谷歌和特斯拉等大厂，至于 3 纳米工艺，客户就更少了。最优质的客户都被台积电控制在手中，甚至英特尔自己也可能成为台积电的客户。英特尔在自己的先进工艺能量产的时候，大概率会处于找不到几个客户的窘境。

即便能有新的客户涌现，英特尔的先进工艺工厂也没法与已差不多完成折旧的台积电工厂进行价格竞争，会面临巨额的亏损。5 纳米厂的投资高达 200 亿美元，按 5 年时间来分摊折旧，一年需要承担 40 亿美元的折旧开支，这将让英特尔不堪重负。

要市场还是要工厂？二者只能择一。从基辛格目前的选择来看，是既要市场，也要工厂——拿从市场上赚来的利润，去填补工厂产生的"黑洞"。等到"黑洞"实在填不满的时候，丢掉芯片制造这个包袱几乎是必然的结果。

在晶圆代工市场上，基辛格一边要找台积电代工，一边打算与台积电抢代工订单，还大力鼓吹美国政府不应该给台积电、三星电子这些厂商建厂补贴。微妙地"拿捏"这些平衡，谈何容易。

2021年半导体产业遇到前所未有的好年景，全球半导体企业都在大干快上、高歌猛进，两位数以上的增长率比比皆是，英特尔全年营收同比增长却仅有2%。在行业处在高增长的景气时期，曾经的龙头老大拿出这样的数据显得相当扎眼。基辛格似乎也有点泄气，于是开始"甩锅"，抱怨那些对半导体不专业的前任给他留下一个难以收拾的烂摊子。英特尔规定CEO到65岁必须退休，一向不喜欢基辛格的张忠谋幸灾乐祸，表示不相信基辛格能够在退休前的5年时间里将英特尔带出泥潭。

## ⚙ "又有胡萝卜，又有棍子"

全球芯片短缺，美国也坐立不安。在美国政府的压力下，各芯片巨头纷纷开始了在美国的建厂行动。

2021年1月底，三星电子考虑投入最多可达170亿美元的巨资，在美国建设一个5纳米及更先进工艺的晶圆厂，这也将是三星电子在美国拥有的第二个晶圆代工厂。三星电子还计划另投入36亿美元用于奥斯汀老厂的扩产。

同年2月15日，格罗方德宣布与美国国防部建立战略合作伙伴关系，通过纽约马耳他厂为美国军方提供"安全可靠的半导体解决方案"。这个晶圆厂装备了格罗方德最先进的半导体制造设施，它将为美国军方一些最敏感的领域生产芯片。3月3日，格罗方德宣布增加1倍的资本开支，投资14亿美元扩大现有产能。这笔钱正好与格罗方德2020年卖掉两个工厂及芯片设计公司所获相当。

到了2021年3月底，英特尔亦宣布要斥资200亿美元在亚利桑那州新建两个大型晶圆厂。基辛格声称，英特尔一直游说美国政府协助振兴本土半导体产业，提供奖励、补贴和税额减免，让更多供应链留在美国。他说："我相信我们的目标应该是，美国公司应该将三分之一的半导体生产放在美国本土进行。"

至此，四大芯片制造巨头都宣布要在美国建新厂。如果这些投资计划都能够成功，美国可同时囊括台积电、三星电子、英特尔和格罗方德的先进工艺生产线，达成芯片基本能够自给自足的战略目标。

在这四大芯片制造巨头中，美国政府盯得最紧的还是台积电，因为台积电的技术最先进，而台积电自从 2020 年 5 月宣布在美国建厂的计划后，除了在凤凰城买下一大片土地，迟迟没有进一步的动作。台积电考虑的问题很现实：在美国建厂的成本太高。据美国半导体工业协会（SIA）估计，美国新晶圆厂的 10 年总拥有成本比新加坡、韩国或中国台湾高 30%，比中国大陆高 37% ~ 50%，其中 40% ~ 70% 的成本增加缘于美国政府支持乏力。刘德音曾表示，是否赴美建厂，关键在于美国政府的补贴，希望美国联邦政府与州政府给出的补贴能弥补台积电在中国台湾和美国亚利桑那州两地设厂的运营成本差距。美国虽然土地和电力便宜，但工厂的建设成本是中国台湾的 6 倍之多，人员工资也超过 3 倍。

最令台积电担忧的是，即便付出更高的人力成本，美国人的生产力却可能更低。美国去制造业已经几十年，由于缺乏与工程相关的就业机会，美国的年轻人不愿意再选读工程相关专业，这使得美国本土非常缺乏优秀、敬业的工程师、技术员和操作员，无法满足工厂需求。美国目前仅有约 10 万名半导体制造相关人才，估计未来需要新增 50% 才能满足新建的 20 多个晶圆厂所需。雪上加霜的是，美国半导体行业还面临着劳动力老龄化的挑战与后继乏人的困窘局面，当前技术岗位上的大量员工会在未来数年内退休。晶圆厂必须 24 小时连续运作，让美国人加班也是件麻烦事。美国早已失去制造优势，这个趋势很难逆转。

另外，美国本土缺乏先进的封测厂，产业链上下游的配套保障不完善，制造出来的芯片如何实现封测，也是一个难题。美国国内可用于原料运输、存储的物流网仍不完善，再加上美国的各项规定与中国台湾、日本不同，台积电无法将现有供应链在当地原样复制。台积电的供应商也因风险大、成本高而裹足不前。如果将芯片运到太平洋彼岸的亚洲进行封测，成本将增加不少。埃森哲和全球半导体联盟（GSA）的一份报告显示，在芯片到达设备所在位置之前，可能需要先在全球运输超过4万千米。如果芯片放在美国生产，还会让这个运输距离大大加长。而全球物流意外受限正是此轮芯片荒出现的原因之一。

在参加完美国白宫为解决芯片短缺问题而举办的线上峰会后，刘德音直言，美国应该做的，并不是改变供应链，"我认为美国应该追求更快的运转，投资研发，并培育更多的博士、硕士和学士学生进入制造领域，而非试着迁移供应链，（这样做）不但非常花钱，而且成效不高"。刘德音同时认为，如果一国执意要把技术锁在国内，避免全球合作，将减缓创新速度，"美国应该专注于自己的优势：系统设计、人工智能、量子计算，这些前瞻性的东西"。

张忠谋也做出警告："试图开历史倒车非常不切实际，非要尝试，成本将会上升，技术进步可能会放缓。"各国将芯片生产留在本地的努力会适得其反，"可能发生的情况是，在花费了数千亿（美元）和多年之后，结果仍然是一个自给自足有限和高成本的供应链"。

所以，台积电之所以会在美国建厂，更多的是迫于美国政府施加的压力。用张忠谋的话来说："有胡萝卜，更有大棒。"

## 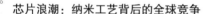 "我越看，越觉得还不够"

要知道，刘德音和张忠谋都是美籍华人，无论从个人情感还是国家忠诚度来说，对选择在美国还是中国大陆建厂并无偏见。不情愿去美国建厂，最重要的考量因素还是商业利益：在美国建厂不如在中国大陆建厂赚钱。我们来比较一下台积电美国卡默斯厂、新加坡厂和中国上海厂三个工厂的盈利与投资回报情况，如表14-1所示。

表14-1 台积电三个岛外工厂的效益对比

| 岛外工厂 | 最高投资（亿美元） | 开始盈利（年份） | 收回投资（年） | 2014—2015年平均净利率 | 2016—2021年平均净利率 | 2016—2021年平均投资回报率 |
|---|---|---|---|---|---|---|
| 美国卡默斯厂 | 8.9 | 5 | 15 | 17% | 17% | — |
| 新加坡厂（SSMC） | 7.5 | 6 | 9 | 38% | — | 26% |
| 中国上海厂 | 7.7 | 8 | 10 | 37% | 34% | 33% |
| 台积电整体 | — | — | — | 36% | 36% | — |

（数据来源：依据台积电历年财报提供的数据计算。）

台积电的这三个岛外工厂都是8英寸晶圆厂，投资金额也都差不多，美国卡默斯厂还会稍高一些。在美国这个全球最大芯片设计市场的支持下，美国卡默斯厂第5年就开始盈利。而中国上海厂则因为中国市场规模较小、设备老旧和产能不足等原因，到第8年才开始盈利。但美国卡默斯厂开始盈利后还要10年才能收回投资，而中国上海厂竟然在开始盈利后两年时间就收回了投资，这说明中国市场快速成长了起来，使得中国上海厂的盈利水平远超美国卡默斯厂。2016—2021年，美国卡默斯厂和中国上海厂的平均净利率分别是17%和34%，后者竟然达到前者的2倍。2023年1月12日的台积电法说会披露，在美建厂的建设成本约比在中国台湾地区建厂高出4～5倍。魏哲家对此也只能无奈地表示：台积电的海外毛利率一定会高于25%，从而确保海外能够获利。

从各项数据上看，台积电的新加坡厂的效益和中国上海厂差不多，也是很赚钱的。但因为新加坡不再以半导体产业立国，对半导体的支持力度大不如前，所以台积电不太可能再在新加坡加大投资。中国大陆既有快速成长的市场，又有低制造成本的竞争优势，自然成为台积电岛外投资地的最佳选择。台积电历来讲究产能聚集，它的97%的产能都集中在小小的台湾岛上。与之相比，被认为相当本地化的联华电子，四个12英寸晶圆厂却仅有一个落在台湾地区。如果没有政治干扰，仅从企业自身的利益出发，台积电来中国大陆建多个工厂、打造第二个产能聚集基地，

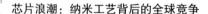

才是最合理的战略决策。

2021 年 4 月 22 日，台积电在南京厂新增投资 29 亿美元，进行了 28 纳米 4 万片晶圆产能的扩产。在此之前，因为市场上 28 纳米工艺产能严重过剩，台积电该工艺产能已经有 7 年未曾扩大。随着芯片荒的加剧，台积电的 28 纳米产能竟然也不够用了。台积电此次南京厂扩产所需的设备多数仍从台湾搬迁到大陆，扩产所需的资金主要来自南京厂自身的获利，这也说明该厂已拥有很强的获利能力。

需要指出的是，韩国半导体企业在中国大陆的投资要激进得多。三星电子仅在西安就累计投资超过 170 亿美元，建立了全球领先的存储芯片生产基地，创下三星电子海外投资规模的纪录，这也是外资在中国单一投资金额的最高纪录。如果加上手机等工厂，三星电子在华投资累计达到 460 亿美元。SK 海力士仅在无锡的存储芯片生产基地就累计投资约 200 亿美元，此外还在重庆投资 12 亿美元建封测厂，并用 90 亿美元收购英特尔的大连厂。中国大陆既不缺乏制造业的人才，也有庞大的内需市场，还有从设计、制造到封测的完整产业链，实际上才是最适合承接全球芯片制造业转移的区域。

抱怨归抱怨，2021 年 5 月，投资 120 亿美元的台积电凤凰城厂还是开工建设了，预计 2024 年量产 5 纳米工艺芯片，一期月产能为 2 万片晶圆。台积电"祭出"了从薪资到生活总计 12 项补贴和福利给外派凤凰城厂的员工，包括底薪翻倍、房租补助、公司租车给员工代步、签证补助、机票补助，还有子女学费补助、搬家补助、第一个月免费住宿、税金补助、语言进修补助，以及 3 年后公司将协助正式员工申请绿卡等。如此优厚的条件也反映出想去美国的人并不多，相比之下，前往中国大陆发展的台湾半导体人才可谓络绎不绝，而且往往把家都迁了过来，做好了再也不回头的思想准备。[①]

表面上看，台积电答应要在美国建最先进的工厂，但如果结合投产

---

① 据《商业周刊》中国台湾版 2019 年 12 月 5 日的报道，大陆半导体企业从台湾引进的技术人才已超过 3000 人。

时间线来看，台积电的长期工厂布局战略并没有改变：最先进的技术都放在中国台湾。按照台积电最新的规划，美国亚利桑那厂将于2024年生产4纳米工艺芯片，2026年生产3纳米工艺芯片，这两个工艺节点均比中国台湾工厂要落后一代。

据说，因为美国政府的施压，台积电计划3年投资390亿美元，总共在美建设6个晶圆厂。台积电承认"存在进一步扩建的可能性"，"但我们首先要加速完成第一阶段建设，然后根据运行效率、成本评估和客户需求来决定接下来采取的步骤"。影响晶圆厂投资的最大因素是补贴。不管是台积电、三星电子还是英特尔，如果没有收到实实在在的补贴，在美国本土的制造投资都很可能止步于第一期工程，甚至只是"摆姿态"。比如，三星电子的美国新厂，是美国迄今为止最大的一笔外国投资项目，经过不断讨价还价，直到2021年11月底才正式宣布落脚美国德州泰勒市。原本预计在2022年年中开始施工建设，实际上已推迟到2023年，很可能无法按计划于2024年下半年正式运营。

2021年10月1日，刘德音在接受美国《时代》周刊采访时抱怨，在美国建厂成本远高于台积电预期，这将会影响台积电未来3年千亿美元的投资计划。"我越看，越觉得资金还不够。"他承认，在美国的投资是由"我们客户的政治驱动"促成的。台积电将未来3年的投资计划上调至1120亿美元，2022年实际上已投入363亿美元。要知道，在过去的30多年，台积电总的资本投资也才1500亿美元左右。

## ⚙ 芯片价格大崩盘？

此轮全球芯片荒突显了芯片供应的脆弱性。全球芯片产值连年增长，芯片制造却有越来越集中的趋势。一方面是单体工厂的规模越来越大，中国台湾和韩国的单个晶圆厂的规模可达10年前的2倍；另一方面是芯片供应越来越集中在少数区域，比如中国台湾和韩国就集中了全球八成的晶圆代工及芯片出口业务，汽车芯片的供应也高度集中在美国、日本

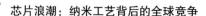

和德国等少数国家，这使得一些意外的自然灾害或人为疏失都能让芯片供应出现全球性的恐慌。为了防止芯片短缺危及本国支柱产业的发展，许多国家都开始重视芯片制造的本土化。美国出台了用于支持专门针对半导体产业而紧急拨款 520 亿美元的《美国创新与竞争法》。日本仅在 2021 年就拨款 1 万亿日元（约 90 亿美元）[①]支持芯片厂建设，其中 8000 亿日元用于台积电与索尼的合资厂。欧盟制订了"数字罗盘计划"，计划在未来两三年内斥资高达 1450 亿欧元，建立完整的半导体价值链，提高欧盟在全球半导体产业中的地位。

在发展半导体产业上最有雄心的，竟是小小的韩国。韩国半导体行业协会宣称，153 家韩国半导体企业计划在未来 10 年间总计投资不低于 510 万亿韩元（约 4500 亿美元）。

从美国、日本、欧洲各国到韩国，各主要发达国家政府都在推出与半导体相关的产业政策，借政府之力来推动半导体产业的发展。而中国台湾却仍然由民间资本主导半导体产业的投资。这也应验了国际经济秩序的一个重要规律：只有实力最强大者才强调自由市场竞争。最近几年，大幅度提升资本开支预算在台积电竟成了常态。2020 年，台积电原计划资本开支 150 亿~160 亿美元。在 5G 及高效能运算应用产业大发展的驱动下，芯片用量得到了很大的提升，台积电最后全年实际资本开支为 172 亿美元。整个 2020 年，台积电的产能利用率一直在 100% 以上，但仍然不能满足市场需求。2021 年 1 月，台积电公布的年度资本支出目标为 250 亿~280 亿美元，同比增幅达到 45%~63%，其中大约 80% 的资本支出计划用于 7 纳米以下先进工艺芯片的生产，10% 用于先进封装与光罩生产，10% 用于成熟特殊工艺。由于 5 纳米工艺芯片需求强劲，市场优于预期，台积电 2021 年实际资本支出达到 300 亿美元。

台积电如此巨额的资本开支，居然不需要股东出一分钱。台积电自 2009 年以来就基本上停止发行新股。凭借极佳的企业信誉，台积电的短

---

① 1 元新台币约合 4 日元，1 元人民币约合 16 日元，1 美元约合 110 日元。

期借款最高利率在 2019—2021 年分别为 2.22%、0.33% 和 0%，几乎是借钱不用付利息！长期借款的年利率也不超过 1%。借款利率这么低，台积电大可适度抬高财务杠杆，给股东创造更多的投资回报。

在此轮罕见的全球芯片荒中，几乎所有晶圆厂都在建新厂或扩大现有工厂的产能。2022 年芯片领域的全球总资本开支预计有望提升至空前的 1400 亿美元（截至本书完稿时，还无具体数据披露），几乎是 2009 年 261 亿美元最低点的 6 倍。与 2021 年的 1070 亿美元相比，全球总资本开支年增长率达到 31%。领跑的台积电、三星电子和英特尔三家企业仍然占了总投资额的一半以上。其中，晶圆代工产业 2022 年度资本开支超过 500 亿美元，年增 43%，更是大大超过半导体产业的整体水平。

在全球芯片行业迎来投资热潮的同时，我们也不要忘了"张忠谋定律"，大高潮之后必将迎来大低谷。一个新晶圆厂从开始建设到投入量产需要 2 年左右时间，等到 2 年后这些新建产能投产时，行业却很可能走向衰退，芯片制造业将面临产能严重过剩的现实。芯片制造商们不是没有看到芯片过剩的危险，但他们认为，与供应过剩相比，缺乏产能的危险更大。如果产能过剩，制造商可以减产并承受财务损失。相比之下，产能不足则意味着可能会错过市场增长周期，以及由此带来的学习曲线平缓和成本降低的好处。所以，他们不得不拼命砸钱，反正泡沫不到破灭的时候就不是泡沫。张忠谋也曾经表示，芯片制造业总在供不应求或供过于求间摇摆；如果要选择，台积电宁可选择产能过剩，保留 10% ~ 15% 的预备产能以应对需求激增的状况。

处于技术领先地位的台积电最不担心产能过剩。台积电在先进工艺产能上投资越多就能赚得越多，因为它不是在被动接受价格，而是价格的制定者。台积电内部规划 2030 年要挑战营收 1000 亿美元，相当于未来 10 年的营收要翻倍。考虑到 SEMI 和 IBS 都认为全球半导体市场届时将达到 1.2 万亿美元，台积电的这个目标并不过分。在 2020 年和 2021 年，台积电的营收占全球半导体产值均为 9.9%。为了达到营收千亿美元的目标，台积电已规划了 20 多个工厂的建设。台积电自豪地宣称：凭借着在先进工艺技术上的领先、广泛的特殊工艺技术组合、三维集成电路解决方案、无与伦比的制造能力及与客户深入的合作伙伴关系，台积电正处于绝佳的位置，能够掌握未来几年产业大趋势。张忠谋的口头禅"让对手永远追不上"，仍然被台积电视作企业根本战略。台积电的三大制胜法宝是：技术领先、制造卓越和客户关系。在这三个方面，台积电都挖出了宽阔的护城河。至少在 5 年内，我们视线所能及的地方，还没有竞争对手能够对台积电构成威胁。

# 第十五章　世界上最重要的公司

## ⬢ 3 纳米级别的较量

三星电子的 5 纳米工艺仅比台积电晚了约一个季度量产，5 纳米及以下工艺的战局只剩下台积电和三星电子，英特尔只能遥遥观望。5 纳米工艺的下一代是 3 纳米工艺，一片采用 3 纳米工艺的晶圆的代工售价约 3 万美元，接近采用 5 纳米工艺的 2 倍。过去，一直有人质疑，除了苹果、高通，还有谁用得起，或者说需要用昂贵无比的 3 纳米工艺芯片？

早在 2019 年，微软执行副总沈向洋在台湾半导体协会的年会上发表演讲时就声称："在 AI 的世界，计算能力永远是不够的（Computing power is never enough）。"随着 5G 和人工智能的进一步发展，高效能运算和物联网在台积电的业务中必然会占有越来越重要的地位。5G 基站的持续部署、数据中心专用人工智能服务器需求的增长及新一代游戏机的销量上升等，这些都需要大量最先进的 CPU、GPU、网络处理器、人工智能加速器以及相关的特殊应用芯片，并将驱动整体高效能运算平台向更丰富的半导体含量与更先进工艺技术迈进。如果说数据是新的石油，那么人工智能就是新的电力。为了与时俱进，台积电干脆把原先常挂在

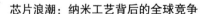

嘴边的"高效能运算"改成了"人工智能"，不再提"HPC"，而是张口闭口就说"AI"。在 5G 和人工智能的时代，需要 3 纳米技术的，将是每一家公司。

能够与台积电抢占 3 纳米技术制高点的，目前只有三星电子。三星电子打算在 3 纳米阶段就导入全新的绕式栅极晶体管（Gate-All-Around FET，GAAFET）。FinFET 的沟道被栅极三面包裹，GAAFET 则更进一步，其沟道由几条平行的硅纳米线组成，每条纳米线都被栅极四面完全包围，这能进一步改善栅极对电流的控制。借着重新设计芯片底层结构，三星电子预计其 3 纳米 GAAFET 与 7 纳米 FinFET 相比，可让芯片尺寸缩小45%、性能提升 30%、电力消耗减少 50%。台积电研发 GAA 结构其实已有十多年，但在权衡技术成熟度、性能和成本等因素后，台积电的 3 纳米工艺在首发时还将沿用 FinFET 方案。三星电子则比较激进，打算领先一步将 GAAFET 技术应用于 3 纳米工艺的制造。由于在 7 纳米和 5 纳米工艺上，三星电子的进度都落后于台积电，三星电子期望能够在 3 纳米工艺上实现换道超车，就像当年它希望在 7 纳米工艺上抢先应用 EUV 光刻技术一样。三星电子的 3 纳米 GAAFET 到 2021 年 6 月才实现流片，比台积电晚了一个季度，当时被业界认为要推迟到 2023 年才能量产。事实上，2022 年 6 月 30 日，三星电子就宣布 3 纳米工艺量产。

台积电直到 2022 年 12 月 29 日才宣布 3 纳米工艺量产，看似比三星电子要晚上半年，但业内普遍认为三星电子属于"赶鸭子上架"，工艺还未成熟，仅仅实现了小规模量产，而且首批搭载 GAA 晶体管架构的 3纳米工艺芯片良品率极低，只有 10%~20%[①]。而台积电往往在良率达到80% 以上时才会宣布量产。台积电 3 纳米工艺量产 3 个月后达到了 4.5 万片晶圆的单月产能，2023 年内有望达到 10.5 万片。

以往，最先进的芯片工艺会在第一时间用在智能手机的 SoC 芯片上，苹果、高通、三星电子、海思、联发科等芯片大厂都不惜花费重金争夺

---

① 参考《中国电子报》2023 年 1 月 14 日发表的《台积电预测：2023 年半导体市场将下滑 4%》一文，作者姬晓婷、沈丛。

最先进工艺芯片的产能。手机芯片"吃过"一轮后，才轮到电脑和服务器的 CPU、GPU、FPGA 和矿机芯片等高效能运算芯片第二波冲锋。再往后，先进工艺变得成熟，才会被应用到存储器等其他种类的芯片上。台积电 5 纳米工艺芯片的第一拨大客户是苹果、海思和高通，第二拨则轮到超威和比特大陆。由于量产时间太晚，2022 年上市的 iPhone 新款采用的还是台积电的 5 纳米和 4 纳米工艺。

GAAFET 技术还有许多难题需要攻克。鲜为人知的是，摩尔曾经提出警告，比落后摩尔定律更危险的是超前摩尔定律。落后摩尔定律，还有可能吃到一些剩饭；超前摩尔定律，很可能会输到血本无归。三星电子在 7 纳米工艺上过早推出 EUV 光刻技术，已经是在超前摩尔定律上输了一次，这回依然不吸取教训，又想提前导入 GAAFET 技术。三星电子是否还会因技术迟迟无法突破而痛失 3 纳米芯片市场，在超前摩尔定律上再次碰壁呢？

在台积电与先进工艺抢跑的同时，三星电子在半导体产业上的投资也层层加码。2019 年 4 月，三星电子发表"半导体愿景 2030"，宣布要在 2030 年前投入 1150 亿美元，打败英特尔和台积电，达到非存储器半导体业务世界第一的目标。2021 年 5 月，为了响应文在寅总统的"K 半导体策略"，三星电子计划投入 171 兆韩元（约 1510 亿美元）发展非存储器半导体业务，这较它两年前的计划资金增加超过 30%。而这还远不是最高潮。仅仅 3 个月后，获得假释出狱的李在镕宣布未来 3 年向生物制药、人工智能、半导体和机器人等领域投入 240 兆韩元（约 2056 亿美元）。李在镕还将 C 端手机与消费电子事业部合并，并全面撤换了事业部的主管，破格提升了 8 名 40 多岁的副社长，调整力度之大前所未有。李在镕要用一批新鲜血液来提高三星电子半导体业务的竞争力，并稳固自己对三星电子的统治。

按照各一线晶圆大厂原定的先进工艺技术路线图，2021 年计划量产的有台积电的 5 纳米 + 工艺、三星电子的 4 纳米工艺、英特尔的 10 纳米 ++ 工艺和中芯国际的 7 纳米工艺。事实上，只有台积电的 5 纳米 + 工艺（即

N5P）按计划量产，用在苹果 iPad mini 6、iPhone 13 系列等产品的 A15 仿生处理器上。三星电子调整了路线图，打算跳过 4 纳米，由 5 纳米直奔 3 纳米。英特尔首款应用 10 纳米 ++ 工艺的 Sapphire Rapids"蓝宝石激流"处理器经多次延期后，终于在 2023 年 1 月 10 日发布，计划在 2023 年第二季度量产。截至本书完稿的 2023 年 1 月底，尚未看到中芯国际公布 7 纳米工艺的新量产时间表。如表 15-1 所示是全球六大晶圆厂当下的先进工艺路线图。

表15-1　全球六大晶圆厂当下的先进工艺路线图

| 年　份 | 台　积　电 | 三星电子 | 英　特　尔 | 格罗方德 | 联华电子 | 中芯国际 |
|---|---|---|---|---|---|---|
| 2011 | 28纳米 | | | | | |
| 2012 | | 28纳米 | 22纳米 | | | |
| 2013 | | | | 28纳米 | | |
| 2014 | 20纳米 | 20纳米 | | 20纳米 | 28纳米 | |
| 2015 | 16纳米 | 14纳米 | 14纳米 | 14纳米 | | 28纳米 |
| 2016 | | 14纳米+ | | | | |
| 2017 | 10纳米 | 10纳米 | | 10纳米 | 14纳米 | |
| 2018 | 7纳米 | 8纳米 | | 12纳米以下（搁置） | | |
| 2019 | 7纳米+ | 7纳米<br>6纳米 | 10纳米 | 7纳米以下（搁置） | | 14纳米 |
| 2020 | 5纳米<br>6纳米 | 5纳米 | 10纳米+ | | | 14纳米+ |
| 2021 | 5纳米+ | | | | | |
| 2022 | 4纳米<br>3纳米 | 3纳米？ | | | | |
| 2023E | | | 10纳米++<br>7纳米 | | | 7纳米？ |
| 2024E | 2纳米 | | | | | |

（说明：英特尔的 22 纳米工艺相当于台积电和三星电子的 16/14 纳米工艺，14 纳米工艺相当于后两者的 10 纳米工艺，10 纳米工艺相当于后两者的 7 纳米工艺，7 纳米工艺相当于后两者的 5 纳米工艺。）

## 🔲 从 2 纳米到 1 纳米

3 纳米工艺的战场鏖战正酣，2 纳米工艺的战场也已狼烟滚滚。2021

年 5 月 6 日，业界传出一个让人震惊的消息：IBM 推出了世界上首个 2 纳米工艺制造技术。2 纳米工艺相当于在指甲大小的芯片上容纳多达 500 亿个晶体管，该技术可能比当今笔记本电脑和智能手机主要应用的 7 纳米技术运算速度快 45%，且能效提高 75%。这意味着"充一次电可以支持 iPhone 使用 4 天"。IBM 预计 2 纳米工艺的最早生产时间是 2024 年年末至 2025 年年初，此后过渡到量产，逐渐爬坡。[①]

IBM 的 2 纳米技术是由其奥尔巴尼研究中心与三星电子、英特尔联合开发出来的。值得关注的是，IBM 的 2 纳米工艺采用的是 GAA 架构，而三星电子 3 纳米工艺所采用的 GAA 架构正来自 IBM 的授权。既然 IBM 能用 GAA 架构做出 2 纳米工艺芯片，三星电子 3 纳米 GAA 架构的可行性也毋庸置疑，这很可能会加速三星电子 3 纳米 GAA 架构芯片商品化的进程。也正是基于 IBM 的 2 纳米技术的支持，英特尔才敢于宣称将于 2024 年量产 20A 埃工艺（相当于台积电的 2 纳米工艺）。

有意思的是，在 IBM 全球首发 2 纳米技术的新闻发布后，台积电的股价不跌反涨。无人相信这会动摇台积电的制造优势。2 纳米工艺新技术不仅需要设计工具、搭配以知识产权为核心的生态系统，还需要检验量产成品率、生产成本及客户的接受度。台积电已经纵横全球专业晶圆代工市场 30 多年，拥有多元化且稳定的客户群，外加相当成熟的供应链体系。这些优势令台积电在快速提升成品率、降低生产成本和缩短新工艺研发周期等方面的能力无人可比。台积电早在 2019 年就开始研发 2 纳米技术，2021 年在 GAA 架构上也取得了重大突破，预计将在 2025 年实现 2 纳米工艺的量产。台积电还在台湾新竹县宝山乡的 2 纳米厂旁边建立了一个新的可容纳 8000 名工程师的研发中心，用来从事未来 20 至 30 年的科技、材料研发及对半导体产业的基础研究。"这将是类似于贝尔实验室的研发中心。"出身于贝尔实验室的刘德音如此期许。

IBM 官宣 2 纳米技术没几天，台积电就宣布取得 1 纳米以下工艺研

---

① 参考《第一财经日报》2021 年 5 月 7 日发表的《IBM 发布 2 纳米芯片 手机充一次电可用四天》一文，作者钱童心。

发的重大突破。1纳米已逼近硅的物理极限，半导体界一直在寻找可解决高电阻、低电流问题的二维材料来替代硅，寻找能更好解决漏电、发热问题的介电质材料来替代铜。经过台积电与台湾大学、麻省理工学院一年半的合作，三方携手研发出半导体新材料。首先是麻省理工学院团队发现，用仅 1 ~ 3 层原子厚度的二硫化钼二维材料搭配半金属铋接触电极能大幅降低电阻，提升电流传输效率。然后，台积电技术研究部门完成对铋沉积工艺的优化。最后，台湾大学团队运用氦离子束光刻系统将元件通道成功缩小至纳米尺寸，终于取得了突破性的研究成果。用新材料制成的芯片，效能不但与硅基芯片相当，而且有与目前主流硅基技术相容的潜力，有助于突破摩尔定律的极限。

在台积电1纳米技术取得重大突破的背后，是台积电在全球范围内长期与多所大学进行广泛和深入的合作。自 2013 年起，台积电与与台湾四所大学——台湾交通大学、台湾大学、成功大学及台湾清华大学合作，相继成立四所研发中心，超过 1000 位电子、物理、材料、化学、化工及机械工程领域的顶尖教授及学生，参与了尖端的半导体技术相关研究。此外，台积电也与擅长半导体高科技的斯坦福大学、麻省理工学院和加州大学伯克利分校进行合作，专注于颠覆性创新的晶体管、导线、材料、模拟及设计技术的研究。台积电还推出了"大学晶圆快捷专项计划"（TSMC University Shuttle Program），将先进的硅工艺技术提供给全球顶尖大学的杰出教授和学生使用，以促进创新的微型电路设计理念出现。

"工欲善其事，必先利其器。"台积电要想实现 1 纳米工艺，还要得到阿斯麦的支持。阿斯麦预计其数值孔径高达 0.55 的光刻机将在 2025—2026 年得到大规模应用，差不多正处于 1 纳米工艺试产阶段。被阿斯麦挖去做了全球副总裁兼技术开发中心主任的严涛南表示："虽然 3D 对工艺的整合正在发生，但是对 2D 平面芯片的面积进行微缩仍至少可以持续 10 年的时间。"阿斯麦预测，到 2030 年左右将会有集成 3000 亿个晶体管的芯片出现。芯片制造设备中重要性仅次于光刻机的是刻蚀机。中微半导体董事长尹志尧表示，当等离子刻蚀机可以达到一两个原子级别的精确度时，实现 1 纳米工艺没有问题。

## ⚙ 摩尔定律的终点

那么，摩尔定律的终点到底会在哪里呢？

2016 年的时候，张忠谋曾表示，摩尔定律全停在 2 纳米上，停止的时间点可能会在 2025 年左右。这也暗示了当时台积电对 2 纳米工艺的突破并无把握。到了 2019 年年底，记者再问张忠谋：还坚持他当年的末日预言吗？他笑眯眯地回答，自己已经不再预测摩尔定律的停止时间，"这要怎么说呢，就是'山重水复疑无路，柳暗花明又一村'"。如果按照 IMEC 最新出台的技术路线图，2025 年对应 14 埃、2027 年对应 10 埃、2029 年对应 7 埃，摩尔定律从 2021 年算起至少还有 8 年的寿命。英特尔计划在 2024 年之前完成埃级芯片的设计。湖南大学研发出垂直场效应晶体管（Vertical Field Effect Transistors，VFET）：将晶体管做垂直排列，沟道位于底部电极与顶部电极之间，沟道长度仅取决于二硫化钼材料的厚度，最短可达到单原子厚度——6.5 埃。[1]IBM 和三星电子也公布了与湖南大学相似的晶体管设计，声称该技术可比 FinFET 晶体管快 2 倍或将功耗降低 85%。按照台积电首席科学家黄汉森的预测，晶体管到 2050 年可以做到 0.1 纳米的尺度，约等于氢原子的大小。

刘德音表示，台积电有信心做到 1 纳米以下的工艺，将继续挺进埃世代。18 埃新厂已锁定中科园区旁的台中高尔夫球场用地，规划中的 18 埃 2 厂面积近 100 公顷，总投资金额达 8000 亿元至 1 兆元新台币，预计在 2026—2027 年实现量产。台积电各工艺量产时间如表 15-2 所示。

---

[1]　2022 年 2 月 8 日，拜登政府将 33 个中国实体列入美国商务部的"未经核实名单"，对这些实体从美国出口商获取产品实施新的限制，并要求希望与这些中国公司做生意的美国公司进行额外的调查。湖南大学是这 33 个被制裁的中国实体之一。

表15-2 台积电各工艺量产时间

| 世　代 | 工艺节点 | 量产时间 | 技术突破点 | 备　注 |
|---|---|---|---|---|
| 微米 | 1.5 | 1988年12月 | | |
| | 1.2 | 1989年5月 | | |
| | 1.0 | 1991年1月 | | |
| | 0.8 | 1992年1月 | | |
| | 0.6 | 1993年4月 | | |
| | 0.5 | 1994年9月 | | |
| | 0.35 | 1996年8月 | | |
| | 0.3 | 1997年 | | |
| | 0.25 | 1998年年初 | | |
| | 0.22 | 1999年年初 | | |
| | 0.18 | 1999年第一季度 | 铜工艺技术 | |
| | 0.15 | 2000年年初 | | |
| | 0.13 | 2001年 | | |
| 纳米（2D晶体管） | 90 | 2004年年底 | 浸没式光刻技术 | |
| | 65 | 2006年 | | |
| | 45 | 2007年 | | |
| | 28 | 2009年 | | |
| | 20 | 2011年10月 | 双重曝光技术 | |
| | 22 | 2014年1月 | | 属于28纳米系列 |
| 纳米（3D晶体管） | 16 | 2015年第三季度 | FinFET技术 | |
| | 10 | 2017年4月 | | |
| | 12 | 2017年下半年 | | 属于16纳米系列 |
| | 7 | 2018年4月 | | |
| | 7+ | 2019年 | EUV光刻技术 | |
| | 5 | 2020年5月 | | |
| | 6 | 2020年年底 | | 属于7纳米系列 |
| | 4 | 2022年下半年 | | 属于5纳米系列 |
| | 3 | 2022年12月 | | |
| | 2 | 预计2025年 | GAAFET技术 | |
| 埃 | 18 | 预计2026—2027年 | | |

从严格意义上说，摩尔最初阐述的摩尔定律——硅晶体管密度每18～24个月翻一番，确实是难以为继了。事实上，也没有哪一种指数增长是可以一直延续下去的。另外，我们也应看到，摩尔定律也是一个经济

规律。如果芯片的投入产出比失去经济意义，再强大的芯片被设计出来后也没有人会用。先进工艺芯片的研发和生产成本在飞速增长，芯片性能的提升速度却在放缓。依据台积电 2021 年 4 月 27 日官方公布的技术路线图，与 7 纳米工艺相较，5 纳米工艺可以带来 15% 的性能提升和 30% 的功耗降低；相对于 5 纳米工艺来说，3 纳米工艺的性能仅提升了 10% ~ 15%，能耗降低了 25% ~ 30%。芯片投入产出比的持续下降，迟早也会将摩尔定律压垮。

要不断提升芯片性能，还可以靠提高功能密度、先进封装技术等实现，不一定只有硅晶体管的尺寸线性缩小一种途径。正如刘德音所说的："过去摩尔定律靠密度，现在半导体进展不只靠工艺微缩，不再以线宽尺寸度量，而是以逻辑运算密度或运算能力作为进步指标。"所以从广义上来说，摩尔定律并没有死，也不会死。

如今，台积电采用先进封装技术 SoIC，在垂直堆叠的芯片之间能够用 TSV 技术实现每平方毫米约 10 万个互连，未来将朝着每平方毫米 100 万个互连的方向发展。芯片间互连密度的提高可改善芯片之间的通信带宽，促进芯粒异构集成技术的持续进步。为此，台积电提出了一个"三维互连密度"（3DID）的路线图：为了满足能效性能（Energy Efficiency Performance，EEP）指数级增长的需要，3DID 必须每两年翻一番。"这可视为摩尔定律的 2.0 版本。"余振华说。事实上，让芯片达到能够模仿人类大脑的水平，依靠摩尔定律 1.0 版本是做不到的，必须依靠摩尔定律 2.0 版本的 3D IC 封装等技术。

## ⌗ "我们就能击败硅"

更何况，科技发展的一个基本规律是永远有新的路径可走。比如，对于能源方面，化石能源迟早会消耗干净，但科学界有足够的信心用各种绿色能源来替代化石能源，科技进步一定能保证新能源用之不竭而且越来越便宜。芯片技术也是一样的。胡正明认为"没有看到有其他任何东西可以

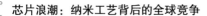

取代半导体",可以看到的是仍然有"很多可以帮半导体前进的东西","我觉得半导体再发展一个世纪都是可以的"。"摩尔定律"一词的命名者和推广者卡弗·米德认为："当你觉得一条学习曲线空气稀薄，在某处总会有一个突破口，但突破口永远不在你正在思考的位置。我们永远无法明了，直到下一个令人激动的大概念真正出现。但总会有一个它等在那里。"黄汉森也表示"技术的发展更像是走隧道"，"（技术）如同隧道一样都会有出口，而且你会发现出去后有很多道路可以选、可以走"。

比如，量子计算机或许就是下一个大概念。量子计算机能完成超高速的运算任务，已被全球科技界公认是未来发展的关键趋势，将给人工智能、医疗、区块链与军事通信等领域带来革命性的突破。中国科技大学开发出来的量子计算机"九章"，可用短短数分钟完成全球排名第三的超级计算机花 20 亿年才能完成的超难运算任务，比谷歌量子计算机要快上 100 亿倍。但目前量子技术仍很难操控，设备造价也很高昂，要真正落实、应用，还有很长一段路要走。量子计算机已成为中美等大国的战略技术发展核心，每年投入的资金都能达到数百亿美元的规模。不过，即使是量子计算机，未来肯定还是不能完全脱离半导体材料，而台积电对半导体材料的掌握程度可以说是全球数一数二的。若量子计算机真的能够流行，那么台积电同样能从中获得好处。这也是刘德音能自信地认为台积电在量子计算机时代也不会缺席的原因。

再如碳纳米材料。既然硅都能够思考，碳就更应该可以。碳纳米管和石墨烯分别是由碳原子形成的一维和二维纳米材料。碳纳米管的强度比同体积的钢高 100 倍，重量却只有后者的六分之一到七分之一，因而被称为"超级纤维"，可做成沟道来连接晶体管的源极与漏极。石墨烯被认为是目前世界上最薄、最坚硬的纳米材料，也是世界上电阻率最低的材料，有望用于发展更薄、导电速度更快的新一代电子元件或晶体管。北京大学电子系教授彭练矛认为："碳纳米管晶体管比同尺寸的硅基晶体管速度快 5 ~ 10 倍，功耗只有后者的十分之一。"半导体产业界一直在积极探索用碳纳米管晶体管（以下简称"碳管"）来替代硅基晶体管。

但碳管也存在一系列设计、制造和功能上的问题，比如碳管非常小，难以通过掺杂少量其他元素来形成 P 型或 N 型半导体。另外，制作电子元器件需要将晶体管放置在极其精确的位置上，现在还没有掌握让碳管在特定位置生长的方法。国内外科学家正在努力解决这些技术难题，台积电就与加州大学圣地亚哥分校合作研究用二氧化铪和氧化铝来做碳管的栅极与沟道之间的绝缘层。黄汉森表示："我们正在一件一件地搬除障碍。如果能把所有解决方案组合在一起，我们就能击败硅。"如果未来真有那么一天，碳管能取代硅管，那不仅意味着摩尔定律的续命，还意味着中国大陆半导体产业界将有通过碳管来换道超车、改变硅管技术落后局面的机会。

　　未来 10 年，信息产业的发展前景仍然会激动人心。业界预测，VR（虚拟现实）会取代电脑，AR（增强现实）会取代手机，虚拟与现实整合为一体的元宇宙也可能会实现。全球经济的发展要看信息产业，信息产业的发展要看半导体产业，半导体产业的发展要看台积电等领军企业。台积电拥有我们这个蓝色星球上最先进、最强大的芯片制造技术，它在超越英特尔以后，就驶入了无人区，肩负着将摩尔定律推进到埃时代的历史使命。即使摩尔定律走向终结，在超越摩尔的时代，台积电也将扮演着一个非常重要的角色。芯片是数字世界的燃料，而最重要的一部分燃料仅有台积电一家公司能够供应。美国金融研究公司 InvestorPlace 撰文指出："毫不夸张地说，台积电是世界上最重要的公司——它在制造上的优势，造就了这样的地位。"

## 台湾地区经济的火车头

　　近几年，全球专业晶圆代工厂的排名座次相当稳定。如图 15-1 和图 15-2 所示，以 2021 年第二季度为例，排名第一的台积电占据 53% 的市场份额；排名第二的三星电子仅占据 17%，不到台积电的三分之一；第

三名和第四名的联华电子和格罗方德份额接近，加起来与三星电子相当；第五名的中芯国际为 5%，再往后的企业基本可以忽略不计（来自集邦咨询 TrendForce 数据）。如果只计算 7 纳米及以下最先进的工艺，台积电的市场占有率可达到恐怖的九成以上。

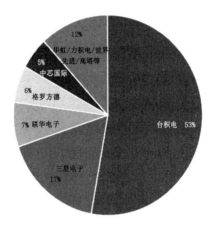

图15-1　2021年第二季度全球专业晶圆代工厂前五强市场份额

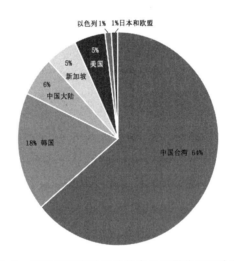

图15-2　按工厂所在地划分的专业晶圆代工厂市场份额

（数据来源：集邦咨询 TrendForce，2021 年第二季度。）

信息产业盛行"赢家通吃"的残酷法则，天然具有很强的垄断性质。排名第一的厂家往往拥有一半以上的市场份额，排名第二的厂家还可以拥有百分之十几的地盘，再往下的厂家的市场份额就很可怜了。更可怕的是，行业领头羊往往还会"吃掉"行业的大部分利润。芯片先进工艺要求的研发和产线投资非常高昂，谁最先取得量产突破，谁就可以利用其在市面上唯一供应商的技术优势快速大量出货，不仅可以用高价格赚取高额代工利润，还可以率先对产线进行快速折旧。当市场的跟随者实现该工艺技术的突破时，市场领先者已经掌握更先进的工艺并完成了现有成熟工艺的折旧，那么就可以将成熟工艺降价，迫使市场跟随者陷入价格战而损失利润，从而保持自己的领先优势。台积电的产品议价能力强、产品结构高端，毛利率比其他晶圆代工厂高出 20% ~ 30%，极强的盈利能力又支撑台积电在研发和生产上投入更多的资源，从而放大领跑优势。所以，如果市场已经成熟，除非是换道超车，否则落后者要追赶上领先者会非常困难。不独晶圆代工产业，整个信息产业都是如此。

台积电的折旧周期为 5 年，而"张忠谋定律"所谓的全球半导体产业的景气循环周期也是 5 年，这似乎不是巧合。台积电在行业低谷期用两年左右的时间建厂，工厂建好时就到了行业高潮期。客户在行业高潮期对高价格不太敏感，台积电可以从容地对投资进行折旧。到下一个行业低谷期时，台积电正好完成折旧，然后就可以用没有折旧的最低价格与竞争对手展开白刃战，让竞争对手没有利润，无力负担下一轮的研发和资本开支。

在晶圆代工领域，无论是生产规模还是技术工艺，台积电都拥有绝对优势。台积电加上联华电子、世界先进、力积电，中国台湾企业在这块千亿美元的大蛋糕中稳占接近三分之二的份额。台湾晶圆代工产业的发达，又对台湾地区半导体产业上下游的原料、设备、设计和封测等行业提供了有力的支持。如今，中国台湾的芯片设计市场份额仅次于美国（进入全球前十的有联发科、联咏、瑞昱），芯片封测市场份额则位居全球第一（进入全球前十的有日月光、矽品、力成、京元电和欣邦），环球晶圆在硅晶圆市场上排名全球第三，南亚科则在内存市场上排名全球第四。

台积电 2022 年营收高达 759 亿美元，同比大增 34%。高达 60% 的毛利率是历史上前所未有的，净利率也达到了 45%。利润率上升既是因为全球芯片短缺带来的晶圆平均单价提高，也是因为 16 纳米及以下先进工艺

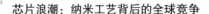

营收占比增加。台积电有 66% 的晶圆代工营收来自先进工艺技术，仅 5 纳米工艺的营收占比就急剧增加 7%，上升到了 26%。在台积电各主要业务板块中，高效能运算、智能手机、物联网和汽车芯片的营收分别占 41%、39%、9% 和 5%。智能手机业务的占比正在萎缩，其余都在增长。由于基数小，汽车芯片业务增长速度高达 74%，大大超过第二位的高效能运算业务的 59%。台积电的总产量达到 1418 万片晶圆（12 英寸约当量），如果将这些晶圆一字排列，足以纵跨中国，从漠河排到三亚。台积电 2022 年资本支出 363 亿美元，同比增长 21%。

台积电是台湾地区名副其实的经济火车头。由于新冠疫情控制得力及全球半导体产业大热，台湾地区的 GDP 逆势而上。如图 15-3 和表 15-3 所示，中国台湾 GDP 在 2022 年的增长约 4.9%，达到 22.71 万亿元新台币。如果将这个地区 GDP 放进世界各地排名中，可以排在第 22 位。台积电一家企业的营收，就占了台湾地区 GDP 的 10% 左右。在台积电的引领下，半导体产业成为台湾地区经济发展最重要的支柱，2022 年总产值突破 4.8 万亿元新台币（来自中国台湾"工业技术研究院"数据），占中国台湾 GDP 的 21% 左右，占全球半导体总产值的比重上升到 28%（来自 SIA 数据），仅次于美国。与台积电成立那年相比，台湾地区的人均 GDP 增长近 6 倍，2022 年达到 3.3 万美元。

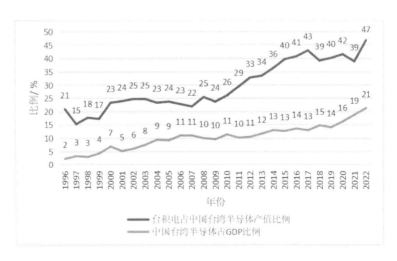

图15-3 台积电及半导体产业对中国台湾GDP的重要性

表15-3　台积电及半导体产业对中国台湾GDP的重要性

| 年　　度 | 台积电营收（亿元新台币） | 中国台湾半导体产值（亿元新台币） | 中国台湾GDP（亿元新台币） | 台积电占中国台湾半导体产值比例 | 中国台湾半导体占GDP比例 | 台积电占中国台湾GDP比例 |
|---|---|---|---|---|---|---|
| | ① | ② | ③ | ④=①/② | ⑤=②/③ | ⑥=①/③ |
| 1996 | 394 | 1882 | 80366 | 20.9% | 2.3% | 0.5% |
| 1997 | 439 | 2870 | 87172 | 15.3% | 3.3% | 0.5% |
| 1998 | 502 | 2834 | 93811 | 17.7% | 3.0% | 0.5% |
| 1999 | 731 | 4235 | 98156 | 17.3% | 4.3% | 0.7% |
| 2000 | 1662 | 7144 | 103513 | 23.3% | 6.9% | 1.6% |
| 2001 | 1259 | 5269 | 101582 | 23.9% | 5.2% | 1.2% |
| 2002 | 1610 | 6529 | 106809 | 24.7% | 6.1% | 1.5% |
| 2003 | 2019 | 8188 | 109659 | 24.7% | 7.5% | 1.8% |
| 2004 | 2560 | 10991 | 116496 | 23.3% | 9.4% | 2.2% |
| 2005 | 2646 | 11179 | 120923 | 23.7% | 9.2% | 2.2% |
| 2006 | 3174 | 13928 | 126408 | 22.8% | 11.0% | 2.5% |
| 2007 | 3226 | 14700 | 134071 | 21.9% | 11.0% | 2.4% |
| 2008 | 3332 | 13103 | 131510 | 25.4% | 10.0% | 2.5% |
| 2009 | 2957 | 12497 | 129617 | 23.7% | 9.6% | 2.3% |
| 2010 | 4195 | 16160 | 141192 | 26.0% | 11.4% | 3.0% |
| 2011 | 4271 | 14531 | 143122 | 29.4% | 10.2% | 3.0% |
| 2012 | 5063 | 15454 | 146869 | 32.8% | 10.5% | 3.4% |
| 2013 | 5970 | 17825 | 152307 | 33.5% | 11.7% | 3.9% |
| 2014 | 7628 | 20935 | 161119 | 36.4% | 13.0% | 4.7% |
| 2015 | 8435 | 21240 | 167707 | 39.7% | 12.7% | 5.0% |
| 2016 | 9479 | 23252 | 170855 | 40.8% | 13.6% | 5.5% |
| 2017 | 9775 | 22757 | 174400 | 43.0% | 13.0% | 5.6% |
| 2018 | 10315 | 26300 | 177700 | 39.2% | 14.8% | 5.8% |
| 2019 | 10700 | 26634 | 189000 | 40.2% | 14.1% | 5.7% |
| 2020 | 13393 | 32200 | 197600 | 41.6% | 16.3% | 6.8% |
| 2021 | 15874 | 40800 | 216500 | 38.9% | 18.8% | 7.3% |
| 2022 | 22639 | 48370 | 227100 | 46.8% | 21.3% | 10% |

（数据来源：台积电财报、中国台湾资策会产业情报研究所、半导体工业年鉴、中国台湾"工业技术研究院"产业资讯服务网等。）

芯片是台湾最重要的出口商品，为台湾贡献了大量的贸易顺差和外汇储备。台积电一家企业就贡献了台湾对岛外贸易输出额的 11%。① 中国大陆是全球最大的芯片进口地区，拜芯片贸易的不平衡所赐，中国台湾、韩国、日本和德国这些主要的芯片生产国家和地区对中国大陆的贸易都处于顺差状态。大陆也是台湾的最大贸易输出市场和最大贸易顺差来源。2020 年 10 月底，中国台湾外汇储备正式站上 5000 亿美元大关，仅次于中国大陆、日本、瑞士及印度。②2021 年，台湾对大陆的贸易输出额达 1889 亿美元，创历年新高，同比增长 25%，占台湾总贸易输出额的 43%。大陆给台湾贡献了 1047 亿美元的贸易顺差。③

需要注意的是，台积电来自大陆的营收却在下降。从 2017 年开始，大陆超过台湾，成为台积电的第二大市场，2021 年又掉到了第三大市场。受美国制裁华为的影响，台积电 2020 年度来自中国大陆的营收增长仅为 6%，远低于美国的 29% 和中国台湾的 53%。2021 年，台积电来自中国大陆的营收竟变为负增长 30%，来自美国和中国台湾的营收则分别增长了 24% 和 72%。2021 年，北美、中国台湾和中国大陆为台积电前三大市场，占比分别为 65%、14% 和 10%。这个比例也大致反映了全球芯片设计市场的分布情况，如图 15-4 所示。

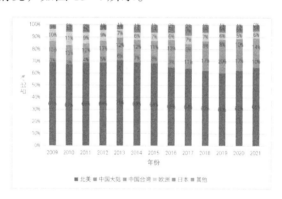

图15-4　台积电按区域划分的市场变化（2009—2021年）

---

① 台湾地区行政管理机构"主计总处"统计，2021 年 GDP 为 21.65 万亿元新台币。台湾地区财政事务主管部门统计，2021 年出口总额 4466 亿美元。台积电的岛外营收为 489 亿美元，占比 11%。

② 参考《海峡导报》2020 年 11 月 6 日发表的《台湾外汇储备超 5000 亿美元，来自大陆的贸易顺差成为重要来源》一文。

③ 参考新华社台北发布的《2021 年台湾对大陆市场出口值创新高》一文，作者何自力、徐瑞青。

台积电还是台湾股市的脊梁。截至本书完稿的 2023 年 1 月底，台积电的市值为 4502 亿美元，是同期英特尔市值的 3.6 倍，超过台湾整个股市总值的三成。台股市值前十大企业的另外九家，市值加总也不到台积电的一半。台积电的市值有望在 2024 年左右突破 1 万亿美元大关。连很少投资科技股的巴菲特都在 2022 年第三季度斥资 41 亿美元购买了台积电股票，并成为第五大股东。

## 🔲 亚洲半导体的发展模式

台湾半导体产业的崛起并非偶然。二战后，日本、韩国、新加坡、以色列等亚洲国家的半导体产业崛起，从中可以发现一些共同的因素：政府实行积极的产业、贸易和技术政策，主导经济发展，大力扶持半导体产业；儒家文化圈或犹太教有重视教育的传统，而且重视工科，制造业发展的氛围好；集体意识浓厚，强调团队精神；民族有勤奋努力、朴实节俭的传统；积极融入全球经济，参与国际分工，外贸比重很大，外汇储备很高；社会比较公平，贫富差距小；没有原料、没有市场、没有资金，也没有技术，高素质劳动力几乎是唯一的资源；最后一个不容忽视的重要因素是，它们都享受到了"邀请式的发展"，因为它们的经济起飞都符合美国冷战政策的需要，可以不受限制地从美国转移技术。除了新加坡，其他几个国家和地区在军事上甚至都依附于美国。

我们甚至可以根据这些发展半导体产业的因素来预测，下一个半导体"优秀生"，可能不是起步较早的马来西亚或菲律宾，也不是跃跃欲试的大国印度，而是越南。越南政府正在积极推动传统劳动密集型产业向技术密集型的半导体产业升级转型，于 2009 年启动了首个集成电路开发项目，并斥资 32 亿美元建立了集成电路设计研究和教育中心、西贡高科技园区实验室等芯片研发机构。从美国、日本、韩国到中国台湾，都有将半导体制造向越南转移的迹象。已在越南投资的半导体企业包括博通、日立、英特尔、恩智浦、高通、三星电子、SK 海力士、意法半导体、

德州仪器和东芝等业内赫赫有名的巨头。除了芯片设计和晶圆代工的技术尚待加强，从上游材料、中游零部件到下游封测与系统产品，越南的半导体产业链已初具规模。2019年，越南的半导体产业产值已近2亿美元。根据市调公司Technavio的预测，从2020年至2024年，越南半导体产业将以19%的复合增长率突飞猛进，在2024年达到62亿美元。

亚洲的科技基础原本很薄弱，需要从美国引进尖端技术。有意思的是，美国也需要引进亚裔留学生来保证学术地位领先和开展科学研究。美国人口中拉丁裔和非裔所占的比重越来越大，为了照顾这部分人口，美国公共教育的教学水准不断下降，导致美国教育出现两极分化现象：私立学校（尤其是高等教育）保持国际领先地位，公立学校（特别是基础教育）的质量越来越差。美国竟成为唯一一个高等院校在本土招不到足够多优质生源的主要发达国家。欧洲各国的本土高等教育也很发达，欧洲人没必要往美国跑，美国只能向基础教育发达、高等教育落后的亚洲国家敞开大门。因此，亚裔学生在美国高等院校中的数量和比例不断上升，乃至成为不可或缺的部分。随着亚洲经济的蓬勃发展，许多亚裔人才回国创业或工作，也就带动了亚洲半导体产业的起飞。

亚洲拥有半导体产业的国家或地区还可以进一步细分成两类：一类是中国大陆和日本，因为经济体量的原因——分别是全球GDP第二和第三名，发展半导体产业是必然的选择；另一类是中国台湾、韩国、以色列和新加坡，这四个国家或地区都是弹丸之地，人少地寡，没有自然资源，高科技基础几乎为零，但它们都有一个很大的共同点，那就是面临险恶的周边环境和巨大的生存压力。压力产生动力，整个国家或地区从上到下都必须万众一心、励精图治，不官僚、不扯皮，全力将经济发展起来，否则，很可能连生存都成问题。这看起来是不是很契合"只有偏执狂才能生存"的半导体产业？

亚洲半导体产业的发展路径很不相同，可分成两种模式。韩国师承日本，比如韩国经济以财阀为主体，明显是在模仿日本的财团模式。财团或财阀的优势是可以集中力量办大事，劣势是资源倾斜太严重，资源利用效率低，大企业普遍负债率很高。韩国因此和日本一样，风险投资很不发达，也就没能发展起无晶圆厂的芯片设计业，而芯片设计业才是半导体产业中最重要、最有活力的部分。韩国财阀和日本财团都尾大不掉，绑架了国家经济，导致韩国经历过亚洲金融危机之痛，日本也饱尝经济泡沫破灭之苦。中国台湾、以色列和新加坡则采用另一种模式，都是在没有大地主或大庄园之类传统封建势力的前提下进行经济建设。中国台湾的外来势力，需要在消灭本地大地主并将土地分给中国台湾农民的基础上重建经济，以色列需要从阿拉伯人手中获取土地并分给移民作为立国基础，新加坡从一开始就是个城市国家，三地都不存在封建旧势力，也就不可能产生与强大政治权力相勾结的财团或财阀。中国台湾、以色列和新加坡当局都有能力及时调整政策重心以适应变化的环境，前期由强势当权者大力支持，后期则强调自由市场竞争，所以这几个地方都拥有众多高效并富有弹性的中小企业，并发展出了较为完备的半导体产业链，芯片设计和芯片制造同样强大。中国台湾、以色列和新加坡的经济发展都非常健康，从来都没有发生过金融危机或宏观经济危机。长期来看，中国台湾、以色列和新加坡的模式更具竞争力。

　　毋庸置疑，这些亚洲经济体发展半导体产业的条件，中国大陆几乎都具备。唯一不利的地方是这些亚洲经济体都与美国有着很好的合作关系，因此顺利地承接了美国半导体技术和产业的转移。而美国对于中国大陆发展半导体产业却有很多限制，这在一定程度上妨碍了中国大陆半导体产业的正常发展。夹在美国和中国大陆之间的半导体产业，地位就变得敏感了起来。而无可替代的台积电，则无可奈何地被推向大国角力的舞台中央。

## ⚙ 不可或缺的"芯"脏

　　台湾平均每1000平方公里就有一个大型晶圆厂，成为全球晶圆厂最密集的地区。台积电总值570亿美元的长期资产中，有97%都留在台湾，其中包括全球所有最先进的晶圆厂。小小的一个台湾岛，居然能够成为全球半导体产业不可或缺的"芯"脏，这是信息时代的一个奇迹。

英国经济研究机构凯投宏观（Capital Economics）表示，台积电的技术非常先进，现在世界上大约92%的最复杂的芯片都由它制造，剩下的由三星电子制造。全球企业太过于依赖台湾地区的芯片，会对全球经济构成威胁。波士顿咨询公司与美国半导体工业协会的报告显示，若台湾地区晶圆代工厂生产中断，全球终端市场蒙受的损失可能会高达惊人的4900亿美元。

澳大利亚战略专家艾迪生认为："以硅为主的半导体产品，其战略地位与原油一样重要。"但半导体产品与原油最大的不同是，半导体产业是能够迁移并且一直处于动态发展之中的。原油只要是你的，就没人能够抢走。半导体产品则并不是这样的。

我们来回顾一个案例。二战期间，蔡司是德军望远镜、测距仪、瞄准镜和航空摄像机的主要供应商，在战争快结束时被美国列为必须接收的德国技术企业。巴顿将军率领第三集团军不顾破坏雅尔塔协定的风险，闯入划给苏联的东德区域，占领了蔡司所在的耶拿，准备用600辆卡车把蔡司整个搬到西德去。由于苏军的迅速推进，美国人只能"拿走大脑"，把最核心的100多人迁到西德的奥伯科亨，并以此为基础建了个新蔡司。40多年后，两德统一，技术更强大的新蔡司兼并了濒临破产的老蔡司。

缺乏足够多和足够强的人才，工厂不可能顺利运转并生产出最先进工艺的芯片。工厂不会跑，人可是长了腿的。美国长期以来的目标是迫使台积电在美国建设全球最先进工艺的晶圆代工厂，因而一直在期许，借控制台积电的技术精英，在美国本土重建一个台积电。

相信两岸有识之士不会让其"鹬蚌相争，渔翁得利"的美梦得逞。

# 后　记

　　在《芯片战争》的写作过程中，我对中国半导体产业最大的短板之一芯片制造业关注较多，尤其是晶圆代工行业，它原本是半导体产业中的一个边缘角色，受益于行业分工合作，竟然逐步成为舞台上的主角，并承担起延续摩尔定律的重任。因为华为相关事件的发生，最近几年来，"晶圆代工""台积电"都成了热词。在此之前，相信绝大多数中国人都没听说过晶圆代工这个行业，也不知道还有台积电这么一家神奇的公司存在。小小的台湾岛，在几无科技积累、底子比祖国大陆改革开放前还要落后甚多的基础上，何以能用短短30多年孕育出在全球占据主导地位的晶圆代工产业，并诞生台积电这样一家站在全球高科技巅峰的公司？当然，晶圆代工和台积电的故事也是《芯片战争》这本书的重要内容的一部分，但受篇幅限制，不可能展开太多。晶圆代工行业如何成长，台积电何以能够发展成为地球上最强大、最重要且不可或缺的公司之一，这些问题背后一定有许多有价值的信息和有意思的故事可以挖掘。于是我就有了专门为晶圆代工产业写一部产业发展史的想法。

　　台积电在晶圆代工产业中占据一半的市场份额，也就自然成为这部书的主要线索。在正式动笔写作之前，我还有些犹豫。因为我已经写过两本

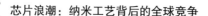

以相关龙头企业为线索的产业发展史的书，深知针对某家企业要想搜集到丰富而又有足够深度的公开资料是件很不容易而且工作量很大的事情。不过，幸运的是，与台积电、联华电子等晶圆代工代表企业的发展有关的信息还是相当容易搜集到的，毕竟小小的台湾岛上像台积电、联华电子这样有分量的大企业不多，台湾大大小小的商业杂志或商业报刊都在不遗余力地进行台积电、联华电子相关新闻的报道，而台积电、联华电子也和明星一样很乐于与新闻媒体进行充分和深入的沟通。另外，从台积电、联华电子等企业的官网上都可以轻易下载它们过去几十年的财报，所以许多重要事件都有详细数据和可靠文字做支撑。英特尔、三星电子和中芯国际也类似。于是，在做了大量的资料搜集、整理、研究和分析工作后，最终我写完了如今呈现在读者手中的这本书。相信看完这本书以后，读者可以对晶圆代工这个行业从起源、发展到辉煌的整个过程有比较清晰的了解。而且，读者还可以了解到，要想让晶圆代工行业取得成功，自主研发、国际合作及政策支持等各种因素都非常重要。

本书也是本人信息产业系列纪实作品中的第三部。从《手机战争》、《芯片战争》到《芯片浪潮》，这三本书之间的关系其实类似俄罗斯套娃，剥开一层又是一层。《芯片战争》是《手机战争》中故事的一部分，《芯片浪潮》又是《芯片战争》中故事的一部分。越往后剥就越辛苦，但内容也就越有深度而且更加"硬核"。虽然这三本书都很精彩，但我个人还是最喜欢这最后一本，也认为这最后一本最有价值。应该说，前两本书主要是为普通大众而写，而这最后一本，相信即便是半导体行业内的专业人士，也能从中获得不小的收益。

本书之所以起名《芯片浪潮》，既是形容晶圆代工行业如浪潮一般势不可挡，重塑了半导体乃至整个数字世界，也是在向吴军老师的《浪潮之巅》致敬。吴军老师的作品给了我很多有益的启发，吴军老师也是我进行硬科技领域财经写作的榜样。

感谢厦门大学物理学系康俊勇教授对本书书稿进行了细致的审阅，并提出了大量专业的修改意见。感谢蓝狮子出版机构和电子工业出版社的各位编辑老师对本书书稿做出的认真、负责又辛苦的编辑校对工作。还有许多朋友都对这部文稿最后成书提供过指点、帮助或鼓励，其中包括中国芯片产业界的一位德高望重、贡献巨大的老前辈。在这里，我对你们一并表示深深的感谢！

最后，本人还要做一个简单的声明。本书中的所有文字和数据都有可靠的出处，并经过本人亲自一一校对和考证。但囿于本人学识所限，书中出现疏漏与差错在所难免，所有可能出现的错误都应由本人承担，感谢各位读者的体谅与支持。

余盛

写于 2023 年 1 月 14 日终稿之际，丽江瓦蓝客栈意庐店

# 附录A　晶圆代工行业大事记

## 一、台积电大事记

1987 年 2 月，张忠谋创立台积电，首创晶圆代工商业模式。

1988 年 1 月，成立北美子公司。

1988 年，营收达 10 亿元新台币，初次获得利润。

1989 年 8 月，于荷兰成立欧洲子公司。

1990 年，拿到英特尔资质认证，这也是台积电首次获得国际级半导体企业的品质认可。

1991 年，成立制作光罩的电子束作业部门，开始提供光罩制作服务。

1993 年 12 月，在新竹科学园区开始兴建台湾首个 8 英寸晶圆厂。

1994 年 9 月，在台湾证交所上市。

1995 年 11 月，赴美国华盛顿州卡默斯市建厂。

1995 年，年产能超过百万片 6 英寸晶圆当量。

1996 年，提出"虚拟晶圆厂"概念。

1997 年 6 月，市值达 4500 亿元新台币，打破国泰人寿保持多年的纪录，成为台湾地区市值最高的公司。

1997 年 9 月，成立日本子公司。

1997 年 10 月，赴美发行存托凭证，并在美国纽约证券交易所开始挂牌交易。

1998 年 4 月，成立台积电文教基金会，由曾繁城担任董事长。

1999 年年底，并购德碁半导体。

1999 年 12 月，在新竹科学园区开始兴建台湾地区首个、全球第三个 12 英寸晶圆厂。

1999 年，获得 289 项美国专利，首次进入美国专利前 50 排行榜。

2000 年年初，并购世大积体电路公司。

2000 年，成立后段技术服务处和设计服务联盟。

2001 年，推出业界第一套参考设计流程，协助开发 0.25 微米及 0.18 微米技术的客户减少设计障碍，以尽快实现量产。

2002 年 5 月，首次邀请国际一流学者专家担任外部独立董事及监察人，如彼得·邦菲、雷斯特·梭罗等。

2002 年，成立台积电科技院。

2003 年 8 月，成立台积电（上海）有限公司。

2005 年 7 月，张忠谋辞去台积电 CEO 职务，保留董事长职务。

2006 年 5 月，成立韩国子公司。

2007 年 5 月，成立加拿大子公司。

2008 年，提出"开放创新平台"（OIP）概念。

2009 年 6 月，78 岁的张忠谋重掌台积电。

2010 年，年产能超过千万片 8 英寸晶圆当量。

2012 年，提出"台积大同盟"（TSMC Grand Alliance）概念。

2013 年，凭借 28 纳米 HKMG 工艺获得苹果 iPhone 5S 手机 A7 芯片部分订单。

2014 年，凭借 20 纳米工艺成为苹果 iPhone 6 系列 A8 芯片的唯一代工商。

2014 年，创纪录地获得 1460 项美国专利，在前 50 名获得最多美国专利的企业中排名第 23 名。

2016 年，凭借 10 纳米工艺夺得苹果 iPhone 7 系列 A10 芯片全部订单，从此成为苹果手机应用处理器的唯一代工商。

2016 年 3 月，以 16 纳米南京工厂投资案与南京市政府签约。

2016 年，年产能超过千万片 12 英寸晶圆当量。

2017 年，成立先进技术研究部门，持续专注于新材料、工艺、元件、纳米线、存储器等未来 8 ~ 10 年的长期研发。

2017 年 6 月，成立台积电慈善基金会，由张淑芬女士担任基金会董事长。

2018 年 6 月，87 岁的董事长张忠谋正式卸任退休，台积电进入刘德音和魏哲家的双首长制时代。

2019 年，位于台湾新竹南方科技园的 3 纳米厂、2 纳米厂先后奠基。

2020 年 9 月 15 日，在美国施压下，对华为断供芯片。

2021 年 6 月，斥资 120 亿美元的美国亚利桑那州凤凰城 5 纳米厂开工建设。

2021 年 11 月，赴日设厂尘埃落定，与索尼合作，规划 28/22 纳米工艺。

2022 年第三季度，巴菲特的伯克希尔·哈撒伟公司斥资 41 亿美元购买台积电股票并成为其第五大股东。同年第四季度，巴菲特的伯克希尔·哈撒伟公司将台积电的股票基本清仓。

## 二、台积电市值变化节点

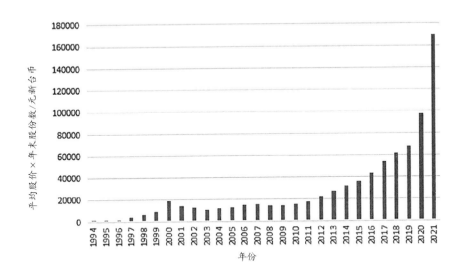

（数据来源：台积电历年财报中的平均股价 × 年末股份数。）

1994 年，台积电上市，市值仅 1200 亿元新台币。

1997 年，建厂"大跃进"，市值上升到 4500 亿元新台币。

1999 年，并购德碁和世大，市值破 1 万亿元新台币。

2000 年，恰逢全球互联网泡沫，市值逼近 2 万亿元新台币。

2011 年 1 月，开始与苹果合作，市值破 2 万亿元新台币，终于超过 2000 年的高点，此后市值开始连年稳步增长。

2014 年 3 月，"独吃"苹果 A8 芯片订单，市值破 3 万亿元新台币。

2016 年 3 月底，"独吃"苹果 A10 芯片订单，市值破 4 万亿元新台币。

2016 年 10 月 25 日，市值首度站上 5 万亿元新台币大关。

2017 年 3 月 17 日，市值 1681 亿美元（5 万多亿元新台币），首次超过英特尔，成为全球市值第一的半导体企业。

2017 年 10 月，市值破 6 万亿元新台币，列亚洲第九大企业，进入全球市值前三十大公司。

2019 年 10 月 9 日，市值突破 2500 亿美元（近 8 万亿元新台币），再次超过英特尔。

2019 年 11 月 20 日，市值达到 2628 亿美元（约 8 万亿元新台币），首次超过三星电子。

2020 年 7 月 28 日，因英特尔的 6 纳米订单被曝光，台股市值突破 12 万亿元新台币（合 4111 亿美元），美股市值更高达 4317 亿美元，冲到美股第八名。

2021 年 7 月，受益于全球芯片荒带来的行情上涨，市值超过 6000 亿美元（约 17 万亿元新台币），排在全球市值前十大公司第八位。

2021 年 8 月 3 日，腾讯和阿里巴巴股价大跌，其市值历史性地被台积电超越。台积电以 5520 亿美元的市值成为仅次于沙特阿美的亚洲市值第二高的企业。

2022 年 1 月，台积电市值突破 7000 亿美元，1 月 14 日曾达到 7299 亿美元。

2023 年 1 月 13 日本书完稿时，台积电市值 4502 亿美元，相当于 3.6 个英特尔，后者的市值为 1243 亿美元。


## 三、联华电子大事记

1980 年 5 月，联华电子正式成立。

1985 年 7 月，股票公开上市。

1995 年 7 月，转型为纯晶圆代工公司，随后与美国、加拿大等国 11 家芯片设计公司合资成立联诚、联瑞、联嘉集成电路公司。

1995 年 9 月，8 英寸晶圆厂开始生产。

1998 年 4 月，取得合泰半导体公司晶圆厂。

1998 年 12 月，取得新日铁半导体晶圆厂，后更名为联日半导体公司。

1999 年 11 月，南科 12 英寸晶圆厂正式建成。

2000 年 1 月，进行跨世纪五合一，将联电、联诚、联瑞、联嘉和合泰合并成一家公司。

2000 年 9 月，于纽约证券交易所挂牌上市。

2000 年 12 月，于新加坡筹建 12 英寸晶圆厂（UMCi）。

2004 年 7 月，并购硅统半导体公司。

2008 年 9 月，被道琼永续性指数列为成份股之一。

2013 年 3 月，取得中国苏州和舰科技晶圆厂，后更名为和舰芯片制造（苏州）股份有限公司。

2014 年 8 月，入股三重富士通半导体公司。

2015 年 3 月，联芯集成电路制造（厦门）有限公司制造厂房动土典礼。

## 四、中芯国际大事记

2000 年 4 月 3 日，中芯国际集成电路制造有限公司（SMIC）在开曼设立。

2000 年 8 月 1 日，在上海浦东新区张江高科技园区打下芯片厂第一根桩，8 月 24 日正式开工建设。

2000 年 12 月 21 日，中芯国际集成电路制造（上海）有限公司正式成立。

2001 年 9 月 25 日，上海 FAB1 举行了投产庆典，第一个 0.25 微米产品上线生产。

2001 年 9 月 25 日，中芯国际增资扩股，上海实业（集团）有限公司出资 1.84 亿美元占股 17%，成为第一大股东，高盛、汉鼎亚太、华登国际和淡马锡旗下的祥峰投资各出资 1 亿美元分别占股 10%，其余 11 名股东持股 1%~10% 不等。

2001 年 12 月 20 日，获得东芝低功率静态存储器 0.21 微米工艺技术授权和代工协议。

2001 年 12 月 21 日，获得特许半导体 0.18 微米逻辑制程技术专利使用权。

2002 年 4 月 22 日，与比利时微电子研究中心在半导体先进工艺研发领域建立长期合作伙伴关系。

2002 年 7 月 25 日，中芯国际集成电路制造（北京）有限公司正式成立。

2002 年 11 月 22 日，中芯国际举行开业典礼，正式进入营运阶段。

2002 年 12 月 9 日，为英飞凌代工生产 0.14 微米 DRAM。

2003 年 5 月 1 日，上海 FAB1 被《半导体国际》杂志评为 "2003 年度最佳半导体厂"。

2003 年 10 月 24 日，以 11.4% 的股份换取摩托罗拉的天津 MOS17 工厂。

2003 年 11 月 3 日，中芯国际集成电路制造（天津）有限公司正式成立。

2004 年 3 月 17 日，在美国纳斯达克发行预托证券，成为首家在美国纳斯达克挂牌上市的中国晶圆制造公司。

2004 年 3 月 18 日，在中国香港主板上市。

2004 年 9 月 25 日，中国第一条 12 英寸晶圆生产线在中芯国际北京 FAB4 厂正式投产。

2004 年 9 月 28 日，采用 0.18 微米工艺成功为 64 位微处理器龙芯 2C 芯片 DXP100 流片。

2004 年，实现首个年度盈利。

2005 年 10 月，上海 12 英寸厂 FAB8 开工建设。

2005 年，营收首次超过 10 亿美元。

2006 年 1 月 6 日，获得英飞凌 90 纳米 DRAM 技术授权和代工订单。

2007 年 10 月 24 日，获得飞索 65 纳米 MirrorBit 技术授权和快闪存储器代工订单。

2007 年 12 月 24 日，获得 IBM 45 纳米 bulk CMOS 技术许可。

2008 年 3 月 20 日，中芯国际集成电路制造（深圳）有限公司正式成立。

2008 年 11 月 10 日，大唐控股以 1.718 亿美元获得中芯国际 16.6% 的股份，成为最大股东。

2009 年 11 月 18 日，深圳 12 英寸厂房封顶，建成后引进 IBM 的 45 纳米工艺技术。

2010 年，实现年度盈利，终结连续 5 年亏损的局面。

2011 年 4 月 19 日，中投公司投资 2.5 亿美元，拥有中芯国际约 11.6% 的已发行股权，成为第二大股东。

2013 年第 1 季度，单季营收首度超过 5 亿美元。

2013 年 7 月 12 日，中芯北方集成电路制造（北京）有限公司注册成立。

2013 年 8 月 30 日，中芯北方 12 英寸厂（B2A）上梁。

2013 年，年度营收超过 20 亿美元。

2014 年 1 月 26 日，正式进入 28 纳米工艺时代。

2014 年 12 月 17 日，深圳 8 英寸晶圆厂正式投产，这也是中国华南地区第一条投入使用的 8 英寸生产线。

2014 年 12 月 18 日，与高通合作的 28 纳米骁龙 410 处理器制造成功。

2015 年 2 月 13 日，大基金以每股 0.6593 港元的价格认购中芯国际 47 亿股新股份，约占发行后新股本的 11.58%。

2015 年 6 月 23 日，和华为、比利时微电子研究中心、高通共同投资中芯国际集成电路新技术研发（上海）有限公司，开发下一代 CMOS 逻辑工艺，打造中国最先进的集成电路研发平台。

2016 年 2 月 16 日，为联芯科技成功流片 28 纳米 HKMG 工艺芯片。

2016 年 6 月 24 日，出资 4900 万欧元收购意大利 LFoundry 的 70% 股份，正式进驻全球汽车电子市场。这是中国大陆集成电路晶圆代工产业首次成功布局跨国生产基地。

2016 年 10 月 13 日，上海厂区投资百亿美元的 12 英寸集成电路生产线厂房举行奠基仪式。

2016 年 10 月 18 日，新增投资 15 亿美元，启动中芯天津产能扩充项目，将月产能从现有的 4.5 万片提升到 15 万片 8 英寸晶圆。

2016 年 11 月 3 日，在深圳启动建设一条 12 英寸集成电路生产线项目，这也是中国华南地区第一条 12 英寸集成电路生产线。

2016 年 12 月 1 日，中芯南方集成电路制造有限公司正式成立。

2016 年，净利润率达 10.86%，创下历史最高纪录。

2017 年，年度营收超过 30 亿美元。

2018 年 7 月 12 日，联合上下游合作单位共同创建的北方集成电路创新中心正式揭牌。

2019 年 5 月 24 日，从纽约证券交易所退市。

2019 年第 3 季度，第一代 14 纳米 FinFET 成功量产。

2020 年 2 月 20 日，在全球资本市场顺利完成 5 年期美元公司债券的发行定价工作，募集资金 6 亿美元，票面利率 2.693%。本次发行是公司时隔 6 年再次重返国际债券市场。

2022 年 8 月 26 日，中芯国际发布公告称，将在天津建 12 英寸晶圆代工生产线，项目预计总投资 75 亿美元。